税法
基本判例
I

谷口 勢津夫 著

清文社

はしがき

　本書は、Web 雑誌 Profession Journal（PJ. https://profession-net.com/profession journal/）の№416（2021年4月22日）から№517（2023年4月27日）まで25回にわたって連載した「谷口教授と学ぶ『税法基本判例』」をまとめたものであり、拙著『税法の基礎理論―租税法律主義論の展開―』（清文社・2021年）に続く「谷口教授と学ぶ」シリーズの第2弾として単行本化したものである。単行本としてまとめるに当たって、基本的には連載の内容をそのまま転載させていただいたが、表記等につき若干の修正を加えたほか15と25には【後記】で若干の追記を行った。

　本書は、1の冒頭でも述べるとおり、基本的には、拙著『税法基本講義〔第6版〕』（弘文堂・2018年。6以後は第7版）で参照している（あるいは参照する予定の）判例の中から、同書における叙述の順に従って「税法基本判例」を検討したものである。ただ、通常行われるような判例評釈や判例研究を主たる目的とするものではなく、筆者の問題関心によって論点を絞り内容的には「税法の基礎理論」的思考を重視しながら原則1回読み切りで判例を検討するいわば判例研究的「読み物」を狙いとするものである。そうすることによって、拙著『税法基本講義』における判例の取り上げ方・読み方の基礎にある考え方を説明し補足しようとするものでもある。

　本書は、また、筆者が（意識的には）10年ほど前から取り組んでいる「創造的研究」の成果でもある。筆者は創造的研究を「租税法律主義を最大限重視・尊重しつつ『法律に書かれていないこと』を探究する研究」（拙著『税法創造論―税法における法創造と創造的研究―』（清文社・2022年）はしがきⅳ頁）として捉えているが、その対象は判例の中にも数多く存在していると考えるところである。判例の中にはその基礎にある考え方について腑に落ちる理解に到達することがなかなかできないもの（筆者はこれを「不思議判例」と呼んでいる）が少なくなく、勉強不足・研究不足を痛感してきたが、長年「宿題」として溜め込んできた不思議判例も含め「税法基本判例」を創造的研究の対象として検討しよ

うと思い、「谷口教授と学ぶ『税法基本判例』」の連載を続けてきたのである。

　「谷口教授と学ぶ」というシリーズ名は、PJ誌編集長の坂田啓さんが「税法の基礎理論」の連載開始に当たって提案してくださった「枕詞」（前掲拙著『税法の基礎理論』はしがきⅱ頁参照）を使わせていただいたものである。「税法基本判例」の連載においても同じコンセプトの下、判例や学説を引用・参照するに当たってできるだけ原典をそのまま引用することによって、判例・学説について筆者の理解したところを、読者には、原典に当たって検討しながら読んでもらいたいと考えてきたところである。本書への転載許可も含め坂田さんに改めて謝意を表する次第である。また、「税法基本判例」の連載ではPJ編集部の村上遼さんに大変お世話になった。非常に丹念に誤脱チェックをしてくださったことに感謝申し上げる。

　PJ誌連載の単行本化に当たっては、株式会社清文社の小泉定裕社長にご無理をお願いしたにもかかわらず、今回もまたご快諾いただいたが、さらに次の25回分・連載第50回に向けて激励のお言葉まで賜った。厚く御礼を申し上げるとともに、既に今月分の第26回をPJ誌上公開させていただいたことをご報告申し上げる。本書の編集は同社編集部の岸田耕太郎さんと藤城菜摘さんに担当していただいた。非常に行き届いたご対応に感謝申し上げる次第である。

　PJ誌では、昨年4月以来、「税法基本判例」と並んで「国税通則法の構造と手続」も「谷口教授と学ぶ」シリーズ第3弾として連載させていただいている。月2回の原稿執筆に勤しむ私の姿を、「まるで売れっ子作家みたいね」と言って温かく見守ってくれる妻温子に、心から感謝している。二人だけの「家庭内税法研究会」の手強い「論敵」でもある温子に本書を贈る。

2023年5月

谷口　勢津夫

目次

憲法上の租税概念

旭川市国民健康保険条例事件・最［大］判平成18年 3月1日民集60巻2号587頁

I　はじめに

　本連載は、「谷口教授と学ぶ」シリーズとして、2020年12月に第50回をもっ て連載を終了した「税法の基礎理論」（拙著『税法の基礎理論―租税法律主義論の 展開―』（清文社・2021年）収録）に続くものであり、「税法基本判例」と題して 税法に関する重要判例を検討するものである。

　とはいえ、通常行われるような判例評釈や判例研究を主たる目的とするもので はなく、「税法の基礎理論」と同じく原則1回読み切りの「読み物」（**判例研 究的「読み物」**）として「税法基本判例」を検討しようとするものであることか ら、検討対象の判例が取り扱った論点を網羅的に検討するのではなく、むしろ 筆者の問題関心により論点を絞って（内容的には**「税法の基礎理論」的思考**を重 視しながら）検討しようとするものであることを、連載を始めるに当たって予 めお断りしておく。

　本連載で検討の対象とする「税法基本判例」は、基本的には、拙著『税法基 本講義〔第6版〕』（弘文堂・2018年）で参照している判例の中から、同書にお ける叙述の順に従って取り上げていくことにする。

　本稿では、旭川市国民健康保険条例事件・最［大］判平成18年3月1日民集 60巻2号587頁（以下「本判決」という。前掲拙著『税法基本講義』【9】【12】参 照）を取り上げることにしよう。

　この事件は、平成6年4月12日にY₁（旭川市―被告・控訴人・被上告人）を 保険者とする国民健康保険の一般被保険者（全被保険者から退職被保険者及びそ の被扶養者を除いた被保険者）の資格を取得した世帯主であるX（旭川市民―原 告・被控訴人・上告人）が、平成6年度から同8年度までの各年度分の国民健 康保険の保険料について、Y₁から賦課処分を受け、また、Y₂（旭川市長―被

告・控訴人・被控訴人）から所定の減免事由に該当しないとして減免しない旨の通知処分を受けたことから、Y₁に対し上記各賦課処分の取消し及び無効確認を、Y₂に対し上記各通知処分の取消し及び無効確認をそれぞれ求めた事案である。

この事件における争点は、国民健康保険料に対して憲法84条による規律（租税法律主義）が適用されるか否かであるが、その出発点として、憲法84条に規定する「租税」の意義が問題となる。以下では、この問題を中心に検討することにする。

II　講学上の租税概念

1　租税概念の要素

本判決は、前記の争点について判断するに当たり、その冒頭において、憲法84条に規定する「租税」の意義について次のとおり判示している。

> 国又は地方公共団体が、課税権に基づき、その経費に充てるための資金を調達する目的をもって、特別の給付に対する反対給付としてでなく、一定の要件に該当するすべての者に対して課する金銭給付は、その形式のいかんにかかわらず、憲法84条に規定する租税に当たるというべきである。

本判決は、いわゆる保育料の租税該当性を否定した最判平成2年7月20日集民160号343頁とは異なり、大嶋訴訟・最［大］判昭和60年3月27日民集39巻2号247頁を引用してはいないものの、前記の判示は、同判決における「租税」の意義に関する判示、すなわち、「租税は、国家が、その課税権に基づき、特別の給付に対する反対給付としてでなく、その経費に充てるための資金を調達する目的をもつて、一定の要件に該当するすべての者に課する金銭給付である」という判示を踏襲したものと解される。

これらの判示にいう「租税」は、講学上の租税概念と基本的には同じものであると一般に解されている（差し当たり、講学上の租税概念を「固有の意義の租税」として同様の理解を示すものとして阪本勝「判解」最判解民事篇（平成18年度・

上）（法曹会・2009年）312頁、324頁参照）。講学上の租税概念については代表的な学説において下記のとおり概ね見解の一致がみられるところである（①＝田中二郎『租税法〔第3版〕』（有斐閣・1990年）1-2頁、②＝清永敬次『税法〔新装版〕』（ミネルヴァ書房・2013年）2頁、③＝金子宏『租税法〔第23版〕』（弘文堂・2019年）9頁）。

①
租税とは、国又は地方公共団体が、その課税権に基づき、特別の給付に対する反対給付としてでなく、これらの団体の経費に充てるための財力調整の目的をもって、法律の定める課税要件に該当するすべての者に対し、一般的標準により、均等に賦課する金銭給付である［。］

②
租税とは、国又は地方公共団体が、収入を得ることを目的にして、法令に基づく一方的義務として課す、無償の金銭的給付である。

③
国家が、特別の給付に対する反対給付としてではなく、公共サービスを提供するための資金を調達する目的で、法律の定めに基づいて私人に課する金銭給付である［。］

　租税の意義について本判決による前記の定義も含め以上の定義に共通すると考えられる基本的要素は、相互に重なり合う部分もあるが、一応、㋑国家ないし国・地方公共団体、㋺課税権、㋩非対価性ないし無償性、㊁収入目的ないし資金調達目的、㋭権力性ないし一方性（強制性）、㋬金銭給付の6つに整理することができるように思われる（田中・前掲書2頁、清永・前掲書3頁、金子・前掲書10-11頁参照）。

2　課税権の意義

　本判決は、租税の意義に関する前記の判示に続けて、「市町村が行う国民健康保険の保険料は、これ［＝憲法84条に規定する租税］と異なり、被保険者に

おいて保険給付を受け得ることに対する反対給付として徴収されるものである。」と判示し、前記の⑧非対価性という要素を基準にして国民健康保険料の租税該当性を否定した。

　この判断についてまず疑問に思われるのは、本判決がなぜ⑨課税権という要素を援用しなかったのかという点である。租税概念の前記の各要素のうち④、⑤、⑥及び⑦は、全く同一の意味においてではないにしても、国民健康保険料の要素でもある。すなわち、国民健康保険料は、市町村（④）が国民健康保健事業に要する経費を調達する目的（⑤）で強制加入制に基づき強制徴収（⑥）を行う金銭給付（⑦）である。しかし、国民健康保険料が⑨課税権に基づき課されるものでないことは明らかである。そうである以上、本判決が⑨課税権という要素を援用せず⑧非対価性という要素のみを援用して国民健康保険料の租税該当性を否定したのはなぜか、疑問に思われるのである。

　この疑問を検討するに当たって、以下では、本判決は⑨課税権と⑧非対価性とを一体的に結びつけて判断したのではないかとの仮説を立て、その論証を行うことにしたい。

　その論証を始めるに当たって、まず、課税権の意味を明らかにしておこう。「課税権」という語は、論者によって、また、文脈・場面によって、異なる意味で用いられる。例えば田中・前掲書によれば、ⓐ「国又は地方公共団体が統治権の主体として有する課税権」（2頁）という場合における**統治権の一環**（3頁）、ⓑ「**行政権の一環としての課税権**」（56頁）、ⓒ「**主権の発現としての租税高権**」（106頁）、ⓓ「税務行政庁が租税債権の具体的確定のためにする処分、すなわち、更正若しくは決定（申告納税方式の場合）又は賦課決定（賦課課税方式の場合）をすることができる権利（**公法上の一種の形成権**）」（159頁。198頁も参照）というような意味が示されているが、田中・前掲書がⓓの意味での「課税権」（賦課権）と区別する「徴収権」すなわち「すでに確定した租税債務の履行として納付された税額を収納し、又はその履行を請求し、その収納をはかることができる権利」（159-160頁）も、見方によっては、次に述べるように、「課税権」に含めて理解することができるように思われる。

　租税法律関係を租税債務関係とみる場合（租税債務関係説）には、「租税債権者としての国または地方団体の権利は、確定権と徴収権とに大別することがで

き」、「納税義務の内容を確定する権利」を確定権といい、「内容の確定した納税義務の履行を求め、その徴収を図る権利」を徴収権ということができる（金子・前掲書154頁）。この場合、確定権について、「従来は、賦課権という言葉が一般的に用いられてきたが、納税義務は法律の定める課税要件の充足によって成立し、更正・決定・賦課決定は租税を賦課する行為ではなく、納税義務の内容を確定する行為であるから、賦課権とか賦課処分という言葉を用いるのは不適当であると考える。」（同頁）といわれるが、この考え方は、田中・前掲書にみられる前記の用語法に租税権力関係説のいわば「残滓」を認めるものと解される。

　ともかく、金子・前掲書の上記の考え方からすれば、確定権も徴収権も国又は地方公共団体の権利である以上、それらの権利を「課税権」に含めて理解することができ、さらには、それらの権利において確定や行使の対象となる⒠**租税債権**それ自体も「課税権」に含めて理解することができるように思われる（前掲拙著『税法基本講義』【24】参照）。

　この点について（そして、以下の検討についても）、次の考え方は示唆に富むものである。それは、「課税権は公法的なものであるが、その結果生ずる租税債権には私法的性格が濃厚に残っているのである。」（中里実『財政と金融の法的構造』（有斐閣・2018年）57頁［初出・2014年］）として、「租税は、**主権と財産権の狭間に位置する存在**といえるのではなかろうか。」（同58頁。太字原文）と述べるものである。

Ⅲ　憲法上の租税概念の2つの側面

1　租税債権の目的としての租税

　本判決が租税の意義に関してその要素として判示する「課税権」を、前述のように⒠租税債権の意味に理解する場合、㋺課税権と㋭非対価性とは一体的に結びつけて捉えることができると考えられる。その理由は以下のとおりである。

　ここでは、まず、国家がなぜ租税債権を有するのかという問題から考えることにしよう。この問題は、国民がなぜ租税債務すなわち「納税の義務」（憲法30条）を負うのかという憲法上の租税根拠の問題を、国家の側からみたもので

ある。

憲法上の租税根拠論について、筆者は、従来から次のとおり（前掲拙著『税法基本講義』【24】）、「**憲法30条＝29条『4項』論**」を説いてきた。

憲法は、国家の存在を前提にして、その体制として社会主義体制ではなく、自由主義体制を選択した上で、財産権を基本的人権の1つとして保障している。そのため、国家資金の調達方法として国有財産および国家の営利活動による資金調達を予定することは、原則としてできない。そうすると、国家体制の選択の段階で既に、租税による国家資金の調達が、憲法上予定されていることになる（現行憲法による課税権の正統根拠論⇒【15】）。したがって、国家によって保障される私有財産制には、租税侵害が、その中核的内容として予め組み込まれている（内在している）、と考えられるのである。この点に関して、憲法による財産権保障規定（29条）と、納税の義務規定（30条）との位置関係は、多分に歴史的偶然の所産とはいえ、暗示的である。後者はいわば憲法29条「4項」の如く位置づけられるべきであろう（憲法30条＝29条「4項」論）。ともかく、憲法上、租税は「民主主義の対価」（**民主主義的租税観**⇒【14】）であると同時に、自由主義（基本的人権尊重主義）の下、「自由（基本的人権保障）の対価」（**自由主義的租税観**）でもあり、両者の不可分一体的連関によって根拠づけられ正当化されるべき負担である（憲法上の租税根拠論［課税の正当根拠論］における両者の関係については⇒【15】）。

この考え方によれば、ⓔ租税債権という意味での「課税権」は、国家が自由主義体制を選択し私有財産制を保障することといわば「引き換えに」私人に対して有する権利であると考えることができる。比喩的にいえば、いずれが「卵」か「鶏」かはともかく、租税債権（課税権）があるから私有財産制があるといってもよいし、私有財産制があるから租税債権（課税権）があるといってもよかろう。いずれにせよ、両者がこのような関係にあるが故に、租税は財産権にとって「**内在的制約**」であるといえるのである。

このことは、私有財産制に基礎を置く私人の自由な経済活動の「場」である市場には、租税はそれ自体としては登場しないことを意味する。換言すれば、租税は、市場を基礎づける私有財産制の中核的内容を構成するとはいえ、**市場**

外の事象である。

　そうすると、租税には、市場における交換経済の構成要素である対価性（給付に対する反対給付）は観念できないことになる。このことが、㋩非対価性が租税概念の要素とされる意味である。

　以上により、「課税権」を㋫租税債権の意味で理解する場合、㋺課税権（租税債権）に基づき課される租税、すなわち、**租税債権の目的としての租税**については、㋩非対価性がその属性として観念されることになるのである。この意味で、㋺課税権と㋩非対価性とは一体的に結びつけて捉えることができよう。

　要するに、本判決は、憲法84条に規定する租税について租税債権の目的としての側面を問題にし、その属性としての㋩非対価性を基準にして、国民健康保険料の租税該当性を否定したものと解されるのである。

　なお、本判決は、「Y₁における国民健康保険事業に要する経費の約3分の2は公的資金によって賄われているが、これによって、保険料と保険給付を受け得る地位とのけん連性が断ち切られるものではない。」と判示する。ここでいう「けん連性」は対価性と言い換えてもよかろうが、それは、国民健康保険が、社会保険の一種として「国民の生活保障という社会政策目的に沿った**扶助原理**（扶養原理ともいわれる）によって修正」（加藤智章ほか『社会保障法〔第7版〕』（有斐閣・2019年）22頁〔倉田聡執筆〕）を受けてはいるが、基本的には**保険原理**（給付反対給付均等の原則及び収支相等の原則）という市場原理に従って構想されており、その意味では**市場内の事象**であるからである。

　この点に関連して、本判決が括弧書の中で「国民健康保険税は、前記のとおり目的税であって、上記の反対給付として徴収されるものであるが、形式が税である以上は、憲法84条の規定が適用されることとなる。」と判示したことにつき、「判旨全体との整合性には疑問がある」（藤谷武史「判批」租税判例百選〔第6版・2016年〕9頁）と指摘されることがある。ただ、その判示は、「日本国憲法の下では、<u>租税を創設し</u>、改廃するのはもとより、納税義務者、課税標準、徴税の手続はすべて前示のとおり法律に基いて定められなければならないと同時に法律に基いて定めるところに委せられていると解すべきである。」（下線筆者）という判例（最〔大〕判昭和30年3月23日民集9巻3号336頁。前掲大嶋訴訟・最〔大〕判も同旨）の立場を踏襲したものと解される。

2 統治権の手段としての租税

ところで、本判決は、国民健康保険料に対して憲法84条が直接適用されるとはしなかったが、次のとおり判示して（下線筆者）、同条の趣旨が適用されることは認めた（**憲法84条「趣旨」適用説**。同説については拙稿「租税法律主義（憲法84条）」日税研論集77号（2020年）243頁、255頁参照）。

> もっとも、憲法84条は、課税要件及び租税の賦課徴収の手続が法律で明確に定められるべきことを規定するものであり、直接的には、租税について法律による規律の在り方を定めるものであるが、同条は、国民に対して義務を課し又は権利を制限するには法律の根拠を要するという法原則を租税について厳格化した形で明文化したものというべきである。したがって、国、地方公共団体等が賦課徴収する租税以外の公課であっても、その性質に応じて、法律又は法律の範囲内で制定された条例によって適正な規律がされるべきものと解すべきであり、憲法84条に規定する租税ではないという理由だけから、そのすべてが当然に同条に現れた上記のような法原則のらち外にあると判断することは相当ではない。そして、租税以外の公課であっても、賦課徴収の強制の度合い等の点において租税に類似する性質を有するものについては、憲法84条の趣旨が及ぶと解すべきであるが、その場合であっても、租税以外の公課は、租税とその性質が共通する点や異なる点があり、また、賦課徴収の目的に応じて多種多様であるから、賦課要件が法律又は条例にどの程度明確に定められるべきかなどその規律の在り方については、当該公課の性質、賦課徴収の目的、その強制の度合い等を総合考慮して判断すべきものである。

ここでいう「国民に対して義務を課し又は権利を制限するには法律の根拠を要するという法原則」は、法律による行政の原理の内容の1つである法律の留保について妥当する「**侵害留保の原則**」（塩野宏『行政法Ⅰ〔第6版〕』（有斐閣・2015年）80頁）を意味することからすると、「［憲法84条は侵害留保の原則を］租税について厳格化した形で明文化したものというべきである」という判示では、「課税権」のうちⓐ統治権やⓑ行政権の一環としての課税権（前記Ⅱ2参照）に基づき課される「租税」が問題にされていると解される。

この意味での「租税」は、国家がⓐ統治権に基づき㊀資金調達目的でⓑ行政

権によって㋭一方的に（強制的に）賦課徴収する㋬金銭給付であり、「**統治権の手段としての租税**」（目的は㋥）ということができるが、国民健康保険料はこれに「類似する性質を有する」公課といえる。本判決はこのような性質を有する国民健康保険料について「憲法84条の趣旨」が及ぶと解したのである。

本判決のいう「憲法84条の趣旨」は、憲法84条が83条の財政民主主義を租税について具体化するものであること（前掲拙稿251頁参照）からすると、租税の賦課徴収に対する民主的コントロールの要請を意味するものと解されるので、その趣旨が国民健康保険料について及ぶということは、同保険料の賦課徴収に対する民主的コントロールを租税法律主義が要請することを意味すると解される。本判決は、その民主的コントロール（「賦課要件が法律又は条例にどの程度明確に定められるべきかなどその規律」）の在り方（**規律密度**）については、「当該公課の性質、賦課徴収の目的、その強制の度合い等を総合考慮して判断すべきものである。」と判示している。

本判決は、前述のとおり、「［憲法84条は侵害留保の原則を］租税について厳格化した形で明文化したものというべきである」と判示したが、この判示は、憲法84条は**租税の賦課徴収に対する民主的コントロール**を「法律」にのみ委ねるという原則を明らかにしたものと解される。その原則が租税法律主義であるが、憲法84条は、明治憲法下では基本的には自由主義的な法律による行政の原理として性格づけられていた租税法律主義を、財政民主主義の具体化として民主主義的に再構成したものと解される。このような**租税法律主義の民主主義的再構成**によって、**課税要件法定主義**が、そしてこれと「一体」をなす要請として**課税要件明確主義**が、租税法律主義の内容として確立されたのである（前掲拙稿250–254頁、275–279頁、前掲拙著『税法の基礎理論』第1章第4節Ⅱ3・4、同章第3節参照）。これらは、**租税法律の規律密度**を高めることを立法者に命じるものである。

Ⅳ おわりに

以上を要するに、本判決は、憲法84条に規定する租税について、一方では、租税債権の目的としての側面では、非対価性・無償性を基準にして国民健康保

険料との区別を行うことによって、**租税法律主義の適用範囲**を明確にし、他方
では、統治権の手段としての側面では、賦課徴収に対する民主的コントロール
を国民健康保険料その他の公課の場合に比べて厳格化することによって、**租税
法律主義の内容**を明確にしたものと解される。

　このように、租税法律主義については、その適用範囲を検討する場合とその
内容を検討する場合とで、憲法上の租税概念の異なる側面にそれぞれ着目する
必要があると考えられる。前者の場合には、租税債権の目的としての側面に着
目すべきであるが、その租税概念から非対価性・無償性の要素を導き出すため
には、憲法上の租税根拠論にまで立ち返って検討する必要があると考えるとこ
ろである。

　なお、本判決が示した憲法上の租税の意義は、実定税法上の租税の意義につ
いても基本的に妥当するものと解されている（ガーンジー島法人所得税制事件最
判平成21年12月 3 日民集63巻10号2283頁参照。この判決については、前掲拙著『税
法の基礎理論』第 2 章第13節Ⅱ 1 参照）。

2 租税立法の違憲審査基準

大嶋訴訟・最 [大] 判昭和60年 3 月27日民集39巻 2 号
247頁

I はじめに

本稿では、大嶋訴訟・最 [大] 判昭和60年 3 月27日民集39巻 2 号247頁（以下、
見出しでは「大嶋訴訟大法廷判決」といい、本文では「本判決」という。拙著『税
法基本講義〔第 6 版〕』（弘文堂・2018年）【14】～【20】）を取り上げる。

本判決については、わが国の税法判例のうち最も重要な基本判例の 1 つであ
ることに異論がないと思われるが（判例評釈集として定評のある租税判例百選〔第
6 版・2016年〕でも本判決に関する金子宏「判批」が冒頭に掲載されている）、筆者
は本判決を、税法の解釈適用においても実質主義との相克（拙著『税法の基礎
理論』（清文社・2021年）第 2 章参照）を経て租税法律主義を重視する傾向が強
まってきた時期に位置づけ、次のように述べたことがある（拙稿「租税回避と
税法の解釈適用方法論—税法の目的論的解釈の『過形成』を中心に—」岡村忠生編
著『租税回避研究の展開と課題〔清永敬次先生謝恩論文集〕』（ミネルヴァ書房・
2015年） 1 頁、 5 頁注17）。

> この時期について十分な客観的検証の裏付けがあるわけではなく、多分に筆
> 者の研究上の経験によるものであることをお断りしておく。ただ、大嶋訴訟・
> 最高裁大法廷判決（昭和60年 3 月27日民集39巻 2 号247頁）が示された当時にお
> ける税法学を取り巻く「思潮」は、恩師清永敬次先生の御指導を受け研究者と
> して「物心」がつき始めた頃の筆者の記憶に鮮明に残っている。

大嶋訴訟の事案の概要は次のとおりである。Ｘ（原告・控訴人・上告人）は、
同志社大学商学部教授（文学及びスペイン語担当）であったが、昭和39年度分の
所得につき確定申告をしなかったところ、給与収入が170万円余であり当時の

所得税法では給与所得者が確定申告義務を負う額を超えていたため、所轄税務署長Ｙ（被告・被控訴人・被上告人）は、その給与収入から給与所得控除額13万5000円を控除した給与所得金額157万円余と雑所得金額３万円余とを合計した総所得金額160万円余を基にして算定した課税所得金額114万円余、税額20万円余、納付すべき税額（源泉徴収税額控除後の残額）５万円余とする決定処分及び無申告加算税賦課決定処分をなした。Ｘはこれを不服として、異議申立て及び審査請求を経て、処分の根拠となる所得税法の関連規定が憲法14条１項に違反し無効であるが故にそれらの処分を違法としてその取消しを求めて出訴した。

　大嶋訴訟における争点は、❶所得税法が事業所得者には必要経費の実額控除を認めるのに対して、給与所得者には必要経費の概算控除しか認めないことは、憲法14条１項に違反しないか、❷給与所得と事業所得等との捕捉率の格差は、憲法14条１項に違反しないか、❸事業所得等については合理的理由のない租税優遇措置が講じられているため、給与所得との間に所得税負担の格差が認められるが、その格差は憲法14条１項に違反しないか、の３つであったが、以下では、中心的な争点である❶に関する判断について検討する（なお、大嶋訴訟の経緯を含め本判決に関する包括的かつ詳細な検討として、金子宏・清永敬次・宮崎直見「〔鼎談〕サラリーマン税制と最高裁判決」ジュリスト837号（1985年）６頁参照）。

Ⅱ　大嶋訴訟大法廷判決の「総論的」妥当性

　本判決が税法の分野における最も重要な基本判例の１つといわれるのは、下記のとおり判示し（［　］・下線筆者）、租税立法の違憲審査基準（下記判示中の下線部⑤）を確立したと一般に考えられているからであるが、その基準に関する判断に先だって示した、租税の意義（同①）や機能（同④）、民主主義国家における租税観（同②）、租税法律主義の意義（同③）等に関する考え方も、当時の学説・判例の到達点を示すものであり、今日においても広く支持されているところである。

> ［①］　租税は、国家が、その課税権に基づき、特別の給付に対する反対給付としてでなく、その経費に充てるための資金を調達する目的をもつて、一定の要件

に該当するすべての者に課する金銭給付であるが、[②] およそ民主主義国家にあつては、国家の維持及び活動に必要な経費は、主権者たる国民が共同の費用として代表者を通じて定めるところにより自ら負担すべきものであり、我が国の憲法も、かかる見地の下に、国民がその総意を反映する租税立法に基づいて納税の義務を負うことを定め（30条）、新たに租税を課し又は現行の租税を変更するには、法律又は法律の定める条件によることを必要としている（84条）。それゆえ、[③] 課税要件及び租税の賦課徴収の手続は、法律で明確に定めることが必要であるが、憲法自体は、その内容について特に定めることをせず、これを法律の定めるところにゆだねているのである。思うに、[④] 租税は、今日では、国家の財政需要を充足するという本来の機能に加え、所得の再分配、資源の適正配分、景気の調整等の諸機能をも有しており、国民の租税負担を定めるについて、財政・経済・社会政策等の国政全般からの総合的な政策判断を必要とするばかりでなく、課税要件等を定めるについて、極めて専門技術的な判断を必要とすることも明らかである。したがつて、[⑤] 租税法の定立については、国家財政、社会経済、国民所得、国民生活等の実態についての正確な資料を基礎とする立法府の政策的、技術的な判断にゆだねるほかはなく、裁判所は、基本的にはその裁量的判断を尊重せざるを得ないものというべきである。そうであるとすれば、租税法の分野における所得の性質の違い等を理由とする取扱いの区別は、その立法目的が正当なものであり、かつ、当該立法において具体的に採用された区別の態様が右目的との関連で著しく不合理であることが明らかでない限り、その合理性を否定することができず、これを憲法14条1項の規定に違反するものということはできないものと解するのが相当である。

　租税の意義に関する判示①は、**1**で検討したように、講学上の租税概念を踏まえたものであり、その後の判例（旭川市国民健康保険条例事件・最［大］判平成18年3月1日民集60巻2号587頁等）においても踏襲されている。また、租税の機能に関する判示④は、講学上租税の機能として一般に説かれているところ（金子宏『租税法〔第23版〕』（弘文堂・2019年）1～8頁、前掲拙著『税法基本講義』【7】）と基本的に同じものである。

　民主主義国家における租税観に関する判示②は、「民主政治の下では国民は国会におけるその代表者を通して、自ら国費を負担することが根本原則」とい

う最［大］判昭和30年3月23日民集9巻3号336頁の判示を踏襲するものであり、学説では「**民主主義的租税観**」（金子・前掲書24頁、前掲拙著『税法基本講義』【14】）と呼ばれている。筆者はこれを**憲法上の租税根拠論**において援用している（同【15】）。

　租税法律主義の意義に関する判示③も、「租税を創設し、改廃するのはもとより、納税義務者、課税標準、徴税の手続はすべて前示のとおり法律に基いて定められなければならないと同時に法律に基いて定めるところに委せられていると解すべきである。」という上記の昭和30年最［大］判を踏襲しつつ「明確に」（課税要件明確主義）を加えてより厳格化するものであり、学説上も異論のないところである（租税法律主義に関する筆者の検討については拙稿「租税法律主義（憲法84条）」日税研論集77号（2020年）243頁参照）。

　以上の判示は、本判決の「総論的」な考え方を示したものであり、いずれも妥当なものである。それらを踏まえ本判決が示した租税立法の違憲審査基準に関する判示⑤は、立法者の広範な裁量的判断を尊重するという考え方（**司法消極主義**）に基づく、**立法目的の正当性の基準**、（立法目的を達成するための手段の）**合理性の基準**及び**明白性の原則**であるが、判示⑤もそれ自体は議会制民主主義及び租税法律主義の下では民主主義的正統性の観点から正当化される妥当な基準を示したものと考えられる（前掲拙著『税法基本講義』【15】。ただ、わが国における議会制民主主義の実態や現状を検討する必要があることについては同【17】参照）。

Ⅲ　大嶋訴訟大法廷判決の「各論的」問題性

1　給与所得控除の立法目的の正当性に関する判断の問題性

　本判決の判断は、このように、「総論的」には妥当であると考えられるが、しかし、争点❶に関する判断の内容を個別的に検討すると、「各論的」には問題のある部分もあるように思われる。それは、1つには、給与所得控除の立法目的の正当性に関する下記の判示である（下線筆者）。

> 給与所得者は、事業所得者等と異なり、自己の計算と危険とにおいて業務を遂行するものではなく、使用者の定めるところに従つて役務を提供し、提供した役務の対価として使用者から受ける給付をもつてその収入とするものであるところ、右の給付の額はあらかじめ定めるところによりおおむね一定額に確定しており、職場における勤務上必要な施設、器具、備品等に係る費用のたぐいは使用者において負担するのが通例であり、給与所得者が勤務に関連して費用の支出をする場合であつても、各自の性格その他の主観的事情を反映して支出形態、金額を異にし、収入金額との関連性が間接的かつ不明確とならざるを得ず、<u>必要経費と家事上の経費又はこれに関連する経費との明瞭な区分が困難であるのが一般である。</u>その上、給与所得者はその数が膨大であるため、各自の申告に基づき必要経費の額を個別的に認定して実額控除を行うこと、あるいは<u>概算控除と選択的に右の実額控除を行うことは、技術的及び量的に相当の困難を招来し、ひいて租税徴収費用の増加を免れず、税務執行上少なからざる混乱を生ずることが懸念される。</u>また、<u>各自の主観的事情や立証技術の巧拙によつてかえつて租税負担の不公平をもたらすおそれもなしとしない。</u>旧所得税法が給与所得に係る必要経費につき実額控除を排し、代わりに概算控除の制度を設けた目的は、給与所得者と事業所得者等との租税負担の均衡に配意しつつ、右のような弊害を防止することにあることが明らかであるところ、租税負担を国民の間に公平に配分するとともに、租税の徴収を確実・的確かつ効率的に実現することは、租税法の基本原則であるから、右の目的は正当性を有するものというべきである。

上記の判示については判決直後から種々の問題点が指摘されてきたが、それらは次のように総括されている（清永敬次「判批」民商法雑誌94巻1号（1986年）97頁、107-108頁）。

> 一般的にいえば、給与所得の必要経費に特有の性質として本判決が述べていることは、事業所得等にも多かれ少なかれ存することであって、それらが果たして給与所得の必要経費に特有のものといえるかどうか甚だ疑わしいということであり、また、実額控除を給与所得に認めた場合に租税徴収費用の増加・税務

行政の混乱等—その程度は別にして—が生ずるとして、それが果たして給与所得の実額控除を排する正当な理由となり得るかについて疑問がある、ということになろう。給与所得に実額控除を認めた場合に懸念されている租税徴収費用の増加・税務行政の混乱等の程度について付け加えておくと、給与所得について実額控除制だけにするのかそれとも実額控除と概算控除との選択制にするのか、そのいずれの場合についても実額控除として認められる必要経費の範囲をどのように立法上定めるのか、及び選択制の場合の概算経費額をどのような水準に定めるのかなどによって、事情が大きく違ってくると考えられる。このような点についても、本判決がどのように考えているの［か］が明らかでない。要するに、本判決の上記説示は、正確を欠き、大雑把すぎていて、説得力の乏しいものになっている、といわざるを得ないように思われる。

2　給与所得控除の合理性に関する判断の問題性

　もう１つの問題として以上の問題よりも更に重大な問題と考えられるのは、給与所得控除の合理性に関する次の判示である（下線・傍点筆者）。

　　そして、右目的との関連において、旧所得税法が具体的に採用する前記の給与所得控除の制度が合理性を有するかどうかは、結局のところ、給与所得控除の額が給与所得に係る必要経費の額との対比において相当性を有するかどうかにかかるものということができる。もつとも、前記の税制調査会の答申及び立法の経過によると、右の給与所得控除は、前記のとおり給与所得に係る必要経費を概算的に控除しようとするものではあるが、なおその外に、(1)　給与所得は本人の死亡等によつてその発生が途絶えるため資産所得や事業所得に比べて担税力に乏しいことを調整する、(2)　給与所得は源泉徴収の方法で所得税が徴収されるため他の所得に比べて相対的により正確に捕捉されやすいことを調整する、(3)　給与所得においては申告納税の場合に比べ平均して約５か月早期に所得税を納付することになるからその間の金利を調整する、との趣旨を含むものであるというのである。しかし、このような調整は、前記の税制調査会の答申及び立法の経過によつても、それがどの程度のものであるか明らかでないば

かりでなく、所詮、立法政策の問題であつて、所得税の性格又は憲法14条１項の規定から何らかの調整を行うことが当然に要求されるものではない。したがつて、憲法14条１項の規定の適用上、事業所得等に係る必要経費につき実額控除が認められていることとの対比において、給与所得に係る必要経費の控除のあり方が均衡のとれたものであるか否かを判断するについては、給与所得控除を専ら給与所得に係る必要経費の控除ととらえて事を論ずるのが相当である。しかるところ、給与所得者の職務上必要な諸設備、備品等に係る経費は使用者が負担するのが通例であり、また、職務に関し必要な旅行や通勤の費用に充てるための金銭給付、職務の性質上欠くことのできない現物給付などがおおむね非課税所得として扱われていることを考慮すれば、本件訴訟における全資料に徴しても、給与所得者において自ら負担する必要経費の額が一般に旧所得税法所定の前記給与所得控除の額を明らかに上回るものと認めることは困難であつて、右給与所得控除の額は給与所得に係る必要経費の額との対比において相当性を欠くことが明らかであるということはできないものとせざるを得ない。

上記の判示の論理展開を整理すると、次のようになろう（宍戸常寿「租税立法の合憲性審査の基準」日税研論集77号（2020年）221頁、231頁）。

具体的な差別の態様が立法目的との関連で合理性を有するかといういわゆる手段審査は、税制調査会及び立法の経緯に見られる各種の調整の機能を立法政策の問題として考慮の外に置く結果として、給与所得控除を「専ら給与所得に係る必要経費の控除」として相当性を有するかどうかという問題として捉え直される。

このように本判決は給与所得控除規定の違憲審査において**概算控除の合理性審査（手段審査）**を**概算額の相当性審査**として捉え直すものであるが、その理由については次のような「疑問」が述べられている（清永・前掲「判批」109-110頁）。

(1)　本判決は上記3つの調整の程度が明らかでないというが、調整の程度が明らかでないのは、必要経費の概算分についても同じことである。それにもかかわらず、必要経費の概算分については、給与所得控除の額をそのまま必要経費の概算分と見て判断を進めることができるとする理由は、理解し難い。(2)　本判決は上記3つの調整は立法政策の問題であるという。しかし、必要経費の控除の問題も、立法政策の問題であると思われる。例えば、利子所得について必要経費の控除は全く認められていないし、また配当所得については負債利子以外の必要経費の控除は認められていない。広い意味で必要経費控除の問題と思われる損益通算は、雑所得の損失について認められていない。これらは立法政策の問題であろうと思われる。立法政策の問題であっても、その選択が著しく不合理であることが明らかであるときは、憲法問題を生ずると考えるべきであろう。(3)　上記3つの調整のうち例えば担税力の調整についていえば、現実に担税力に違いがあれば、それは税法上考慮すべき重要な事実である。その事実を立法上どのように考慮するかは立法政策の問題であるとしても、担税力に著しい違いがある場合に、それを理由なく全く無視しても、憲法上なんら問題が生じないとは考えにくいことである。(4)　今、所得税法が、上記3つの調整を合わせて行う1つの特別控除を設け、これとは別に給与所得の概算経費控除の制度を置いているとする。その場合でも、本判決は、給与所得の必要経費の額を、右両控除の合計額と対比して論ずるのであろうか。そうはしないであろう。2つの制度として区別されているのかそれとも1つの制度の中でまとめて考慮されているかに、決定的な違いがあるとは思われない。(5)　今日、給与所得控除の額は、本件当時よりは相対的に大きな額として定められている。そのこともあって、給与所得控除の制度は、必要経費の概算額としては実際の必要経費の額を大きく上廻り、不合理な優遇措置となっていると、事業所得者等から非難を受ける場合がある。このような場合でもやはり、憲法14条1項の規定との関係では、給与所得控除を専ら給与所得に係る必要経費の控除ととらえて事を論ずることになるのであろうか。

　これらの「疑問」はいずれも十分に説得力のあるものであり、次の調査官解説（泉徳治「判解」最判解民事篇（昭和60年度）74頁、94頁。下線筆者）によっても解消されないように思われる。

給与所得に係る必要経費との比較は、給与所得控除の全額と行うのではなく、その中の必要経費の概算控除部分のみと行うべきではないか、との議論がある。しかし、事業所得等の金額の計算について必要経費の実額控除を認めるということは、収入金額から必要経費を控除したいわゆる純所得を課税の対象とするという趣旨にほかならないところ、給与所得についても、給与所得控除の枠内で必要経費の実質的な控除が行われる限りは、純所得に対する課税の取扱いがなされることとなり、事業所得等と給与所得との課税上の均衡が保たれるものというべきである。右に挙げた給与所得控除の趣旨のうち、担税力及び捕捉率に係る調整の点については、かかる調整を行うかどうか、どの程度の調整を行うかは立法政策の問題であり、所得税の性格又は憲法14条１項から一定額の調整を行うことが当然に要求されるものではなく、また、早期納税による金利差は、金額においてわずかなものであり、事業所得者等にも予定納税の制度があることを考慮すれば、ほとんど無視してよい要素といえる。したがって、事業所得者等と給与所得者との必要経費の取扱いの区別が憲法14条１項に適合するかどうかを検討する上においては、給与所得控除の全額を必要経費の概算控除額としてその適否を判断すれば足りるものというべきであろう。

　この調査官解説は、給与所得に係る必要経費との比較を給与所得控除の「全額」と行うか又は「必要経費の概算控除部分」とのみ行うかを問題にしながら、「給与所得控除の枠内で必要経費の実質的な控除が行われる限りは」として論点をすり替えているように思われるが、その点は措くとしても、この調査官解説からすると、（多くの論者が指摘してきたところであるが）やはり、担税力の調整、捕捉率の調整及び金利の調整という３つの調整を「立法政策の問題」として「考慮の外に置く」（宍戸・前掲論文231頁）「論理操作」こそが、給与所得控除規定の違憲審査において「給与所得控除を専ら給与所得に係る必要経費の控除ととらえて事を論ずるのが相当である」との判断を支えていると考えられる。ここで、先に本判決の前記の論理展開を整理したときとは異なり敢えて「論理操作」としたのは、以下で述べるように、本判決が「違憲判断回避の意図」をもって論理展開を操作したのではないかという疑念を払拭することができないからである。

確かに、前記の３つの調整は「立法政策の問題」であるが、しかし、本判決が前記**Ⅱ**の「総論的」判示（⑤）において「租税法の定立については、国家財政、社会経済、国民所得、国民生活等の実態についての正確な資料を基礎とする立法府の政策的、技術的な判断にゆだねるほかはなく、裁判所は、基本的にはその裁量的判断を尊重せざるを得ないものというべきである。」として、立法裁量を尊重する考え方を宣明している以上、たとえ「立法政策の問題」であっても裁判所が違憲審査において「考慮の外に置く」ことは、論理一貫性が疑わしい判断に帰結することになる。清永敬次教授が先に引用した「疑問」の(2)(3)で正当にも述べておられるように、必要経費控除も基本的には「立法政策の問題」であることに加え、担税力の調整も租税立法上考慮すべき重要な事実であることからすれば、尚更である。

　本判決がそのような論理一貫性に関する疑義を生む危険を敢えて冒してまで前記のような「論理操作」をしたのは、そうすることで給与所得に係る必要経費の控除額を給与所得控除の全額とした上で給与所得控除額の相当性を審査し（以下「**全額相当性審査**」という）これを肯定しやすくするためではなかったかと思われるのである。

　もっとも、本判決が次のような「一般的」判示をもって給与所得控除額の相当性を肯定するのであれば、敢えて前記のような「論理操作」をしなくても、換言すれば、もし前記の３つの調整に関する立法者の裁量的判断を尊重し、それらの調整を金額の点でも給与所得控除額に反映させ、「給与所得に係る必要経費との比較は、給与所得控除の全額と行うのではなく、その中の必要経費の概算控除部分のみと行う」（泉・前掲「判解」94頁）こととした上でその相当性審査をすること（以下「**部分額相当性審査**」という）にしたとしても、同じ結論が得られたようにも思われる。

給与所得者の職務上必要な諸設備、備品等に係る経費は使用者が負担するのが通例であり、また、職務に関し必要な旅行や通勤の費用に充てるための金銭給付、職務の性質上欠くことのできない現物給付などがおおむね非課税所得として扱われていることを考慮すれば、本件訴訟における全資料に徴しても、給与所得者において自ら負担する必要経費の額が一般に旧所得税法所定の前記給与

所得控除の額を明らかに上回るものと認めることは困難であつて、右給与所得控除の額は給与所得に係る必要経費の額との対比において相当性を欠くことが明らかであるということはできないものとせざるを得ない。

しかし、本判決には、適用違憲の余地を認める伊藤正己裁判官の次の補足意見（これに木下忠良裁判官、長島敦裁判官が同調し、谷口正孝裁判官、島谷六郎裁判官も基本的に同調した）が付されたことからすると、もし最高裁が部分額相当性審査を行っていたとすれば、適用違憲の可能性がなかったとは言い切れないように思われる。

本件課税規定それ自体は憲法14条 1 項の規定に違反するものではないが、本件課税規定に基づく具体的な課税処分が常に憲法の右規定に適合するとまではいえない。特定の給与所得者について、その給与所得に係る必要経費（いかなる経費が必要経費に当たるかについては議論の余地があり得ようが、法廷意見もいうように、給与所得についても収入金額を得るための必要経費の存在を観念し得る。）の額がその者の給与所得控除の額を著しく超過するという事情がみられる場合には、右給与所得者に対し本件課税規定を適用して右超過額を課税の対象とすることは、明らかに合理性を欠くものであり、本件課税規定は、かかる場合に、当該給与所得者に適用される限度において、憲法14条 1 項の規定に違反するものといわざるを得ないと考える（なお、必要経費の額が給与所得控除の額を著しく超過するような場合には、当該所得が真に旧所得税法の予定する給与所得に当たるかどうかについて、慎重な検討を要することは、いうまでもない。）。

この点を本件についてみるに、本件における必要経費の額が本件課税規定による給与所得控除の額を著しく超過するものと認められないことは、原判決の説示に照らして明らかであるから、本件課税規定を適用して本件課税処分をしたことに憲法14条 1 項違反があるということはできない。

この補足意見は、全額相当性審査を前提としているので、本件について適用違憲を認めなかったが、本判決が部分額相当性審査を行っていたとすれば、本件における適用違憲の判断について異なる結論に至っていたかもしれない。

そうすると、まさに「立証技術の巧拙」（Ⅱ1冒頭引用判示）が問題になるが、その点は措くとして、ともかく、本判決は、「総論的」判示（立法裁量の尊重）との論理一貫性を犠牲にする危険を敢えて冒して全額相当性審査を行う「論理操作」によって、法令違憲の判断も適用違憲の判断も回避しようとしたのではないかと思われるのである。

Ⅳ　おわりに

　以上、本判決は、「総論的」判断においては、租税法律主義の確立など税法学の発展にも大きく貢献したが、ただ、「各論的」判断においては、問題のある判決でもあった。とりわけ立法裁量の尊重の点では、「総論的」判断（のうち合理性審査）と「各論的」判断（相当性審査）との間の論理一貫性に疑義があるといわざるを得ないのである。

　最後に、清永敬次教授が述べられた「疑問」（Ⅲ2）のうち(2)(3)は本件当時（昭和39年）においても問題になったと思われるが、その後、本判決当時においては既に(5)が問題になっていたし、今日においては(4)の問題も顕在化している（その意味で「疑問」はまさに慧眼によるものである）。給与所得控除に加え選択による一定の「実額」控除として昭和62年度税制改正により導入された特定支出控除（所税57条の2）について、平成24年度税制改正によって、給与所得控除が「勤務費用の概算控除」と「他の所得との負担調整のための特別控除」から成るという**二分論**を前提にして、その適用基準が給与所得控除額の2分の1（「勤務費用の概算控除」）の額とされた（同条1項）。その意味で、「疑問」(1)の問題は解消されたといえ、したがって、今日ではもはや全額相当性審査を採用することはできないであろう。

3 課税要件法定主義と委任命令
ふるさと納税不指定事件・最判令和 2 年 6 月30日民集74巻 4 号800頁

I はじめに

　本稿では、租税法律主義（**形式的租税法律主義**）の要請のうち**課税要件法定主義**に関して**委任命令の委任範囲逸脱の問題**を扱ったふるさと納税不指定事件・最判令和 2 年 6 月30日民集74巻 4 号800頁（以下「本判決」という。本判決には宮崎裕子裁判官の補足意見と林景一裁判官の補足意見が示されているが、以下では「宮崎補足意見」、「林補足意見」という）を取り上げる。本判決は、本稿執筆時の拙著『税法基本講義〔第 6 版〕』（弘文堂・2018年）では当然のことながら取り上げていないが、本判決当時既に改訂済の同書第 7 版（弘文堂・2021年）では欄外番号【30】で取り上げている。

　形式的租税法律主義すなわち**法律によらない課税の禁止の原則**からすれば、課税要件をはじめとして納税者の実体的・手続的権利義務にかかわる事項は、すべて法律で定めなければならない（**2 II** で取り上げた大嶋訴訟・最［大］判昭和60年 3 月27日民集39巻 2 号247頁等参照）。この要請は、**租税法律主義の民主主義的再構成**（拙著『税法の基礎理論』（清文社・2021年）第 1 章第 4 節 II、第 4 章第 1 節 IV、同章第 3 節 III 参照）に基づき租税立法者の**規律責務**を明確にし租税法律の**規律密度**（ここでは特に規律事項の範囲）を高めるものであり、課税要件法定主義と呼ばれる。

　課税要件法定主義の下では、**命令（行政立法）への委任**について①委任する租税法律（**委任法律**）の側で委任の仕方が、②委任を受けて定められる命令（**委任命令**）の側で委任範囲の逸脱が問題にされる。①については、**個別的・具体的委任**は許されるが、**一般的・白紙的委任**は課税要件法定主義に反し違憲であることに異論はない（ただし、一般的・白紙的委任を認めた裁判例としては神戸地判平成12年 3 月28日訟月48巻 6 号1519頁があるくらいで、これも控訴審・大阪

23

高判平成12年10月24日訟月48巻6号1534頁で覆された）。また、②については、委任範囲を逸脱した委任命令を課税要件法定主義に反し違憲とするか、又は委任法律に反し違法とするかはともかく（本判決と同じく筆者も後者の立場である）、その委任命令が無効であることに異論はない。

　本稿で検討する本判決は上記の②の問題について、従来の判例の立場を踏まえつつ、新たな判断を示したものとして注目される。以下では、拙稿「判批」民商法雑誌157巻2号（2021年）281頁をベースにしながら、本判決について検討することにする。その検討に入る前に、本件の事案の概要を以下に述べておこう。

　ふるさと納税制度（地税37条の2第1項・第2項、314条の7第1項・第2項）は、平成20年度税制改正により導入された。創設当時は、地方団体が寄附金の受領に伴い当該寄附金の支出者に対して提供する物品、役務等のいわゆる返礼品について特に定める法令上の規制は存在しなかった。もっとも、その後、寄附金の額に対する返礼品の調達価格の割合（返礼割合）の高い返礼品を提供する地方団体が多くの寄附金を集める事態が生じたこと等から、Y（総務大臣―被告・被上告人）は、地方団体に対する技術的な助言（自治254条の4第1項）として、平成27年以後、状況の変化に応じて通知（本件各通知）により是正を求めたにもかかわらず、一部の地方団体が過度な返礼品を送付して多額の寄附金を得る状況はその後も継続していた。

　そこで、総務省は、過度な返礼品を送付しふるさと納税制度の趣旨を歪めているような地方団体を特例控除の対象外にすることができるようにするとの基本的な考え方に基づいて、所定の基準（**募集適正基準**等）に適合する地方団体として総務大臣が指定するものに対する寄附金のみを特例控除対象寄附金とする制度（本件指定制度）を導入すること等を内容とする法律案（本件法律案）を作成した。本件法律案は内閣から国会に提出され、平成31年3月27日に成立し、そのうち本件指定制度の導入等を内容とする改正規定（本件改正規定）は令和元年6月1日から施行された。本件指定制度を定める地方税法37条の2第2項（本件授権規定）に基づき、総務大臣は、平成31年4月1日、募集適正基準等を定める告示（本件告示）を発し、令和元年6月1日から適用することとした。

　本件告示1条はふるさと納税制度の趣旨について「ふるさとやお世話になっ

た地方団体に感謝し、若しくは応援する気持ちを伝え、又は税の使い途を自らの意思で決めることを可能にすること」と述べている。本件で本件授権規定の委任の範囲の逸脱が問題とされたのは本件告示2条3号であるが、これは、募集適正基準の1つとして、「平成30年11月1日から法第37条の2第3項……に規定する申出書を提出する日までの間に、前条に規定する趣旨に反する方法により他の地方団体に多大な影響を及ぼすような第1号寄附金の募集を行い、当該趣旨に沿った方法による第1号寄附金の募集を行う他の地方団体に比して著しく多額の第1号寄附金を受領した地方団体でないこと」という指定基準を定めるものである。

以上のような経緯で導入された本件指定制度の下で平成31年4月5日付けで初年度に係る指定の申出（本件指定申出）をした泉佐野市に対してYが当該指定をしない旨の決定（本件不指定）をした。その理由は、本件指定申出に係る申出書等の内容上の問題（不指定理由①）、本件告示2条3号のうち過去の募集実績に係る基準（**過去の募集実績基準**）違反（不指定理由②）及び法定返礼品基準違反（不指定理由③）であったが、X（泉佐野市市長―原告・上告人）は、本件不指定を不服として、地方自治法250条の13第1項に基づき国地方係争処理委員会への審査の申出を経て、令和元年11月1日、本件不指定は違法な国の関与に当たると主張して、同法251条の5第1項2号に基づき、Yに対し本件不指定の取消しを求めた。

Ⅱ 本判決の判断基準とその適用

以下では、本稿の主題に従い不指定理由②に関する本判決の判断内容を以下でみておこう。

まず、本判決は委任命令に係る委任の範囲逸脱の判断基準について次のとおり判示した。

本件告示2条3号は、上記のとおり地方団体が本件改正規定の施行前における返礼品の提供の態様を理由に指定の対象外とされる場合があることを定めるものであるから、実質的には、同大臣による技術的な助言に従わなかったことを

理由とする不利益な取扱いを定める側面があることは否定し難い。そのような取扱いであっても、それが法律上の根拠に基づくものである場合、すなわち、同号が地方税法の委任の範囲内で定められたものである場合には、直ちに地方自治法247条3項に違反するとまではいえないものの、同項の趣旨も考慮すると、本件告示2条3号が地方税法37条の2第2項の委任の範囲を逸脱したものではないというためには、前記……のような趣旨の［過去の募集実績］基準の策定を委任する授権の趣旨が、同法の規定等から明確に読み取れることを要するものというべきである。

　次に、本判決は、「このような観点から、本件告示2条3号の効力について検討する」として、「法文の文理」、「委任の趣旨」及び「立法過程における議論」（「本件法律案の作成の経緯」及び「国会における本件法律案の審議の過程」）を検討しているが、これらのうち本判決が委任の範囲逸脱の判断において特に重視したものと解される「委任の趣旨」に関する判示（下線筆者）を次に引用しておく。

　　次に、委任の趣旨についてみると、地方税法37条の2第2項が総務大臣に対して指定の基準のうち募集適正基準等の内容を定めることを委ねたのは、寄附金の募集の態様や提供される返礼品等の内容を規律する具体的な基準の策定については、地方行政・地方財政・地方税制や地方団体の実情等に通じた同大臣の専門技術的な裁量に委ねるのが適当であることに加え、そのような具体的な基準は状況の変化に対応した柔軟性を確保する必要があり、法律で全て詳細に定めるのは適当ではないことによるものと解される。
　　他方、本件指定制度の導入に当たり、その導入前にふるさと納税制度の趣旨に反する方法により著しく多額の寄附金を受領していた地方団体について、他の地方団体との公平性を確保しその納得を得るという観点から、特例控除の対象としないものとする基準を設けるか否かは、立法者において主として政治的、政策的観点から判断すべき性質の事柄である。また、そのような基準は、上記地方団体について、本件指定制度の下では、新たに定められた基準に従って寄附金の募集を行うか否かにかかわらず、一律に指定を受けられないこととする

ものであって、指定を受けようとする地方団体の地位に継続的に重大な不利益を生じさせるものである。そのような基準は、<u>総務大臣の専門技術的な裁量に委ねるのが適当な事柄</u>とはいい難いし、<u>状況の変化に対応した柔軟性の確保が問題となる事柄</u>でもないから、その策定についてまで上記の委任の趣旨が妥当するとはいえず、地方税法が、総務大臣に対し、同大臣限りでそのような基準を定めることを委ねたものと当然に解することはできないというべきである。

最後に、本判決は次のとおり判示して本件告示2条3号の規定につき地方税法37条の2第2項（本件授権規定）の委任の範囲逸脱を認めた。

以上によれば、地方税法37条の2第2項につき、関係規定の文理や総務大臣に対する委任の趣旨等のほか、立法過程における議論をしんしゃくしても、前記……のような趣旨の［過去の募集実績］基準の策定を委任する授権の趣旨が明確に読み取れるということはできない。そうすると、本件告示2条3号の規定のうち、本件改正規定の施行前における寄附金の募集及び受領について定める部分は、地方税法37条の2第2項……の委任の範囲を逸脱した違法なものとして無効というべきである。

Ⅲ 委任の趣旨と「法律の専管事項」

1 従来の判例法理

本判決は、委任命令に係る委任の範囲逸脱の判断基準として、医薬品ネット販売事件・最判平成25年1月11日民集67巻1号1頁が次の判示で採用した「授権趣旨の明確性」（宮村教平「判批」阪大法学63巻5号（2014年）1627頁、1632頁、宇賀克也『行政法概説Ⅰ　行政法総論〔第7版〕』（有斐閣・2020年）309頁等）という基準を「下敷き」（中原茂樹「判批」法教480号（2020年）114頁）にして、「事例判断的な表現」（高木光「判批」民商149巻3号（2013年）269頁、277頁）も含めて、同じような判断基準を採用したものと解される（原田大樹『判例で学ぶ法学　行政法』（新世社・2020年）211頁参照）。

憲法22条1項による保障は、狭義における職業選択の自由のみならず職業活動の自由の保障をも包含しているものと解されるところ（……）、旧薬事法の下では違法とされていなかった郵便等販売に対する新たな規制は、郵便等販売をその事業の柱としてきた者の職業活動の自由を相当程度制約するものであることが明らかである。これらの事情の下で、厚生労働大臣が制定した郵便等販売を規制する新施行規則の規定が、これを定める根拠となる新薬事法の趣旨に適合するもの（行政手続法38条1項）であり、その委任の範囲を逸脱したものではないというためには、立法過程における議論をもしんしゃくした上で、新薬事法36条の5及び36条の6を始めとする新薬事法中の諸規定を見て、そこから、郵便等販売を規制する内容の省令の制定を委任する授権の趣旨が、上記規制の範囲や程度等に応じて明確に読み取れることを要するものというべきである。

このような基準によって判断する際の考慮要素について、上記最判に関する調査官解説（岡田幸人「判解」最判解民事篇（平成25年度）1頁、20頁）は従来の判例の立場を次のように整理している。

委任命令が授権規定による委任の範囲内といえるか否かについての考慮要素としては、① 授権規定の文言、② 授権規定が下位法令に委任した趣旨、③ 授権法の趣旨、目的及び仕組みとの整合性、④ 委任命令によって制限される権利ないし利益の性質等が一応挙げられるのではないかと考えられる。

2 委任の趣旨に関する「法律の所管事項二分論」

本判決について従来の判例法理と比べて特徴的と思われるのは、「**委任の趣旨**」に関する前記の判示である。

本判決は、まず、本件授権規定が募集適正基準の策定を本件告示に委任した趣旨として、同基準の策定が❶「**総務大臣の専門技術的な裁量に委ねるのが適当な事柄**」及び「**状況の変化に対応した柔軟性の確保が問題となる事柄**」である旨を判示している。この判示は、委任の趣旨に関する一般論（岡田・前掲「判解」19頁、宇賀・前掲書301頁参照）を募集適正基準について述べたものであり、特に異論はなかろう。

本判決は、次に、法律の所管事項について❶と区分して、❷「**立法者におい
て主として政治的、政策的観点から判断すべき性質の事柄**」を示し、過去の募
集実績基準はこれに該当する旨を判示している（**法律の所管事項二分論**）。この
点について、林補足意見は「Yにおいて、法的な問題として、そのような不当
な状態を、将来のみならず過去の行為をも考慮に入れて解消することを目指す
のであれば、制度改正に際し、その旨の明示的な規定を設けることを、法律レ
ベルで追求すべきであったといえる。」と述べている。

「委任の趣旨」に関する本判決の以上の判断からすると、❷の事項はいわば
「**法律の専管事項**」である以上、これに該当する過去の募集実績基準の策定は
本件授権規定によって委任されていないこと（いわば「**委任の不存在**」）になる
から、「［過去の募集実績］基準の策定を委任する授権の趣旨が明確に読み取れ
るということはできない。」と結論づけられたものと解される。つまり、この
結論にとって決定的な意味をもつのは、「委任の趣旨」に関する前記の判断の
うち、過去の募集実績基準が❷「立法者において主として政治的、政策的観点
から判断すべき性質の事柄」という「法律の専管事項」に該当するという判断
であると考えられる。

3　過去の募集実績基準の「法律の専管事項」該当性の理由

では、その判断はどのような理由に基づくものであろうか。「委任の趣旨」
に関する前記の判示によれば、過去の募集実績基準は、「［本件指定制度］の導
入前にふるさと納税制度の趣旨に反する方法により著しく多額の寄附金を受領
していた地方団体について、他の地方団体との公平性を確保しその納得を得る
という観点」から、設けられたものとされているが、この「観点」には、ⓐ過
去すなわち本件指定制度の導入前の募集実績の考慮とⓑ他の地方団体との公平
の確保という2つの要素が含まれている。

まず、ⓐについて、本判決は、遡及課税立法に関する判例（最判平成23年9
月22日民集65巻6号2756頁等）の趣旨に照らして、ⓐを法律で定めることを要求
したものと解される。判例では、遡及課税を法律で定めたとしても、「［当該法
律の］適用によって納税者の租税法規上の地位が変更され、課税関係における
法的安定に影響が及び得る場合」には当該法律の憲法84条適合性が問題となり

得るとされているが、そうすると、過去の募集実績基準が「委任の趣旨」に関する前記判示にいう「指定を受けようとする地方団体の地位に継続的に重大な不利益を生じさせるもの」である以上、ⓐは❷「立法者において主として政治的、政策的観点から判断すべき性質の事柄」に該当するとされたものと解される。

次に、ⓑ他の地方団体との公平の確保は、地方自治の保障（憲92条・94条）からの要請であると解される。地方自治の基本的要素としての団体自治は、国からの独立性に加えて地方公共団体相互の公平性をも要素とすると考えられる。後者は法律の枠内で保障されるものとされている以上、ⓑも前記❷の事項に該当するとされたものと解される。

Ⅳ おわりに

以上において、委任命令に係る委任の範囲逸脱の判断基準に関する判例法理に対して本判決が新たに付け加えた、「委任の趣旨」に関する法律の所管事項二分論ともいうべき考え方を明らかにし過去の募集実績基準に関して検討した。

最後に、本件の背景にある、より本質的と思われる**立法のあり方の問題**についても若干の検討を加えておきたい。

宮崎補足意見は、「本件の背景にあるいくつかの問題を俯瞰しつつ」法廷意見の理由を補足しているが、その問題の１つとして、本件告示１条で示されたふるさと納税制度の趣旨（Ⅰ参照）に照らして、「寄附金と税という異質なものが制度の前提にあ」り「調整の仕組みを欠いた状態」で「本件改正規定の施行前に地方団体が行なった寄附金の募集態様や返礼品の提供という行為を、制度の趣旨に反するか否か、あるいは制度の趣旨をゆがめるような行為であるか否かという観点から評価することには無理がある。」と述べている。

思うに、そのような不明確な「趣旨」では、一方で、「本件改正規定の施行前に地方団体が行なった寄附金の募集態様や返礼品の提供という行為」を「**制度の濫用**」（外国税額控除余裕枠利用事件・最判平成17年12月19日民集59巻10号2964頁。この判決については前掲拙著『税法の基礎理論』第２章第３節等参照）と認めることまではできないし、他方で、立法者が制度設計に当たりその要件を定める場合における要件化の基準として制度の規律密度を高めることに資する「**立**

法基準性」を満たし得ず、したがって、規律密度の低さに帰結すると考えられる。規律密度の低い制度は、その回避や濫用を容易に許してしまういわゆる**「脇の甘い」制度**であるが、ふるさと納税制度は、本件指定制度の導入までは、そのような制度の1つであったといえよう。

ふるさと納税制度の「脇の甘さ」は、本件指定制度の趣旨や本件におけるYの主張の中で述べられている「他の地方団体との不公平」に帰結した。すなわち、ふるさと納税制度の創設時には地方団体に「良識ある行動」が強く期待されていたが（「ふるさと納税研究会報告書」（平成19年10月）23頁参照）、「良識ない行動」が同制度上禁止されておらず、しかも「良識ある行動」をする場合に比べて「良識ない行動」をすることによって同制度を通じて多額の寄附金を受け取ることができるというのであれば、「良識ない行動」をする地方団体が現れることは想定できるし（実際に想定されていた）、実際に現れたのである。

ふるさと納税制度のこのような問題（弊害）は、構造の点では、租税回避の類型の1つである**税法上の課税減免規定の濫用による租税回避**（前掲拙著『税法基本講義』【66】参照）の問題と類似する。この租税回避の問題は、納税者が税法上の課税減免規定をその趣旨・目的に反して（その要件を文言上のみ充足して）利用することによって課税減免の利益を享受し、当該課税減免規定を利用しない納税者との間で租税負担の不公平をもたらすという問題であり、当該課税減免規定の趣旨・目的に反する利用に対する適用除外規定の欠缺（隠れた欠缺）による規律密度の低さに基因するものである。そのような欠缺を補充し租税負担の公平を実現するのは、第一次的には、立法者の責任である（前掲拙著『税法基本講義』【69】参照）。この意味で、次の見解（宮崎裕子「一般的租税回避否認規定—実務家の視点から（国際的租税回避への法的対応における選択肢を納税者の目線から考える）」ジュリ1496号（2016年）37頁、43頁）は正鵠を射たものである。

> 国（立法府）には法律制定権限があるが、納税者には法律制定権限はないという本質的な違いがある以上、立法の不備や遅れのつけを国（課税庁）が負うべきではないという考え方をとることはできないし、明確ではない課税要件や立法の遅れのつけをひとり納税者が負担するべき理由はない。

この見解を裁判官の立場から述べるとすれば、次のようになろう（*Albert Hensel,*
Zur Dogmatik des Begriffs "Steuerumgehung", in Bonner Festgabe für Zitelmann,
1923, 217, 230.）。

> 立法を任務とする政治的組織体は、自らに不利益を蒙らせた立法の過誤を、常
> に、法律改正によって補正することができる。したがって、租税請求の棄却に
> よって立法者に法律の欠陥を指摘することの方が、租税請求の認容によって法
> 的不安定性を強め法律の欠陥を公認することに比べて、多くの場合、裁判官に
> とってより価値の高いことのように思われるであろう。

　これらの見解は、ふるさと納税制度の弊害である「他の地方団体との不公
平」の是正についても、基本的に妥当すると考えられる。そもそも、他の地方
団体との公平の確保は、**Ⅲ**3で述べたように、憲法上の地方自治の保障から要
請されることに加え、ふるさと納税制度のそのような弊害は制度検討段階から
想定されていた以上、現実に生じてきた弊害への対応を本件各通知に委ね法律
改正の遅延により本件のような事態を招いた責任は、第一次的には、国（総務
大臣及び国会）にあると考えるべきである。
　このように考えると、ふるさと納税制度については、無条件に、「Yにおい
て、法的な問題として、そのような不当な状態を、将来のみならず過去の行為
をも考慮に入れて解消することを目指すのであれば、制度改正に際し、その旨
の明示的な規定を設けることを、法律レベルで追求すべきであった」（林補足
意見）ということにはならないように思われる。過去の募集実績基準のような
行政による「事後立法」を必要としない、機動的な「質の高い立法力」（宮崎・
前掲論文43頁）こそが、立法者に強く求められると考えるところである。
　「質の高い立法力」は行政立法についても不可欠であり、委任命令が委任法
律による委任の範囲を逸脱することがないよう、行政は「委任の趣旨」を的確
かつ適切に具体化する委任命令を制定しなければならない。最判令和3年3月
11日民集75巻3号418頁（本件第一審判決及び控訴審判決については前掲拙著『税
法の基礎理論』第2章第11節参照）をみても、そのことを痛感する次第である。

課税要件明確主義と立法者の説明責任

ホステス報酬源泉徴収事件・最判平成22年3月2日民集64巻2号420頁

Ⅰ　はじめに

　本稿では、租税法律主義（**形式的租税法律主義**）の要請のうち**課税要件明確主義**に関してホステス報酬源泉徴収事件・最判平成22年3月2日民集64巻2号420頁（以下「本判決」という）を取り上げる。

　本判決は、「租税法規はみだりに規定の文言を離れて解釈すべきものではな［い］」と判示し、税法の解釈に関する**厳格解釈の要請**ないし**文理解釈の原則**（拙著『税法基本講義〔第6版〕』（弘文堂・2018年）【44】参照）を確立したものとして高く評価されているが（差し当たり、佐藤英明「最高裁判例に見る租税法規の解釈手法」山本敬三＝中川丈久編『法解釈の方法論—その諸相と展望』（有斐閣・2021年）341頁、347頁参照）、以下では、本判決が**立法者の説明責任**の問題を浮かび上がらせた点に着目し、本件に即してこの問題を検討することにする。

　その前に、課税要件明確主義と立法者の説明責任との関係という観点から、特に不確定法概念の解釈の文脈で租税法規の趣旨・目的の重要性について述べておこう。

Ⅱ　課税要件明確主義と不確定法概念の解釈

　租税法令はその規定の中で「正当な理由」（税通65条4項等）、「必要があるとき」（同74条の2第1項等）、「著しく低い価額」（所税40条1項2号等）、「不相当に高額」（法税34条2項等）、「不当に減少させる」（同132条1項等）など多くの**不確定法概念**を使用している。このことは、税法が私的経済活動の上に建てられた「家」のようなものであること（前掲拙著【2】の図、拙著『税法の基礎理論』（清文社・2021年）第5章参照）から、その基礎にある私的経済活動の複雑

多様化に対応し、そのときどきにおいて税収の確保及び租税負担の公平を図るために、やむを得ない面もある。いわば「**税法の宿命**」といってもよかろう。

　それ故、税法における不確定法概念については、それが一見すると不明確であるようにみえても、それを用いる規定の趣旨・目的に照らして、その意味を明らかにすることができるのであれば、一見不明確の一事をもって直ちに、その使用が課税要件明確主義に違反するとまではいえないというような定式（以下「**不確定法概念解釈定式**」という）が、下記の判例も示すとおり（③-1は③-2［下線筆者］でそのような判例として参照されている）、一般に承認されているとみてよかろう（前掲拙著『税法基本講義』【33】参照）。

【①】札幌地判平成11年12月10日訟月47巻5号1226頁

　憲法84条は、租税は、法律又は法律の定める条件によるべきことを要求しているところ（租税法律主義）、その趣旨は、租税を課すことは国民から強制的に財産権を奪うものであり、国民の権利義務にかかわることであるから、その内容及び手続を全国民を代表する選挙された議員によって組織構成される国会の定めた法律又は法律の定める条件によらしめ、もって、行政当局による恣意的な課税が行われることを防止しようというものであると解される。したがって、納税義務者、課税物件、課税標準、税率等の課税要件及び租税の賦課、徴収の課税手続は法律で定められなければならず（課税要件法律主義）、また、課税要件及び租税の賦課、徴収の手続は、明確に定められなければならない（課税要件明確主義）から、課税要件にかかわる租税法規は、できるだけ明確に定めることが求められる。しかし、他方において、経済事象は、複雑多様にして流動的なものであり、これに対応して損益や所得、資産の実質に応じた公平な課税を実施することが要請されることを考慮すれば、租税法規を常に明確かつ一義的に定めることは、到底困難というほかない。したがって、当該租税法規が不確定概念を用いているという一事だけで、直ちにこれが租税法律主義に反し、違憲であるということはできず、当該租税法規の目的とするところを合理的、客観的に解釈し、その法規が課税の根拠、要件を規定したものとして一般的に是認できる程度に具体的で客観的なものであれば、当該法規は租税法律主義に反せず、違憲ではないというべきである。

【②】 最判平成 9 年 3 月25日税資222号1226頁

　法人税法34条 1 項の規定の趣旨、目的及び法人税法施行令69条 1 号の規定内容に照らせば、法人税法34条 1 項所定の「不相当に高額な部分の金額」の概念が、不明確で漠然としているということはできない……。

【③-1】 最判昭和53年 4 月21日訟月24巻 8 号1694頁

　法人税法132条の規定の趣旨、目的に照らせば、右規定は、原審が判示するような客観的、合理的基準に従つて同族会社の行為計算を否認すべき権限を税務署長に与えているものと解することができるのであるから、右規定が税務署長に包括的、一般的、白地的に課税処分権限を与えたものであることを前提とする所論違憲の主張は、その前提を欠く。

　　　↓

【③-2】 横浜地判平成22年 3 月24日税務訴訟資料260号順号11401

　同条［＝法人税法132条］の趣旨は、同族会社が少数の株主ないし社員によって支配されているため、当該会社又はその関係者の税負担を不当に減少させるような行為や計算が行われやすいことにかんがみ、税負担の公平を維持するため、そのような行為や計算が行われた場合に、それを正常な行為や計算に引き直して更正又は決定を行う権限を税務署長に認めるものである。このような同条の趣旨にかんがみれば、法人税の負担の減少が「不当」と評価されるか否かは、専ら経済的・実質的見地において、当該行為又は計算が通常の経済人の行為として不合理・不自然なものと認められるかどうかを基準として判断されるべきである。

　この点につき、原告は、法132条 1 項が規定する「不当」という概念が不確定で課税要件明確主義に反する可能性があり、また、同族会社に対してのみこの規定を設けている点で憲法14条に反する可能性があることを前提として、当該規定が適用されるのは、①「不当」の法的評価につき、経済合理性の判断が法的に明確にできるものが対象になる場合、②他の法令で想定されていないような、同族会社特有の経済合理性のない行為があった場合に限定されるべきであると主張する。

　しかしながら、法132条の規定は、税負担を「不当に減少させる」という不確定概念を用いているが、これは課税要件明確主義（憲法84条）に反するもので

はないと解すべきであり（最高裁昭和53年4月21日第二小法廷判決・訟務月報24巻8号1694頁参照）、また、同条の上記趣旨にかんがみれば、同族会社に対してのみこのような行為計算の否認の規定を設けたことについては十分な合理性があり、憲法14条にも違反しないというべきである。

　ただ、不確定法概念解釈定式については、租税法令が不確定法概念を使用する場合において当該規定の趣旨・目的を明らかにすることができることが、その成立の前提となっていることを忘れてはならない。換言すれば、立法者が当該規定の趣旨・目的について説明責任を十分に果たしているといえなければ、不確定法概念解釈定式は「空虚な決まり文句」になってしまうおそれがあると考えられるのである。

　そこで、以下では、租税法規の趣旨・目的に関する立法者の説明責任について、本件における本判決と原審・東京高判平成18年10月18日民集64巻2号487頁（以下「原判決」という）に即して検討することにする。

Ⅲ　租税法規の趣旨・目的に関する立法者の説明責任

1　本判決と原判決における基礎控除方式の趣旨・目的の「捉え方」

　本件では報酬・料金等に係る源泉徴収（所税204条）の徴収税額（同205条）に関する「当該支払金額の計算期間」（同令322条）の意義が争われたが、まず、その意義に関する本判決（①）と原判決（②）の判示（下線筆者）におけるホステス報酬源泉徴収に係る基礎控除方式（以下では単に「基礎控除方式」という）の趣旨・目的の「捉え方」をみておこう。

【①】
　一般に、「期間」とは、ある時点から他の時点までの時間的隔たりといった、<u>時的連続性を持った概念であると</u>解されているから、施行令322条にいう「当該支払金額の計算期間」も、当該支払金額の計算の基礎となった期間の初日から末日までという時的連続性を持った概念であると解するのが自然であり、これと異なる解釈を採るべき根拠となる規定は見当たらない。

　原審は、上記4のとおり判示するが、租税法規はみだりに規定の文言を離れて解釈すべきものではなく、原審のような解釈を採ることは、上記のとおり、文言上困難であるのみならず、ホステス報酬に係る源泉徴収制度において基礎控除方式が採られた趣旨は、できる限り源泉所得税額に係る還付の手数を省くことにあったことが、立法担当者の説明等からうかがわれるところであり、この点からみても、原審のような解釈は採用し難い。

【②】

　次に、控訴人らは、租税法の解釈に当たっては文理解釈に徹すべきであり、一般に理解されている「期間」の意義や租税法中の文言例に照らしても、施行令322条の「当該支払金額の計算期間の日数」は当該期間の全日数と解すべきである旨主張する。

　しかし、法令の解釈に当たり、原則として文理解釈に徹すべきであるにせよ、法令の文言を変動するあらゆる社会事象に余すところなく対応させることなど立法技術上不可能であるから、当該法令の趣旨・目的を十分に参酌した上で、その法令の文言の解釈を行うべきものであることは、一般に法令の解釈において基本的な遵守事項とされているのであり、このことは租税法令の解釈においても何ら異なるところはない。そして、法におけるホステス報酬等の源泉徴収制度の趣旨・目的をも参酌した上で上記法条を解釈すれば、本件各集計期間のうち本件各ホステスの実際の出勤日数と解すべきことに合理性があることは前記引用に係る原判決説示のとおりである。なお、こうした解釈は、「期間」という文言から受ける印象からは外れるところがあるようにも感ぜられなくもないけれども、上記の文理解釈の範囲を逸脱するようなものであるとはいえない。

　したがって、控訴人らの上記主張は採用できない。

　上記の②において原判決は「法におけるホステス報酬等の源泉徴収制度の趣旨・目的」に関するその「原判決」（東京地判平成18年3月23日民集64巻2号453頁）の説示を引用しているが、それは次のとおりである（下線筆者）。

　ホステス報酬に係る源泉徴収制度は、昭和42年の税制改正により新たに導入された制度であるが、これは、この種の報酬については収入が固定的に発生する

ものではないので確定申告の際に一時に納税するよりは、収入があった都度一定の所得税を天引して納めておく方が納税しやすくなるという事情等を考慮したことによるものであり、また、ホステス報酬のうちには、少額なものがあったり、異常な経費がかさむものもあるので、一定の控除額を設け、その納税の実情に即するよう配慮されて、併せて基礎控除方式が採用されることとなったものである。…《中略》…かかる源泉徴収制度における基礎控除方式は、手続上の便宜と税収の確保の調整の観点から、いずれ必要となる確定申告時において、還付又は不足分の納税という事務手続をする必要が出来る限り発生しないように、また、発生してもその調整額が低額となるように、源泉徴収の段階で確定的な税額に近い額を源泉徴収税額として徴収するために設けられた制度であるということができる。…《中略》…ホステス等の個人事業者の場合、その課税所得金額は、その年中の事業所得に係る総収入金額から必要経費を控除した金額（所得税法27条2項）であるから、源泉徴収においても、「同一人に対し1回に支払われる金額」から可能な限り実際の必要経費に近似する額を控除することが、ホステス報酬に係る源泉徴収制度における基礎控除方式の趣旨に合致するというべきである。

2　基礎控除方式の趣旨・目的に関する立法者の説明責任

　このように、本判決と原判決とでは、基礎控除方式の趣旨・目的の「捉え方」が異なることは明らかであるが、その原因は、直接的には、その趣旨・目的の把握に関する裁判官の方法論の違いにあるとしても、突き詰めると、立法者がその趣旨・目的に関する説明責任を十分に果たしてはいなかったことにあると考えられる。

　まず、**法規の趣旨・目的の把握に関する裁判官の方法論**について、要件事実論的思考に基づき、次のような興味深い見解（河村浩「要件事実論における法律の制度趣旨把握の方法論—租税特別措置法35条1項の『居住の用に供している家屋』（譲渡所得に関する特別控除）の要件事実の分析を題材として」伊藤滋夫＝岩﨑政明編『租税訴訟における要件事実論の展開』（青林書院・2016年）41頁、52-53頁。下線筆者）が示されている。

　実質的解釈重視説（目的論的解釈説）を採る場合、……立法当時の立法者意思（……）とあるべき制度趣旨との関係をどのように考えたらよいのであろうか。差し当たり、要件事実論の評価的要件理論に準えて、次のように原則・例外の構造で考えておきたい。

　まず、あるべき制度趣旨の評価根拠事実としては、立法当時の立法者意思が考慮されるべきである。なぜならば、民主制の原理に照らすと、目的論的解釈を採るからといって、解釈者の自由な制度趣旨の設定が許されるわけではなく（このことは、目的論的解釈は、解釈者の願望を制定法に読み込むことを認めるものではないと表現されることもある）、原則として、立法当時の立法者の意図に従うのが相当だからである。

　次に、その評価障害事実としては、立法当時の立法者意思によったのでは不合理となる例外的な場合には、その特段の事情が考慮されるべきである。なぜならば、紛争を適正・妥当に裁定すべき司法の役割に照らすと、立法当時の立法者意思に絶対的に拘束されると考えるべきではなく、その合理的な例外事情があれば、客観的に妥当と思われる制度趣旨に従うのが相当だからである。……。

　以上の評価根拠事実と評価障害事実との総合による一種の法律判断として、あるべき制度趣旨を確定するのが相当と思われる。

　この見解に従って基礎控除方式の趣旨・目的について検討すると、本判決は**「立法当時の立法者意思」**を、原判決は**「あるべき制度趣旨」**をそれぞれ採用したものと解される。とはいえ、原判決が基礎控除方式の趣旨・目的について、「民主制の原理」すなわち租税法律主義（課税要件法定主義）を尊重しつつも、なぜ「立法当時の立法者意思によったのでは不合理となる例外的な場合」とみて「あるべき制度趣旨」を採用したのかを考えると、内容的な不合理さも問題になり得るとしても、何よりもまず、「立法当時の立法者意思」を明確に示す資料が見出せなかったからではないかと考えられる。本判決も「立法担当者の説明等からうかがわれる」（下線筆者）という控えめな表現でしか「立法当時の立法者意思」を認定していないように思われる（この点については後記3も参照）。

そうすると、結局のところ、本判決と原判決とで基礎控除方式の趣旨・目的の「捉え方」が異なったのは、立法者がその意思を明確に示す説明責任を十分には果たしていなかったためであると考えるところである。この点について、次の指摘（田中治「租税訴訟において法の趣旨目的を確定する意義と手法」伊藤滋夫編『租税法の要件事実〔法科大学院要件事実研究所報9号〕』（日本評論社・2011年）127頁、129頁）は、本件においても、正鵠を射たものである。

> 　税法の立法史を探ろうとしても、政府提案により税法の改正案が出され、これに対して条文の目的、文言の意味、法の適用範囲等についてほとんど十分な議論を経ずして法案が可決成立し、その後、主税局の幹部職員の手になる『改正税法のすべて』によって改正の趣旨を概括的に理解することができるにすぎない。

　要するに、基礎控除方式の趣旨・目的に関する立法者の説明責任の不十分さが、本判決と原判決によるその趣旨・目的の「把握」の違いに、ひいては結論の違いに帰結したといっても過言ではなかろう。

3　【補論】本判決と原判決における基礎控除方式の趣旨・目的の「使い方」

　なお、以上で述べたことに関連して、本判決と原判決における基礎控除方式の趣旨・目的の「使い方」の違いについても、簡単に触れておきたい。
　一般に、法規の趣旨・目的の「使い方」には、①**文理解釈の「実質的正当化」**と②**目的論的解釈の「手段」**という2通りの「使い方」があると考えられるが、①については、法の解釈に関する下記の「**富士山理論**」（長尾龍一『法哲学入門』（講談社学術文庫・2007年）171-172頁。下線筆者）の説くところが妥当するであろう。

> 　ハンス・ケルゼンは、実定法秩序を上位規範が一定の期間に一定の手続で一定の枠内の立法・執行を授権する授権のヒエラルヒーだと説いて、その枠内の解釈を<u>可能な解釈</u>と呼んだ。ところが、法は言葉でできていて、<u>言葉の意味の限界線</u>は「<u>枠</u>」というほどにははっきりしていない。そこで、私が唱えているのが、「<u>富士山理論</u>」である。

　それによると、法は富士山のような形をしている。頂上が法の言葉の中心的意味であり、裾野に近づくにつれて、言葉の中心的意味から離れていく。そして、その距離に比例して実質的正当化が要求される。例えば「車馬通行止」という立札が法であるとすると、馬は明らかに頂上にあたる。したがって、「立札をみろ、馬は通るなと書いてあるではないか」という形式的正当化だけで、馬の通行を禁止することができる。それに対し、ロバは八合目ぐらいにあたるであろう。この立札でロバを止めるためには、「たしかにロバは馬より耳が長く、シッポの先半分だけに長毛が生え、ヒヒンでなくブルルンとなくなど違いもあるが、ともかくウマ科ウマ属に属するのだから」という程度の説明は必要である。

　ウシとなるともう五合目ぐらいである。この立札でウシを止めるためには、「橋を何トン以上の荷物が通ると危険だ」というような実質的正当化が必要である。「子牛のような秋田犬」などということになれば、「立札を立てた当時より橋は一層老朽化し、この犬でも危い」というようなことでもなければ、通行禁止はできないであろう。

　本判決は、前記1でみたとおり、「当該支払金額の計算期間」にいう「期間」という文言について「一般に、『期間』とは、ある時点から他の時点までの時間的隔たりといった、時的連続性を持った概念である」という解釈を示したが、この文理解釈によって明らかにされた「期間」の意味は、その文言の「中心的意味」であり、特段の「実質的正当化」を必要としないように思われる。本判決が、「立法担当者の説明等からうかがわれる」（下線筆者）という控えめな表現でしか「立法当時の立法者意思」を認定していないのは、そのためではないか（それで事足りると判断したからではないか）とも考えられる。

　これに対して、原判決は、基礎控除方式の趣旨・目的を前記②目的論的解釈の「手段」として使用し、もって「期間」という文言の上記の「中心的意味」とは異なる意味でその文言を解釈している。このような「目的論的解釈」は、「文言だけからはある解釈問題のきめ手を導きだせず、文言だけからはいくつかの解釈の可能性が考えられるような場合等においては、当該法条の趣旨・目的を参酌して解釈をしなければならない」（清永敬次『税法〔新装版〕』（ミネルヴァ書房・2013年）35頁）と説かれる場合の目的論的解釈、すなわち、「**文理解**

釈の補完としての目的論的解釈」（前掲拙著『税法基本講義』【45】）ではなく、租税法律主義の下での厳格解釈の要請ないし文理解釈の原則に反し、許されない。もしそのような「目的論的解釈」が許されなければ「不合理な結果」が生じるとしても、三権分立制の下では、裁判所は解釈論の限界を認めるにとどめ、国会が自ら立法権を行使してその「不合理な結果」を除去すべきである（本稿執筆時は改訂作業中であったが、前掲拙著『税法基本講義』の第7版（2021年）【44】参照）。

Ⅳ　おわりに

　以上で、課税要件明確主義と立法者の説明責任との関係という観点から、不確定法概念解釈定式について租税法規の趣旨・目的の重要性を確認した上で、本判決と原判決との比較を通じて、租税法規の趣旨・目的に関する立法者の説明責任の問題を検討してきた。

　この問題は本件特有の問題ではなく、広く租税立法を含む立法一般についてみられる問題であると考えられる。租税立法に限ってみても、内閣が国会に提出するのは法律案（毎年度の税制改正法案等）のみであり、これとともに逐条的な立法理由書が提出されることはないし、国会の側からそのような立法理由書の提出を内閣に求めることもない。せいぜい国会審議の過程で法律案に対する質問が出されればそれに対する答弁の中で立法理由が「断片的に」述べられるにとどまっている。

　「質問されれば答える」式の審議では、国会が法律案の審議を通じてその内容について国民に対する説明責任を果たしているとはいえない。税制改正法案について財務省がこれを作成する際には「当然のこととして」条文ごとに理由を検討しているはずであるから、国会としては、せめて「税制改正の解説」（財務省Webサイト）や『改正税法のすべて』（大蔵財務協会）の中で述べられている程度の改正理由（改正規定の趣旨・目的）を記載した「逐条的立法理由書」の提出を内閣に求め、法律案とともに審議に供するべきである（酒井克彦「我が国における租税回避否認の議論」フィナンシャル・レビュー126号（2016年）141頁、172頁脚注128も参照）。

そうすることによってこそ、国会が法律規定の制定に当たってその趣旨・目的を踏まえた審議（そのような審議の例として、ドイツの例であるが、拙著『租税回避論』（清文社・2014年）第4章第2節［初出・2008年］参照）を行うことが可能になり（複雑難解な税制改正法案を「逐条的立法理由書」なしに理解し審議することは如何に「国会議員」といえども「至難の業」であろう）、議会制民主主義の「実質化」を図ることができるとともに、国民も行政も裁判所も、制定された法律規定について、文理解釈の補完として、国会の権威に裏打ちされた「有権的趣旨・目的」を基準とする目的論的解釈を行うことが可能になり、税法の解釈適用の「適正化」に資することになると考えるところである。

　最後に本稿の主題に話を戻すと、立法者が以上のようにして説明責任を十分に果たすならば、不確定法概念解釈定式が「空虚な決まり文句」に堕することなく、不確定法概念を用いる規定についても課税要件明確主義が実現されることになろう。

遡及立法禁止原則と財産権の「制約」
「損益通算廃止」年度内遡及［千葉］事件・最判平成
23年9月22日民集65巻6号2756頁

I　はじめに

　本稿では、租税法律主義（**形式的租税法律主義**）の要請のうち**遡及立法禁止**
原則ないし**租税法律不遡及の原則**（拙著『税法基本講義〔第6版〕』（弘文堂・
2018年）【35】参照）に関して「損益通算廃止」年度内遡及［千葉］事件・最判
平成23年9月22日民集65巻6号2756頁（以下「本判決」という）を取り上げる。
本件は、平成16年度税制改正における土地建物等の譲渡損失に係る損益通算制
度の廃止措置のいわゆる年度内遡及の合憲性が争われたものである。
　遡及課税（遡及立法に基づく課税）は、憲法が明文の規定で禁止する**遡及処**
罰（39条前段）とは異なり、憲法上禁止されてはいない。もっとも、そもそも
租税法律主義の目的が納税者に不当な不利益をもたらす課税の阻止にあること
を考慮すると、遡及立法のうち納税者に不利益な遡及適用を認めるものは、原
則として許容されないという遡及立法禁止原則は、成り立つであろう。租税法
律主義はその「趣旨」を含んでいるといってもよかろう（金子宏『租税法〔第
23版〕』（弘文堂・2019年）121頁参照）。
　問題は、遡及立法禁止原則に対する例外の許容性である。その許容性の判断
に当たっては、遡及立法における租税法律主義の根拠（**課税の民主的正統性**）
と機能（**課税の予測可能性・法的安定性**）との抵触に鑑み、両者の比較衡量、す
なわち、民主的正統性をもつ立法によって遡及課税を定める必要性と予測可能
性・法的安定性に反する遡及課税によって損なわれる利益との比較衡量によっ
て、遡及立法の許容性を判断する枠組みを採用するのが相当である（前掲拙著
【36】参照）。筆者は以前からそのような判断枠組みを説いてきたが（拙稿「滑
り込みセーフ!?」佐藤英明編著『租税法演習ノート〔初版〕租税法を楽しむ21問』
（弘文堂・2005年）286頁、292頁参照）、「損益通算廃止」年度内遡及［福岡］事

件・福岡高判平成20年10月21日判時2035号20頁も次のとおり同様の判断枠組み
を判示したところである（下線筆者）。

> 　……、納税者に不利益な租税法規の遡及適用であっても、遡及適用すること
> に合理性があるときは、憲法84条の趣旨に反し違憲となるものではないという
> べきである。……、納税者に不利益な遡及適用に合理性があって、憲法84条の
> 趣旨に反しないものといえるかは、①遡及の程度（法的安定性の侵害の程度）、
> ②遡及適用の必要性、③予測可能性の有無、程度、④遡及適用による実体的不
> 利益の程度、⑤代償的措置の有無、内容等を総合的に勘案して判断されるべき
> である（財産権の遡及的制約に関する最高裁昭和53年7月12日大法廷判決・民
> 集32巻5号946頁参照）。

　ただ、この判示を読んだ当初は、上記引用文中の末尾の括弧書で国有農地売
払特措法事件に関する昭和53年最高裁大法廷判決（以下「昭和53年最大判」とい
う）が「参照」されていること（「損益通算廃止」年度内遡及［東京等］事件・東
京地判平成20年2月14日判タ1301号210頁も同じ）がさほど重要な意味をもつとは
考えていなかった。昭和53年最大判も一種の遡及立法（「財産権の遡及的制約」）
の事案について、次のとおり判示して（下線筆者）比較衡量の判断枠組みを示
したものであることから、前掲福岡高判も、「総合的に勘案」する事情（以下
「総合勘案事情」という）は異なるものの、同じく比較衡量の判断枠組みを示し
たものとして「参照」したにすぎないのではないかと考えていたのである。

> 　憲法29条1項は、「財産権は、これを侵してはならない。」と規定しているが、
> 同条2項は、「財産権の内容は、公共の福祉に適合するやうに、法律でこれを定
> める。」と規定している。したがつて、法律でいつたん定められた財産権の内容
> を事後の法律で変更しても、それが公共の福祉に適合するようにされたもので
> ある限り、これをもつて違憲の立法ということができないことは明らかである。
> そして、右の変更が公共の福祉に適合するようにされたものであるかどうかは、
> いつたん定められた法律に基づく財産権の性質、その内容を変更する程度、及
> びこれを変更することによつて保護される公益の性質などを総合的に勘案し、

その変更が当該財産権に対する合理的な制約として容認されるべきものであるかどうかによつて、判断すべきである。

Ⅱ　本判決における昭和53年最大判の「参照」の意味

　ところが、本判決は、次のとおり判示して（下線筆者）、比較衡量の判断枠組みだけでなく総合勘案事情をも含めて昭和53年最大判を「参照」して、損益通算廃止の年度内遡及の合憲性について判断した。

　憲法84条は、課税要件及び租税の賦課徴収の手続が法律で明確に定められるべきことを規定するものであるが、これにより課税関係における法的安定が保たれるべき趣旨を含むものと解するのが相当である（最高裁平成12年（行ツ）第62号、同年（行ヒ）第66号同18年3月1日大法廷判決・民集60巻2号587頁参照）。そして、法律で一旦定められた財産権の内容が事後の法律により変更されることによって法的安定に影響が及び得る場合における当該変更の憲法適合性については、当該財産権の性質、その内容を変更する程度及びこれを変更することによって保護される公益の性質などの諸事情を総合的に勘案し、その変更が当該財産権に対する合理的な制約として容認されるべきものであるかどうかによって判断すべきものであるところ（最高裁昭和48年（行ツ）第24号同53年7月12日大法廷判決・民集32巻5号946頁参照）、上記（1）のような暦年途中の租税法規の変更及びその暦年当初からの適用によって納税者の租税法規上の地位が変更され、課税関係における法的安定に影響が及び得る場合においても、これと同様に解すべきものである。なぜなら、このような暦年途中の租税法規の変更にあっても、その暦年当初からの適用がこれを通じて経済活動等に与える影響は、当該変更の具体的な対象、内容、程度等によって様々に異なり得るものであるところ、上記のような租税法規の変更及び適用も、最終的には国民の財産上の利害に帰着するものであって、その合理性は上記の諸事情を総合的に勘案して判断されるべきものであるという点において、財産権の内容の事後の法律による変更の場合と同様というべきだからである。
　したがって、暦年途中で施行された改正法による本件損益通算廃止に係る改

正後措置法の規定の暦年当初からの適用を定めた本件改正附則が憲法84条の趣旨に反するか否かについては、<u>上記の諸事情を総合的に勘案した上で</u>、このような暦年途中の租税法規の変更及びその暦年当初からの適用による課税関係における法的安定への影響が納税者の租税法規上の地位に対する合理的な制約として容認されるべきものであるかどうかという観点から判断するのが相当と解すべきである。

　本判決を初めて読んだとき、昭和53年最大判の「参照」の意味が前掲福岡高判を読んだときに考えていた意味と異なるように思われ、同時に、次のような疑問も生じた。すなわち、参照されている平成18年最高裁大法廷判決（[1]参照）は憲法84条の規定内容につき同じ説示を行っているが、本判決のこれに続く説示すなわち「これにより課税関係における法的安定が保たれるべき趣旨を含むものと解するのが相当である。」という説示は少なくとも明示的には行っていないところ、このような説示は租税法律主義から当然導出されることであるから平成18年最高裁大法廷判決は敢えて明示的に説示しなかっただけであると解するにしても、本判決はなぜ「課税関係における法的安定」のみに言及し、通常これと抱合して租税法律主義の「趣旨」（機能）として説かれる予測可能性には言及しなかったのか。

　この点については、本判決は、租税法律主義の予測可能性・法的安定性保障機能（前掲拙著【11】）のうち予測可能性という主観的側面を敢えて前面に出さず、その客観的側面としての「課税関係における法的安定」にのみ言及し、もって総合勘案事情から（前掲福岡高判の③のような）主観的要素を排除することによって、比較衡量の判断枠組みを客観化しようとしたものと理解した（前掲拙著【36】参照）。

　加えて、比較衡量の判断枠組みの客観化は、本判決が「課税関係における法的安定」を「納税者の租税法規上の地位」と結びつけ、しかも「暦年途中の租税法規の変更及びその暦年当初からの適用」が「最終的には国民の財産上の利害に帰着する」ことを考慮することによって、「納税者の租税法規上の地位」を「法律で一旦定められた財産権」に準じて「実体的権利」として構成する、という論理操作を通じても、図られているように思われる。この意味では、本

判決は損益通算廃止の年度内遡及に関する合憲性審査について**法的基準による客観的審査**を行ったものといってもよかろう。

　上記の論理操作は、「納税者の租税法規上の地位」について「いわば既得の利益」（「損益通算廃止」年度内遡及［東京等］事件・最判平成23年9月30日判時2132号39頁の千葉勝美裁判官補足意見）を認めるものであると考えられることからすると、論理的には、成り立ち得るものである。というのも、憲法29条の財産権保障について、「本条1項は、私有財産制ないし法制度を保障することに加えて、<u>本条2項に基づき［財産権の］内容を形成する法律</u>により私人が現に保有している個別的・具体的な財産上の権利を、保障する」（長谷部恭男編『注釈日本国憲法(3)』（有斐閣・2020年）125-126頁［宍戸常寿］。下線筆者）とされ、「この［後者の］『現存保障』が真に問題となるのは、既に財産権の内容を定めた法律（A）が後に法律（B）に変更されたという事例」であり、とりわけ「法律（A）の下で成立した権利（a）が、法律（B）によってその内容を（b）に変更させられる、といった事後法の事例」（昭和53年最大判はこれに該当する）であるとされるが（宍戸常寿「財産権の憲法的保障」法学セミナー653号（2009年）58頁、59頁）、そのような事例では「事後法の禁止」という「既得権益を保護する考え方」（小山剛＝駒村圭吾編『論点探究　憲法〔第2版〕』（弘文堂・2013年）226頁［石川健治］。246頁［同］も参照）が妥当し得るからである。

　もっとも、前記の論理操作が論理的には成り立ち得るとしても、憲法の解釈論上も成り立つかどうかは別問題である。この問題を検討するに当たっては、租税法規が、憲法29条1項の「**現存保障**」に関して「本条2項に基づき［財産権の］内容を形成する法律」（前記引用の下線部）に含まれるかどうかを明らかにしなければならないが、より根本的には、**租税と財産権保障との関係**を明らかにしなければならないと考えられる。

Ⅲ　財産権保障に関する「忘れ去られた先決問題」

　憲法29条2項は財産権につき法律による内容形成を認めているが、これを財産権規制という観点からみれば、法律による制約を認めているということでもある。その制約について「大枠を設定する分類」として「**内在的制約**」と「**政**

策的制約」が分類されることがあるが（樋口陽一ほか『注釈　日本国憲法　上巻』（青林書院新社・1984年）679頁［中村睦男］）、昭和53年最大判は前者（「旧所有者の権利に内在する合理的な制約」）を憲法上是認したものと解されている（宍戸達徳「判解」最判解民事篇（昭和53年度）321頁、349頁）。

　そうすると、本判決も、「納税者の租税法規上の地位」につき前記の論理操作により構成した「実体的権利」の「内在的制約」を憲法上是認したものということになりそうである。しかし、租税ないし課税については、そもそも、憲法29条の財産権保障の範囲外として捉える次の見解がある（法学協会編『註解日本国憲法　上巻』（有斐閣・1948年）290頁。下線筆者。旧漢字は改めた）。

> 　第二に公共の福祉といつているのは、何を意味するかというに、……、事物自然の性質から来る制約ではなく、政策的考慮に基づく制約を意味するものと解すべきである。故に権利の濫用が禁止されたり、国民が納税の義務を負担したり、又犯罪者が罰金や没収の刑を科せられたりするのは、むしろ事物自然の制約であつて、財産権の不可侵によつて保障される範囲外の問題であると思う。従つてかく考えると、後の二者が法律の定めに基づくことを要するのも、本条ではなく、むしろ第30条又は第31条による要求ということになる。これに対して政策的考慮から来る制約こそ本条に関する問題であつて、それがここに公共の福祉と表現されたものと考える。而して公共の福祉の概念が右の如く政策的な問題であるため、何が公共の福祉であるかはもとよりその時々における社会全般の事態を顧慮して判定せられねばならない。加うるにそれは公共の福祉を増進するほか、維持するために必要な場合をも含み、且つ国家のほか、人民大衆の利益を擁護する形でも現れること勿論である。

　この見解は現行憲法施行直後に公表されたものであり、その後の議論の展開により「過去のもの」となった部分もあるように思われる。すなわち、この見解における「**事物自然の性質から来る制約**」・「**事物自然の制約**」と「**政策的考慮に基づく制約**」・「**政策的考慮から来る制約**」という分類は、先にみた「内在的制約」と「政策的制約」という分類とは意味が異なることは明らかである。この見解にいう「政策的考慮から来る制約」は、「本条に関する問題」とされており、しかも「公共の福祉」に関する解説内容からすると、むしろ現在みら

れる「内在的制約」と「政策的制約」の両者を含むものであるように思われる。

　とはいえ、今日、前記の見解を「過去のもの」として顧慮しなくてもよいとは思わない。「事物自然の制約」に関する考え方は、確かに、今日ほとんど顧みられていないように思われるが、しかし、課税と財産権保障との関係を考える上で決して忘れ去られてはならない本質的な考え方を含んでいるように思われる。それは、憲法30条に関する次の註解（法学協会編・前掲書295頁。下線筆者。旧漢字は改めた）で述べられている考え方である。

　……、国民の納税の義務が、憲法のこの規定をまつて、はじめて生ずるのでないことは、政府のいう通りである。というのは、国家は、国家活動を行うに当つて必要な財力を、国家の構成員から取り立てなければならないが、<u>私有財産制度を基礎とし、貨幣経済の環境の中にある近代国家においては、それは主として租税として、国民に課徴される。租税は、このような社会経済的地盤における必然のものとして、歴史的に発達し、確立された制度である。</u>本憲法は、私有財産権を保障し、正当な補償なくして、それを公共の用に供することを禁じているが（29条）、それは（本条の規定がないことを仮定した場合にも）、このような、国家活動に必要な財力調達のための、一方的金銭給付義務の賦課を認めぬ趣旨ではない。すでに第84条も、このようなものとしての租税を<u>当然の前提</u>として、その上に立つて租税法律主義の原則を謳つている。

　ここで述べられている考え方は、**租税国家における租税と財産権保障との関係に関する本質論**に関わるものである。そのような本質論について、大畑文七『租税国家論』（有斐閣・1934年）は、第1編（総論）第2章（租税国家の基礎概念）第2節（租税の概念）第1項（租税の歴史性）の1（租税と私有財産の前提）で次のとおり述べている（49-51頁。下線筆者。旧漢字は改めた）。そこでは筆者の見解（**憲法30条＝29条「4項」論**。後述）の基礎をなす考え方が述べられているので、少し長くなるが全文を引用しておこう。

　『租税が国民経済特に財政に於て決して絶対的、純粋経済的範疇で無く単に歴史的法律的範疇である』事に就ては、何人も異論あるまい。蓋し租税が歴史鮮［→的］範疇であると云ふのは、租税の発生消滅其物が既に一定の歴史的条件を

前提とし且つその目的、具体的形体等も亦常に経済社会の発展と共に歴史的に変動するからである。

　今租税の発生其物を理論的に考へても租税は個人の財貨が国家の手に移転する事であるから、必然的に其前提として先づ一方に於ては個人の自由と所有財産 Freiheit und Eigentum が存在し、他方に於ては国家の経済生活の存在することを要する。換言すれば租税は個人の自由と所有権が認められて後初めて存在し得る現象である。然し国家が存在し、個人の自由と所有財産の存する所常に租税が発生するとは限らない。租税発生の第二次的条件は国家の経済生活が租税を必要とし、且つ之を要求する意志を有する事である。

　蓋し国家が経済生活を営むには、一、名誉職の如き任意無償的労働によつても、二、一般徴兵制度の如き強制労働によつても乃至は、三、官公使の如き契約的労働によつても、何れの場合にも経済生活の対象たる財貨を必要とする。然し国家がかゝる財貨を獲得する方法は租税には限らない或は、一、国民から任意的、無償的に之を獲得しても、二、自ら生産し又は報償を支払つて売買又は契約的に獲得しても乃至は三、強制的に獲得しても良い訳である。租税は唯これ等三方法の内の一手段に過ぎない。

　だから国家が其れ自身多大な土地、資本、企業等を擁して自己存在の費用を償ひ得る限り租税は必ずしも発生の必要を持た無い。例へば原始的領土国家、ゴルトシヤイト氏の唱道する如き国家資本主義等に於ては租税は其の必然的存在で無い。現に我国に於てさへ静岡県加茂郡白浜村、三重県志摩郡菅島村、静岡県田方郡網代村、神奈川県足柄下郡元箱根村の四ケ村に於ては租税が存在して居ない事もあつた。

　かくの如く租税は一定条件に繋属する歴史的存在であるから、仮令一度発生しても其の存在前提を失ふ限り消滅すべき運命を持つ。例へば私有財産制度が無くなつた場合、即ち社会生産物が一応共同団体の所有となり、管理者の手によつて―其の経験的知識又は科学的統計的基礎に基き―再び各社会構成員の必要に応じて分配される如き場合に於ては租税は最早や其の存在を認め得ない。勿論この時でも尚其の管理者は団体社会の管理費用を要求せねばならぬであらうから、かかる際にはシエッフレー（Schäffle）の言ふが如く『国家費用は社会的集合生産の収益から直接に先取される』であらうけれども此は最早や吾々が現代に於て意識する如き租税では無い。

かくの如くして租税の存在は国家経済と私有財産制度の存在を大前提となし更に国家経済が租税を必要とする場合に初めて発生し、又この限りに於て維持される。従て又租税の全盛時代は勢ひ私有財産制度と自由とを背景とする個人主義、自由主義時代であり、又自由主義によつて国家財産を完全に払下げた無産国家が最も良く租税国家たり得る訳である。

　ここでは、租税の存在は国家の経済生活と私有財産制度の存在を「大前提」とするという考え方が述べられているが、そこで述べられている国家の財貨獲得方法の観点からみると、現代の資本主義国家においては租税が最も現実的な方法であることから、租税の存在が国家の経済生活と私有財産制度とを両立させるための前提となっていると考えられる。つまり、現代の資本主義国家は租税国家であることを前提として私有財産制度を保障していると考えられるのである。

　このように考えてくると、「**私有財産制度なければ租税なし。租税なければ私有財産制度なし。**」という関係が、現行憲法における租税と財産権保障との間に成り立つと考えられるが、このことこそが、租税を財産権保障の「事物自然の制約」としその保障の範囲外の問題とすることの意味であろう。つまり、租税を財産権保障の「事物自然の制約」とするのは、租税が私有財産制度にその前提として、すなわち、その本質的・中核的内容として予め組み込まれている（内在している）、ということを意味していると考えられるのである。「事物自然の制約」はその意味においては「内在的制約」といってもよかろう。

　ともかく、現代の資本主義国家すなわち租税国家における租税と財産権保障との関係は、憲法29条における財産権保障それ自体の意味内容を考える前にその前提として決定すべき「先決問題」といえるのである。ただ、それは、憲法29条の財産権保障をめぐる最近の議論状況からすると、「**忘れ去られた先決問題**」といってよかろう。

　「忘れ去られた先決問題」という言葉は、30年ほど前のドイツ・ミュンヘン大学留学以来大変お世話になったクラウス・フォーゲル教授の「租税の正当根拠」という論文の副題（*Klaus Vogel*, Rechtfertigung der Steuern: Eine vergessene Vorfrage, Der Staat 1986, 481［jetzt abgedruckt in: *ders.*, Der offene Finanz- und

Steuerstaat, Heidelberg 1991, 605]）を使わせていただいたものであるが、その内容と無関係に使わせていただいたものではない。フォーゲル教授のこの研究は、一番弟子のパウル・キルヒホフ（*Paul Kirchhof*）教授が課税と所有権（Besteuerung und Eigentum）との関係に関する研究（これについては拙稿「市場所得説と所得概念の憲法的構成―パウル・キルヒホフの所説を中心に―」碓井光明ほか編『公法の法と政策（上巻）金子宏先生古稀祝賀』（有斐閣・2000年）465頁参照）を通じて更に展開し深化させたとみているが、筆者が次のとおり説く憲法30条＝29条「4項」論（前掲拙著【24】）は、これらの研究をも基礎とするものである。

> 　……、憲法は、国家の存在を前提にして、その体制として社会主義体制ではなく、自由主義体制を選択した上で、財産権を基本的人権の1つとして保障している。そのため、国家資金の調達方法として国有財産および国家の営利経済による資金調達を予定することは、原則としてできない。そうすると、国家体制の選択の段階で既に、租税による国家資金の調達が、憲法上予定されていることになる（現行憲法における課税権の正当根拠論⇒【15】）。したがって、国家によって保障される私有財産制には、租税侵害が、その中核的内容として予め組み込まれている（内在している）、と考えられるのである。この点に関して、憲法における財産権保障規定（29条）と、納税の義務規定（30条）との位置関係は、多分に歴史的偶然の所産とはいえ、暗示的である。後者はいわば憲法29条「4項」の如く位置づけられるべきであろう（憲法30条＝29条「4項」論）。ともかく、憲法上、租税は「民主主義の対価」（**民主主義的租税観**⇒【14】）であると同時に、自由主義（基本的人権尊重主義）の下、「自由（基本的人権保障）の対価」（**自由主義的租税観**）でもあり、両者の不可分一体的連関によって根拠づけられ正当化されるべき負担である（憲法上の租税根拠論［課税の正当根拠論］における両者の関係については⇒【15】）。

Ⅳ　おわりに

　現代の資本主義国家（租税国家）における租税と財産権保障との関係は、こ

のように、憲法29条の財産権保障をめぐる最近の議論においては「忘れ去られた先決問題」であるが、それは「**体制選択の問題**」でもある。すなわち、租税と財産権保障との関係は、国家体制を自由主義体制ないし資本主義体制とするか又は社会主義体制とするかの選択の段階で、決定すべき問題である。

　判例によれば、憲法29条は「私有財産制度を保障している」（森林法事件・最大判昭和62年4月22日民集41巻3号408頁）とされているが、憲法29条による私有財産制度の保障を「体制選択の問題」として捉えることについては、次のような有力かつ説得的な批判がある（小山＝駒村編・前掲書247-248頁［石川］）。

> 　この議論［＝「私有財産制度」の保障という体制選択論］の前提にあるのは、憲法制定を、主権者＝絶対者としての憲法制定権力の、いわば一回的な天地創造として捉える—決して自明ではない—発想であり（憲法制定権力論）、そして、経済秩序は、そうした憲法制定権力によって選択されてはじめて成立するものであるという—これまた自明でない—理解である。ロシア革命のあとを追うのか否かが、20世紀中葉のすべての憲法制定権力者に迫られた、憲法的選択であったことは、間違いがない。その意味で、「私有財産制度」の選択は、その国の憲法制定の根幹にかかわるものであって、憲法改正によって随時修正可能な領域を問題とする制度的保障論などに矮小化することは許されない主題であった。
>
> 　この憲法的な選択を憲法29条1項が支えているのであるとすれば、1項が、「私有財産制度」の変更禁止を（議会を含む）すべての国家機関に命ずる、拘束力ある法命題であると解されるのは、当然のことである（……）。けれども、この議論は、経済秩序の選択について、もっぱら「財産秩序」の選択のみを重視して論じているところに、偏りがある。経済秩序の選択は、公序の選択として、「財産秩序」の側面だけでなく、「競争秩序」の側面でも論じられなくてはならない。

　ただ、租税国家における租税と財産権保障との関係の問題は、憲法29条の財産権保障それ自体に関する問題ではなく、前述のとおり、その「先決問題」であるから、これを「体制選択の問題」として論じるのは、上記の判例における私有財産制度の保障論とは議論のレベルを異にする。

　そうすると、本判決は、憲法29条による財産権保障の範囲外にある、「事物自然の制約」としての租税の問題（「体制選択の問題」としての財産権保障の問題）を、これが憲法29条による財産権の「現存保障」に対する「内在的制約」としての財産権の遡及的制約の問題とは本来は議論のレベルを異にする問題であるにもかかわらず、これと同じレベルで論じていることになるのではないかという疑問が生じてくる。

　このことを踏まえて、本判決の理解として先に**II**で示した論理操作についてもう一度検討してみると、それは、租税と財産権保障との関係に関する「本質論」のレベルではなく、本件で問題とされた租税法規が法の存在形式として憲法29条2項にいう「法律」と同じである点に着目して、租税に関する事柄を「法律」で定めることから帰結される「課税関係における法的安定」に関する「機能論」のレベルで、「納税者の租税法規上の地位」を「実体的権利」として構成する、という論理操作であると考えるのが妥当であろう。このような論理操作によれば、租税法律主義の予測可能性・法的安定性保障機能が「納税者の租税法規上の地位」を実体的権利化として構成する機能をもつといってもよかろう（**予測可能性・法的安定性保障機能の実体的権利化機能**）。

　勿論、租税法律主義の予測可能性・法的安定性保障機能が実体的権利化機能をもつとしても、それによって構成される権利は権利としては未熟で「権利未満」（片桐直人「判批」憲法判例百選II（第7版・別冊ジュリスト246号・2019年）426頁、427頁）ではあるが、昭和53年最大判が判断の対象とした権利も「立法政策によって与えられた弱い権利」（宍戸・前掲「判解」348頁等）であったことから、本判決は両者を同列に取り扱ったとも解される。

6 租税法規の文理解釈と租税通達の文理解釈

タキゲン事件・最判令和 2 年 3 月24日訟月66巻12号1925頁

Ⅰ はじめに

　本稿では、租税法律主義（**形式的租税法律主義**＝法律によらない課税の禁止）の要請のうち税法の解釈適用、とりわけ税務行政による解釈適用に関する要請としての**合法性の原則**について、租税通達との関係を検討することにする。

　合法性の原則は、「租税法は強行法であるから、課税要件が充足されている限り、租税行政庁に租税の減免の自由はなく、また租税を徴収しない自由もなく、法律で定められたとおりの税額を徴収しなければならない。」（金子宏『租税法〔第23版〕』（弘文堂・2019年）87頁）という要請として定式化されることがあるが、そのような定式化は、租税の減免等の納税者にとって有利な税務行政上の取扱いについてだけでなく不利な税務行政上の取扱いについても法律の根拠と効果裁量の否定を要求することを「当然の前提」とするものであると考えられる。

　ただ、法律による行政の原理の伝統的な理解（**侵害留保原理**）によると、特に前者すなわち納税者にとって有利な取扱いについては法律の根拠と効果裁量の否定の要求が軽視されがちになるおそれがあることから、戦後における租税法律主義の民主主義的再構成及び債務関係説的再構成を受けて、そのようなおそれにいわば「警鐘」を鳴らすために前記のような定式化がされているものと解される。要するに、合法性の原則は、租税法律主義（法律によらない課税の禁止）が税務行政を名宛人とする場面におけるその「別称」ともいうべきものである（以上の理解については、拙稿「租税法律主義（憲法84条）」日税研論集77号（2020年）243頁、286頁以下のほか、拙著『税法の基礎理論』第 4 章第 6 節参照）。

　さて、本稿で取り上げるタキゲン事件・最判令和 2 年 3 月24日訟月66巻12号1925頁（以下「本判決」という）では、みなし譲渡課税（所税59条 1 項）におけ

る取引相場のない株式の時価（「当該株式の譲渡の時における価額」）が直接の争点であったが、その前提として、その評価方法を定める通達の「解釈」が問題となった。本判決には宇賀克也裁判官と宮崎裕子裁判官の補足意見（以下「宇賀補足意見」、「宮崎補足意見」という）が付されているが、これらの補足意見は通達の「解釈」の問題に関するものである。本稿では、本判決を素材にして、租税通達の「解釈」の問題を検討することにする。

　本件で問題となった通達の規定は所得税基本通達59-6であるが、本件当時のこの規定は、「その時における価額」（所税59条1項柱書）を「23〜35共-9に準じて算定した価額による」とした上で、23〜35共-9の(4)ニにおいて取引相場のない株式のうち売買実例のある株式等に該当しないものについて定められる、その株式の発行法人の1株当たりの純資産価額等を参酌して「通常取引されると認められる価額」を、59-6の(1)〜(4)によることを条件に、財産評価基本通達（以下「評価通達」という）の178から189-7まで（取引相場のない株式の評価）の「例により算定した価額」とする旨を定めていた。ここで、59-6の(1)は、評価通達188の(1)に定める同族株主に該当するかどうかは、株式を譲渡又は贈与した個人の当該譲渡又は贈与直前の議決権の数により判定することとしていた。

　このように、所得税基本通達59-6は、「その時における価額」すなわち時価の意義について、学説（金子・前掲書409頁、714頁、拙著『税法基本講義〔第7版〕』（弘文堂・2021年）【285】等参照）・判例（最判平成22年7月16日訟月57巻6号1910頁、最判平成25年7月12日民集67巻6号1255頁等）において分野を問わず一般に支持されている解釈に従い、「当該譲渡の時における客観的交換価値、すなわち、それぞれの資産の現況に応じ、不特定多数の当事者間で自由な取引が行われる場合に通常成立する価額」（東京地判平成25年10月22日税資263号順号12315）というような解釈を採用した上で、これに該当する事実の認定に関して、評価通達の定める評価方法を包括的に採用したものと解される（財産評価が課税要件事実の認定であることについては前掲拙著『税法基本講義』【56】、「例による」の意義については角田禮次郎ほか編『法令用語辞典〔第10次改訂版〕』（学陽書房・2016年）785頁参照）。

Ⅱ　本判決と原判決との比較検討

　本判決は、原審・東京高判平成30年7月19日訟月66巻12号1976頁（以下「原判決」という）の判断を破棄したが、その破棄された判断は次の判示（下線筆者）に基づくものである。

> 租税法規の解釈は原則として文理解釈によるべきであり、みだりに拡張解釈や類推解釈を行うことは許されないと解されるところ、<u>所得税基本通達及び評価通達は租税法規そのものではないものの、課税庁による租税法規の解釈適用の統一に極めて重要な役割を果たしており、一般にも公開されて納税者が具体的な取引等について検討する際の指針となっていることからすれば、課税に関する納税者の信頼及び予見可能性を確保する見地から、上記各通達の意味内容についてもその文理に忠実に解釈するのが相当であり、通達の文言を殊更に読み替えて異なる内容のものとして適用することは許されない</u>というべきである。本件においては、本件株式が評価通達188の(3)の株式に該当するかどうかが争われているところ、上記のとおり、所得税基本通達59-6の(1)が、評価通達188の(1)に定める「同族株主」に該当するかどうかについて株式を譲渡した個人の当該譲渡直前の議決権の数により判定する旨を定める一方で、同(2)から(4)までについて何ら触れていないことからすれば、同(3)の「同族株主のいない会社」に当たるかどうかの判定（会社区分の判定）については、それが同(1)の「同族株主のいる会社」の対概念として定められていることに照らし、所得税基本通達59-6の(1)により株式譲渡直前の議決権の数により行われるものと解されるとしても、「課税時期において株主の1人及びその同族関係者の有する議決権の合計数が、その会社の議決権総数の15％未満である場合におけるその株主の取得した株式」に該当するかどうかの判定（株主区分の判定）については、<u>その文言どおり</u>、株式の取得者の取得後の議決権割合により判定されるものと解するのが相当である。

　これに対して、本判決は、譲渡所得課税の趣旨に関する確立した判例の立場（最判昭和43年10月31日集民92号797頁、最判昭和47年12月26日民集26巻10号2083頁

等）を前提にして、次のとおり判示し（下線筆者）、評価通達188の⑶の文言ないし文理から「離れた」判断を示した。

所得税法59条1項所定の「その時における価額」につき、所得税基本通達59-6は、譲渡所得の基因となった資産が取引相場のない株式である場合には、同通達59-6の⑴～⑷によることを条件に評価通達の例により算定した価額とする旨を定める。評価通達は、相続税及び贈与税の課税における財産の評価に関するものであるところ、取引相場のない株式の評価方法について、原則的な評価方法を定める一方、事業経営への影響の少ない同族株主の一部や従業員株主等においては、会社への支配力が乏しく、単に配当を期待するにとどまるという実情があることから、評価手続の簡便性をも考慮して、このような少数株主が取得した株式については、例外的に配当還元方式によるものとする。そして、評価通達は、株式を取得した株主の議決権の割合により配当還元方式を用いるか否かを判定するものとするが、これは、相続税や贈与税は、相続等により財産を取得した者に対し、取得した財産の価額を課税価格として課されるものであることから、株式を取得した株主の会社への支配力に着目したものということができる。

これに対し、本件のような株式の譲渡に係る譲渡所得に対する課税においては、当該譲渡における譲受人の会社への支配力の程度は、譲渡人の下に生じている増加益の額に影響を及ぼすものではないのであって、前記の譲渡所得に対する課税の趣旨に照らせば、譲渡人の会社への支配力の程度に応じた評価方法を用いるべきものと解される。

そうすると、譲渡所得に対する課税の場面においては、相続税や贈与税の課税の場面を前提とする評価通達の前記の定めをそのまま用いることはできず、所得税法の趣旨に則し、その差異に応じた取扱いがされるべきである。所得税基本通達59-6は、取引相場のない株式の評価につき、少数株主に該当するか否かの判断の前提となる「同族株主」に該当するかどうかは株式を譲渡又は贈与した個人の当該譲渡又は贈与直前の議決権の数により判定すること等を条件に、評価通達の例により算定した価額とする旨を定めているところ、この定めは、上記のとおり、譲渡所得に対する課税と相続税等との性質の差異に応じた取扱いをすることとし、少数株主に該当するか否かについても当該株式を譲渡した

株主について判断すべきことをいう趣旨のものということができる。

　原判決と本判決とを対比すると、両判決は、みなし譲渡課税（所税59条１項）における取引相場のない株式の時価について、その意義の点では、同じく所得税基本通達59-6の解釈を採用しつつも、その（時価に該当する事実の認定のための）評価方法の点では、①「譲受人の会社への支配力」に着目するか（原判決）又は②「譲渡人の会社への支配力」に着目するか（本判決）で異なる判断を示している。

　本判決は、所得税法59条１項に規定する「その時における価額」について所得税基本通達59-6と同じ解釈によって定立した規範に該当する事実を認定するに当たって、譲渡所得課税の趣旨に照らして事実認定方法（評価方法）について判断したものであるが、譲渡所得課税の趣旨が譲渡の時点で「譲渡人の下に生じている増加益」に対して課税することにある以上、前記の②に着目し「譲渡人の会社への支配力の程度に応じた評価方法」を用いるのが論理的かつ自然である。したがって、本判決は至極妥当な判断を示したものといえる。

　これに対して、原判決は所得税59-6について「その文理に忠実に解釈する」として前記の判断を示しているが、しかし、「所得税基本通達59-6は、評価通達の『例により』算定するものと定めているので、相続税と譲渡所得に関する課税の性質の相違に応じた読替えをすることを想定しており、このような読替えをすることは、そもそも、所得税基本通達の文理にも反しているとはいえない」（宇賀補足意見）と考えるならば、原判決は必ずしもそのような文理解釈をしたものとはいえないように思われる。

　原判決にはそのような問題もあるが、原判決の根本的な問題は、何よりもまず、租税法規と租税通達とで「文理解釈」の意味が異なることを正解していない点にある。この点については、項を改めて検討する。

Ⅲ　「他者拘束的」文理解釈と「自己拘束的」文理解釈

1　租税法規の文理解釈と租税通達の文理解釈との関係

　税法の解釈について、租税法律主義の下では、次の見解（清永敬次『税法〔新

装版）』（ミネルヴァ書房・2013年）35頁）が説くように、厳格な解釈が要請され、それは文理解釈を意味することに異論はなかろう（金子・前掲書123頁、前掲拙著『税法基本講義』【44】等参照）。

> 税法の解釈は種々の場合において色々な形で問題となりうるから、税法の解釈についての基本的な原則を一般的に述べることはかなり困難であるが、税法の解釈、特に租税実体法の解釈においては一般的にいって法文からはなれた自由な解釈は許されないと考えるべきであろう。もし法文からはなれた自由な解釈が許されるとするならば、それは帰するところ法律によらない課税を容認することになって、租税については法律でこれを定めるとする租税法律主義の原則が税法の解釈を通じてくずれていくことになるからである。この意味において、税法の解釈、殊に租税実体法の解釈においては、基本的には厳格な解釈が要請されることになる。この場合、法規の法文や文言がまず重視されることになろう。税法においてはある法条においてどのような文言が用いられているかが重要なのである。法規の文言や法文を通常の用語例よりも拡張したりまた縮小したりする拡張解釈や縮小解釈、また類推解釈は、原則として許されないと考えられる。

税法の解釈について文理解釈が要請されるのは、上の見解が説くように、「法律によらない課税」を禁止し、もって租税法律主義（法律に基づく課税）を実現するためである。租税法律主義は課税権者による恣意的・不当な課税から国民の財産及び自由を保護することを目的とするが、その目的の実現のために税務行政に法律に基づく課税を命じるのである。換言すれば、税務行政は課税において、法律という他者（立法者）の制定したルールによって拘束されるのである。

この意味において、税法（租税法規）の文理解釈は、税務行政に対して「他者拘束」を厳格に要求する解釈方法である。このような**「他者拘束的」文理解釈**は、税務行政による恣意的・不当な課税を阻止するために重要な役割を果たすものであるが、その役割は「**文理解釈の侵害防御権的機能・自由権保障機能**」と呼ぶことができる（前掲拙著『税法基本講義』【44】参照）。

この機能は、租税法規の（「他者拘束的」）文理解釈においてこそ発揮される

ものであり、税務行政が租税法規について自己の解釈を示した租税通達の文理解釈においては、直接的には発揮されない。租税通達の文理解釈において発揮されるのは、「通達の内容が法の正しい解釈に合致するものである」（最判昭和33年3月28日民集12巻4号624頁）場合に限られるのであり（この場合に税務行政を拘束するのは法的には租税法規であるが）、そうでない場合には、租税通達の文理解釈は、原判決が前記引用判示のその前段で説示する租税法規の文理解釈とは同列に論じることはできないのである。すなわち、「通達の文言をいかに文理解釈したとしても、その通達が法令の内容に合致しないとなれば、通達の文理解釈に従った取扱いであることを理由としてその取扱いを適法と認めることはできない。」（宮崎補足意見）

原判決はこのことを誤解している。「租税法規の解釈は原則として文理解釈によるべきであり、みだりに拡張解釈や類推解釈を行うことは許されないと解される」との原判決の判示は、「租税法規はみだりに規定の文言を離れて解釈すべきものではな［い］」（最判平成22年3月2日民集64巻2号420頁等）との確立した判例の立場に従ったものであり妥当な判示であるが、しかし、原判決には、このような租税法規の文理解釈と租税通達の文理解釈とを同列に論じたところに、根本的な誤解がある。

2　原判決の「真の誤解」

では、何が原判決をこのように「迷走」（藤谷武史「判批」ジュリスト1548号（2020年）10頁、11頁）させ根本的な誤解に陥らせたのであろうか。

原判決は、租税通達の文理解釈について判示するに当たって、「所得税基本通達及び評価通達は租税法規そのものではないものの、課税庁による租税法規の解釈適用の統一に極めて重要な役割を果たしており、一般にも公開されて納税者が具体的な取引等について検討する際の指針となっている」と説示しているが、この説示の内容ないし認識はそれぞれ妥当なものであり、「課税に関する納税者の信頼及び予見可能性を確保する」ことも重要である（宇賀補足意見参照）。問題は、原判決が「課税に関する納税者の信頼及び予見可能性を確保する見地」から租税通達の文理解釈の要請を導き出したところにあると考えられ、この問題こそが原判決を「迷走」させ根本的な誤解に陥らせたものと考え

られる。

　この点について、「本件通達に定めていない要件を、通達の改正をしないま
ま解釈により付加することは、租税法律主義の趣旨に抵触する。」と判示した
東京高判平成23年8月4日税資261号順号11728（以下「平成23年東京高判」とい
う）に着目し、「本件原審判決［＝原判決］は、課税要件明確主義には言及し
ていないが、通達に合理性がある限り、その通達の文言に忠実な解釈によるこ
とが納税者の予測可能性の確保のために必要である、という論理構造において、
上記裁判例［＝平成23年東京高判］の影響を見てとることができる。」と指摘
する見解（藤谷・前掲「判批」11頁）がある。

　確かに、原判決も平成23年東京高判も、「通達の文言を殊更に読み替えて異
なる内容のものとして適用すること」（以下「文言の読み替え」という）と「本
件通達に定めていない要件を、通達の改正をしないまま解釈により付加するこ
と」（以下「要件の追加」という）という表現の違いはともかく、通達の文言か
ら離れた解釈を問題にしこれを許さないものとする点では、共通しており、租
税通達の解釈について文理解釈を要請するものと解される。その限りでは、前
記の見解は正鵠を射たものといえよう。しかしながら、両判決において文理解
釈の要請違反は、以下で述べるとおり、異なる意味をもつと考えられる。

　原判決が許されないものとする「文言の読み替え」は、譲渡所得課税の趣旨
には適合しており、逆に、読み換えをしないまま通達規定を文言どおり適用す
ると譲渡所得課税の趣旨に反する結果となるが故に、原判決（による租税通達
の文理解釈）は租税法律主義（ここでは合法性の原則）「それ自体」に抵触する。
つまり、原判決は「他者拘束的」文理解釈の要請に違反するものである。

　これに対して、平成23年東京高判では、追加される要件の内容が組合課税の
規定ないし趣旨に反するとはされておらず（そうでなければ、同判決を受けてさ
れた平成24年改正後の所基通36・37共20柱書但書も組合課税の規定・趣旨に反する
ことになろう）、「要件の追加」だけが租税法律主義の「趣旨」に抵触するとさ
れているにとどまる。ここでいう租税法律主義の「趣旨」は、**租税法律主義の
予測可能性・法的安定性保障機能**（前掲拙著『税法基本講義』【11】参照）を意
味するものと解される。この機能は、原判決のいう「課税に関する納税者の信
頼及び予見可能性を確保する見地」と言い換えてもよく、租税通達の解釈にも

妥当すると考えられる。

　そのような機能ないし「見地」からすると、税務行政は、自らが租税通達において示した租税法規の解釈を、当該通達の文言を離れて自由に（明示的な通達改正なしに）変更してはならないという拘束（自己拘束）を受けることになる（無論、明示的な通達改正の場合でも、信義則違反の問題は生じ得る）。平成23年東京高判では、租税通達についてこのような**「自己拘束的」文理解釈**の要請に反する解釈が許されないとされたと解される。

　このように考えてくると、原判決は、「他者拘束的」文理解釈を検討すべきであった解釈問題について、「自己拘束的」文理解釈を検討した上で判断したところに、「真の誤解」があると考えるべきであろう。前記の見解が説くように原判決に平成23年東京高判の影響をみてとることができるとしても、「租税法律主義を根拠とした予測可能性の確保の要請から通達の『文理解釈』を導くという錯綜した論法」（藤谷・前掲「判批」11頁）は、平成23年東京高判それ自体が採用したものではなく、この判決の論理構造を誤解して原判決が採用したものとみるべきであろう。

　なお、組合課税については、所得税法における個人単位主義や所得の帰属に関する定め（前掲拙著『税法基本講義』【202】【231】参照）の解釈によりパス・スルー課税が導き出されているが、組合損益の計算方法については通達で総額方式、中間方式及び純額方式の選択が認められ、その選択要件についても通達で定められるなど「法律の規律密度が極めて低く、通達が空隙を埋める役割を果たしている」（藤谷・前掲「判批」11頁）ことからすると、平成23年東京高判のように、租税通達について「自己拘束的」文理解釈を問題にする余地はあると考えられる（前掲拙著『税法基本講義』【39】参照）。この余地を排除するかどうかは立法の問題である。

　これに関連して、もう1点付言しておくと、租税通達の「自己拘束的」文理解釈の要請が本領を発揮するのは、合法性の原則の枠外でその外在的例外として妥当する信義則（前掲拙著『税法基本講義』【83】参照）との関係においてであろう。「課税に関する納税者の信頼及び予見可能性を確保する見地から、上記各通達の意味内容についてもその文理に忠実に解釈するのが相当であり、通達の文言を殊更に読み替えて異なる内容のものとして適用することは許されな

いというべきである。」という原判決の考え方は、本件についてはともかく、一般論としては、信義則との関係で十分に成り立つものである。というのも、「通達の公表は、最高裁昭和60年（行ツ）第125号同62年10月30日第三小法廷判決・裁判集民事152号93頁にいう『公的見解』の表示に当たり、それに反する課税処分は、場合によっては、信義則違反の問題を生ぜしめる」（宇賀補足意見）からである。

Ⅳ　おわりに

　租税法規の文理解釈と租税通達の文理解釈との関係については、従来ほとんど意識的には論じられてこなかったように思われるが、「租税法の法令解釈において文理解釈が重要な解釈原則であるのと同じ意味で、文理解釈が通達の重要な解釈原則であるとはいえないのである。」（宮崎補足意見。下線筆者）ということを明らかにした点で、本判決は重要な意味をもつものである。「租税法令の解釈方法を巡る議論を整序する上で重要な意味を持つ判決と評価できよう。」（藤谷・前掲「判批」11頁）

　ただ、本判決の次の補足意見（①＝宇賀補足意見、②＝宮崎補足意見）が指摘した通達作成手法の問題は、租税法律主義の趣旨ないし予測可能性・法的安定性保障機能からすれば、改善すべき重要問題であるにもかかわらず、本判決後の通達改正（令和2年8月28日付課資4−2ほか1課共同「『所得税基本通達の制定について』の一部改正について（法令解釈通達）」。これに関する「趣旨説明（情報）」参照）でもその改善は末端的にしか実現しなかった。抜本的改善が望まれるところである。

【①】
租税法律主義は課税要件明確主義も内容とするものであり、所得税法に基づく課税処分について、相続税法に関する通達の読替えを行うという方法が、国民にとって分かりにくいことは否定できない。課税に関する予見可能性の点についての原審の判示及び被上告人らの主張には首肯できる面があり、より理解しやすい仕組みへの改善がされることが望ましいと思われる。

【②】

法廷意見で指摘しているとおり、所得税法に基づく譲渡所得に対する課税と相続税法に基づく相続税、贈与税の課税とでは、課税根拠となる法律を異にし、それぞれの法律に定められた課税を受けるべき主体、課税対象、課税標準の捉え方等の課税要件も異にするという差異がある。その点を踏まえると、所得税法適用のための通達の作成に当たり、相続税法適用のための通達を借用し、しかもその借用を具体的にどのように行うかを必ずしも個別に明記しないという所得税基本通達59-6で採られている通達作成手法には、通達の内容を分かりにくいものにしているという点において問題があるといわざるを得ない。本件は、そのような通達作成手法の問題点が顕在化した事案であったということができる。租税法の通達は課税庁の公的見解の表示として広く国民に受け入れられ、納税者の指針とされていることを踏まえるならば、そのような通達作成手法については、分かりやすさという観点から改善が望まれることはいうまでもない。

7 税法の文理解釈における「一般人の理解」の意義と限界

レーシングカー「普通乗用自動車」事件・最判平成 9 年11月11日訟月45巻 2 号421頁

I はじめに

　税法の解釈について、租税法律主義の下では、**文理解釈**が原則であることはこれまでにも述べてきたが（**4** **I**、**6** **III** 1 参照）、本稿では、レーシングカー「普通乗用自動車」事件・最判平成 9 年11月11日訟月45巻 2 号421頁（以下「本判決」という）を素材にして、文理解釈の意義と限界を検討することにする。

　その前に、税法における文理解釈の原則について、もう一度確認しておこう（①は清永敬次『税法〔新装版〕』（ミネルヴァ書房・2013年）35頁、②は金子宏『租税法〔第23版〕』（弘文堂・2019年）123頁）。

【①】
　税法の解釈は種々の場合において色々な形で問題となりうるから、税法の解釈についての基本的な原則を一般的に述べることはかなり困難であるが、税法の解釈、特に租税実体法の解釈においては一般的にいって法文からはなれた自由な解釈は許されないと考えるべきであろう。もし法文からはなれた自由な解釈が許されるとするならば、それは帰するところ法律によらない課税を容認することになって、租税については法律でこれを定めるとする租税法律主義の原則が税法の解釈を通じてくずれていくことになるからである。この意味において、税法の解釈、殊に租税実体法の解釈においては、基本的には厳格な解釈が要請されることになる。この場合、法規の法文や文言がまず重視されることになろう。税法においてはある法条においてどのような文言が用いられているかが重要なのである。法規の文言や法文を通常の用語例よりも拡張したりまた縮小したりする拡張解釈や縮小解釈、また類推解釈は、原則として許されないと考えられる。

II 文理解釈における「一般人の理解」の重要性

　文理解釈の意義について、その理解・表現には論者によって異なるところもあるが、それは「法令の文章や用語を通常の意味に理解すること、あるいは字義どおりに解釈すること」（金子宏「租税法解釈論序説―若干の最高裁判決を通して見た租税法の解釈のあり方」同ほか編『租税法と市場』（有斐閣・2014年）3頁）であると定義することに特に異論はなかろう。そして、ここで**「通常の意味」**とは、「法規の文字・用語は、言語慣用に従って、普通の常識的な意味に解するのが原則である」（田中成明『現代法理学』（有斐閣・2011年）467頁）といわれる場合の**「普通の常識的な意味」**をいうことについても同様に特に異論はなかろう。

　ただ、以上においていわれる「通常の」ないし「普通の」をどのように捉えるかについては、裁判官によっても判断が分かれることがある。その例として、ここでは本判決を取り上げることにする。本判決はレーシングカー（いわゆるフォーミュラタイプに属する競走用自動車）の「普通乗用自動車」（物品税法（昭和63年法律第108号により廃止）別表課税物品表第二種の物品七号2）該当性について次のとおり判示した（下線筆者）。

　　……普通乗用自動車とは、<u>特殊の用途に供するものではない乗用自動車をいい、ある自動車が普通乗用自動車に該当するか否かは、当該自動車の性状、機能、使用目的等を総合して判定すべきものと解するのが相当である。</u>原審の適法に確定した事実関係によれば、本件各自動車は、FJ-600と呼ばれるいわゆるフォーミュラタイプに属する競走用自動車であって、道路運送車両法所定の保安基準に適合しないため、道路を走行することができず、専ら自動車競走場

における自動車競走のためにのみ使用されるものであるというのである。しかし、本件各自動車も、<u>人の移動という乗用目的のために使用されるもの</u>であることに変わりはなく、自動車競走は、この乗用技術を競うものにすぎない。また、本件各自動車の構造、装置が道路を走行することができないものとなっているのも、右のような自動車競走の目的に適合させるべく設計、製造されたことの結果にすぎないのであって、本件各自動車は、乗用とは質的に異なる目的のために使用するための特殊の構造、装置を有するものではない。したがって、本件各自動車は、その性状、機能、使用目的等を総合すれば、乗用以外の特殊の用途に供するものではないというべきであり、普通乗用自動車に該当するものと解すべきである。

これに対して、尾崎行信裁判官の反対意見は次のとおり説示した（元原利文裁判官同調。下線筆者）。

およそ社会における自動車の目的は、人や物品の運搬、すなわち、ある場所から他の場所に運ぶことによる社会的、経済的効用を達成するところにある。一般に、自動車は、人が運転するのであるから、必ず人が乗用して移動する側面を有しており、本件各自動車も、この意味で人の乗用を伴うものであるが、このこと自体で乗用自動車であるか貨物自動車であるか、さらに、普通自動車か特殊自動車かの指標とすることはできず、したがって、物品税法上課税対象となる普通乗用自動車の定義とすることはできない。そして、自動車は、その性状、機能、使用目的等からみて、達成しようとする効用の差異により、乗用自動車、貨物自動車、特殊自動車などの区別がされるのである。<u>一般人の理解</u>によれば、普通乗用自動車とは、<u>人間を運搬することから得られる効用を主目的とするもの</u>であって、現行関係法規をみても同様の立場がとられている。現に物品税法基本通達（昭和41年11月24日間消4168、徴官21103、徴徴1180国税局長税関長あて国税庁長官通達）は、「課税物品表に掲げる物品に該当するかどうかは、他の法令による名称及び取引上の呼称等にかかわらず、当該物品の性状、機能及び用途等を総合して判定する」といい（第1条）、自動車の区分を定めるに当たっては、「7　自動車類及びその関連製品」（自動車類関係）の6におい

て、「電波測定車、無線警ら自動車、……等特殊な構造等を有するもので、陸運事務所の登録基準により特種自動車として登録されるものは、普通乗用自動車等又は乗用兼用貨物自動車等としては取り扱わない」として、構造上の違いに基づく陸運事務所の登録を基準として普通乗用自動車と特殊乗用自動車を区別し、前者のみを物品税法上の課税対象としているのである。したがって、本件各自動車が課税対象たる「小型普通乗用四輪自動車」に該当するか否かは、人の乗用を伴うか否かのみによって判断されるべきではなく、自動車としての性状、機能、使用目的等の諸要素及び陸運事務所の登録の可否、種別を総合勘案して判断すべきである。

　このように、「普通乗用自動車」の意義について、多数意見は「人の移動という乗用目的のために使用されるもの」と定義し、反対意見は「一般人の理解」に従い「人間を運搬することから得られる効用を主目的とするもの」と定義している。両者の定義をみると、多数意見の定義は「**一般人の理解**」からすると、特に「普通」という文言に関して「非常識」なものであると考えられる（本件第一審・京都地判平成5年1月29日シュト377号18頁がその「普通」について示した「特殊な自動車でないとの意味をもつ」との解釈は妥当である）。この点について、金子宏教授は次のように述べておられる（同・前掲論文9頁。下線筆者。なお、佐藤英明「最高裁判例に見る租税法規の解釈方法」山本敬三＝中川丈久編『法解釈の方法論―その諸相と展望』（有斐閣・2021年）341頁、347頁も多数意見の解釈を「背後に課税の必要性の判断を控えた拡張解釈」とみている）。

　　法廷意見も少数意見も、規定の文理および趣旨・目的に照らして普通乗用自動車という用語の解釈を行っているが、①言葉の通常の用法によれば、レーシングカーのような特殊な用途に供される自動車は普通乗用自動車には含まれないこと、②物品税法の改正の際に、小型キャンピングカーが普通乗用自動車とは別の課税物件として導入されたという立法経緯があること、などに照らすと、少数意見の方が規定の文理および趣旨により忠実であるといえよう。そのように考えた場合には、法廷意見は一種の拡大解釈であるということになる。

そもそも、税法の解釈においても、法解釈一般におけると同様、まずは、法規の法文及び文言を重視しなければならない。しかもそれが日本語という自然言語で書かれている以上、その「通常の意味」ないし「普通の常識的な意味」を「一般人の理解」に従って解明しなければならない。そうすることで、税法の規定の意味内容について、広く納税者の間に共通の理解が成立し、しかも**解釈の「客観化」や予測可能性・法的安定性の保障**にも資することになろう。このことは、民主主義国家、特に申告納税制度、における税法の解釈のあり方として、望ましいことである（以上について拙著『税法基本講義〔第7版〕』（弘文堂・2021年）【44】参照）。

Ⅲ   文理解釈の「適正化」

Ⅰで引用した2つの文献からも明らかなように、税法の解釈において、文理解釈こそが租税法律主義の下での**厳格な解釈の要請**に最もよく適合することに異論はなかろう。もっとも、このことは、文理解釈が著しく不当・不合理な結果をもたらすものでない場合、換言すれば、当該租税法規が「**租税立法の質**」の観点からみて特段問題のない場合を前提にして、いえることである（前掲拙著【44】参照）。

ここで「租税立法の質」に関して「**質の良い租税立法**」とは、規定の趣旨・目的が妥当・合理的であり、かつ、これと当該規定の文言との間にズレ・乖離がない租税立法のことをいうのであるが、そうでない「質の悪い」租税法規についていくら文理解釈を「一般人の理解」に従って行ってもその結果が不当・不合理なものになるのは当然ではないか、文理解釈が租税法律主義の下での厳格な解釈の要請に適合するといえるためには「租税立法の質」の改善が必要ではないか、と以前から考えてきたところである。

この間そのような問題意識に基づき文理解釈の「適正化」について研究を行い、その成果を論文にまとめた（拙稿「租税法律主義と司法的救済保障原則─裁判官による文理解釈の『適正化』のための法創造根拠理由の研究─」税法学586号（日本税法学会創立70周年記念号・2021年）377頁）。この論文の副題にいう「根拠理由」という表現は同義語反覆的であるように思われるかもしれないが、この

論文では、「根拠」と「理由」のニュアンスの違いを踏まえ「法創造根拠理由」という場合これを、法創造の拠りどころとなる法の原理・原則、特別の事情等の個別的救済理由の総称として用いることにした。ここでは、この論文の概要を示すために目次を以下に掲げておく。

　この論文の内容とりわけ結論は、前掲拙著（2021年10月刊行）の改訂（第7版）において同【44】に採り入れた。その際、文理解釈の「適正化」を以下のとおり2つの場合に分けて述べた。少し長くなるがその部分を以下に引用しておく。

　　1つには、①文理解釈の結果が課税権者たる国家にとって著しく不当・不合理なものである場合、その結果を自由な「解釈」（法創造を含む）によって除去することは許されない。そのような自由な「解釈」（その典型例がかつての経済的実質主義であることについて⇒【42】）は、納税者にとっては恣意的・不当な課税をもたらすことになるが、文理解釈はそれを防止する機能（**文理解釈の侵害防御権的機能・自由権保障機能**。この機能は租税法律主義の目的［⇒【11】］から税法の解釈について要請されるものである）を有する。この機能は、「多数の納税者間の税負担の公平を図る観点から、法的安定性の要請が強く働く」（東

京高判平成29年5月25日訟月63巻11号2368頁、札幌地判平成31年3月27日税資269号順号13259等）租税法規（侵害規範）の適用上税務官庁がよるべき文理解釈について、特に重要である。

　上記①の場合、国家はその不当・不合理な結果を除去するために自ら立法権を行使して当該規定を改正することができるし改正しなければならない（租税回避の否認に関して⇒【68】）。三権分立制の下では、裁判官は文理解釈の結果の不当性・不合理性を立法者に対して指摘するにとどめるべきであり、立法者に代わってその結果を除去するために自ら自由な「解釈」の領域に足を踏み入れてはならない。国家のためにする「租税立法の質」の改善は、立法者自身がこれを行わなければならないと考えるところである（その意味で、最判平成27年7月17日判時2279号16頁が、地方税法の不備を法創造の一手法である「類推適用」によって補充した原判決の判断を破棄したのは妥当である）。

　もう1つには、②文理解釈の結果が納税者にとって著しく不当・不合理なものである場合、裁判官は納税者に有利な「解釈」によってその結果を除去すべきである。というのも、納税者は直接的には自らその結果を除去する権限をもたず、裁判を受ける権利（憲32条）を行使して裁判所に対してその結果の除去を請求し得るにとどまるが、裁判官は裁判を受ける権利を実質化し司法的救済を実現するためには、文理から離れた（とはいえ制定法内在的法創造［⇒【49】］の枠を超えない）法創造によってその結果を除去し納税者の権利を救済しなければならないからである（そのような個別的救済理由を認めた判例について⇒【27】）。「租税法規はみだりに規定の文言を離れて解釈すべきものではな［い］」（**ホステス報酬源泉徴収事件**・最判平成22年3月2日民集64巻2号420頁、前掲最判平成27年7月17日）が、「みだりに」ではなく正当かつ合理的な理由に基づき「規定の文言を離れて解釈す」ることは許されるといえよう。裁判を受ける権利の実質化・実効性の確保は、その合理的な理由であり、しかも文理解釈の侵害防御権的機能・自由権保障機能と調和すると考えるところである。

Ⅳ　おわりに

　本稿では、税法の文理解釈における「一般人の理解」の意義と限界について

検討した。税法の文理解釈において「一般人の理解」を基準としてこれに従うことは重要であるが、ただ、それだけでは、文理解釈の結果が常に正当かつ合理的なものになるとは限らない。文理解釈の結果が正当かつ合理的なものになるようにするためには、むしろ、その前提として「租税立法の質」の改善を図らなければならないと考えるところである。

　「質の悪い」租税法規をいくら文理解釈によって「一般人の理解」に従って解釈してもその結果が不当・不合理なものになるのは当然であるが、その結果が課税権者たる国家にとって著しく不当・不合理なものである場合は国家が自ら立法権を行使して当該法規の質の改善を図るべきであるのに対して、その文理解釈の結果が納税者にとって著しく不当・不合理なものである場合は、納税者としては裁判を受ける権利を行使して裁判所に対してその結果の除去を請求し得るにとどまる以上、裁判官が法創造によってでもその結果を除去し納税者の権利を救済すべきである。そうすることによって、裁判を受ける権利が実質化され実効的に保障されることになろう。

　裁判を受ける権利の実質化・実効的保障を実現しようとする**司法的救済保障原則**は、違法な課税による納税者の権利侵害に対する救済を裁判所に要請するものであるが、この要請は、**租税法律主義の目的**（恣意的・不当な課税から国民の財産・自由を保護すること。前掲拙著【11】参照）からの帰結であると同時に、法の存立のための最低限の要請あるいは法が法として最低限満たすべき要請という意味での「**法の支配**」の諸要素のうち、国家機関の活動に対する独立の裁判所によるコントロールの確立という要素の、税法の領域における現れでもある（前掲拙著【27】参照）。

8 課税減免規定の限定解釈の意義・性格と射程

外国税額控除余裕枠利用［りそな銀行］事件・最判平成17年12月19日民集59巻10号2964頁

I **はじめに**

　税法の解釈について、租税法律主義の下では、**文理解釈**が原則であることに異論はないが（**4**Ⅰ、**6**Ⅲ1、**7**Ⅰ参照）、ただ、文理解釈の結果なお複数の解釈可能性が残る場合には、租税法律主義の下でも、租税法規の趣旨・目的を参酌して当該租税法規の意味内容を一義的に確定することが許されるし、むしろ、確定しなければならない。このような法解釈の方法は一般に**目的論的解釈**と呼ばれる。これは、法規の文言の通常の意味を明らかにしようとする文理解釈を補完する解釈方法である（**文理解釈の補完としての目的論的解釈**。これについて拙著『税法基本講義〔第7版〕』（弘文堂・2021年）【45】参照）。

　本稿では、外国税額控除余裕枠利用事件における裁判所の判断を素材にして、税法の目的論的解釈に関連して**課税減免規定の限定解釈**の意義・性格と射程について検討する。外国税額控除余裕枠利用事件は複数の同種の事件の総称であるが、その中で特徴的な判断は、①三井住友銀行事件における大阪高判平成14年6月14日訟月49巻6号1843頁と②りそな銀行事件における最判平成17年12月19日民集59巻10号2964頁（以下「本判決」という）である。

　前者（①）は、「租税法律主義の下でも、かかる場合［＝規定の趣旨・目的に合致しない場合］に課税減免規定を限定解釈することが全く禁止されるものではないと解するのが相当である。」と判示したが、ここでいう課税減免規定の限定解釈は、「［課税減免規定の］趣旨・目的に合致しない場合を除外するとの解釈」とされている。以下では、筆者も、課税減免規定の限定解釈という語をこの意味で用いる。

　これに対して、後者（②＝本判決）は次のとおり判示した（下線筆者）。

（1）　法人税法69条の定める外国税額控除の制度は、内国法人が外国法人税を納付することとなる場合に、一定の限度で、その外国法人税の額を我が国の法人税の額から控除するという制度である。<u>これは、同一の所得に対する国際的二重課税を排斥し、かつ、事業活動に対する税制の中立性を確保しようとする政策目的に基づく制度である。</u>

（2）　ところが、本件取引は、全体としてみれば、本来は外国法人が負担すべき外国法人税について我が国の銀行である被上告人が対価を得て引き受け、その負担を自己の外国税額控除の余裕枠を利用して国内で納付すべき法人税額を減らすことによって免れ、最終的に利益を得ようとするものであるということができる。これは、我が国の外国税額控除制度を<u>その本来の趣旨目的</u>から著しく逸脱する態様で利用して納税を免れ、我が国において納付されるべき法人税額を減少させた上、この免れた税額を原資とする利益を取引関係者が享受するために、取引自体によっては外国法人税を負担すれば損失が生ずるだけであるという本件取引をあえて行うというものであって、我が国ひいては我が国の納税者の負担の下に取引関係者の利益を図るものというほかない。そうすると、<u>本件取引に基づいて生じた所得に対する外国法人税を法人税法69条の定める外国税額控除の対象とすることは、外国税額控除制度を濫用するものであり、さらには、税負担の公平を著しく害するものとして許されないというべきである。</u>

　両者の関係について、本判決（前記②）を前記①の延長線上において捉えようとする見解がある。その代表的な見解は次のとおり（金子宏『租税法〔第24版〕』（弘文堂・2021年）141頁。今村隆『租税回避と濫用法理』（大蔵財務協会・2015年）197頁［初出・2012年］のほか、杉原則彦「判解」最判解民事篇（平成17年度・下）（7月〜12月分）990頁、990頁も参照）であるが、この見解は、課税減免規定の限定解釈を、租税法律主義の下で許容される目的論的解釈（文理解釈の補完としての目的論的解釈）として性格づけるものと解される。

　最高裁判所が、平成17年12月19日判決（民集59巻10号2964頁、判時1918号3頁、

月報53巻 8 号2447頁）および平成18年 2 月23日判決（判時1926号57頁、月報53
巻 8 号2461頁）において、ある銀行の取引が法人税法69条の定める外国税額控
除制度の濫用にあたるとして、その適用を否定したのも、法律上の根拠がない
場合に否認を認める趣旨ではなく、外国税額控除制度の趣旨・目的にてらして
規定の限定解釈を行った例であると理解しておきたい。ただし、租税法律主義
の趣旨からして、この限定解釈の法理の適用については、十分に慎重でなけれ
ばならないと考える。

　これに対して、筆者は、そもそも、前記①の判示した「［課税減免規定の］
趣旨・目的に合致しない場合を除外するとの解釈」という意味での課税減免規
定の限定解釈を、文理解釈の補完としての目的論的解釈ではなく、**目的論的制
限**（teleologische Reduktion）と呼ばれる、適用除外規定の欠缺すなわち**隠れた
欠缺**（verdeckte Lücke）の補充による**法創造**に属する、課税減免規定に係る適
用除外要件の定立方法として性格づけた上で、外国税額控除余裕枠利用［三井
住友銀行］事件で大阪高判（前記①）が法人税法69条 1 項の「外国法人税
（……）を納付することとなる場合」にいう「納付」という文言について解釈
的手法により限定解釈を加えたものであるのに対して、同［りそな銀行］事件
では本判決（前記②）は、「我が国の外国税額控除制度をその本来の趣旨目的
から著しく逸脱する態様」での同制度の利用について、「納付」という文言の
解釈を問題にすることなく、端的に、それを同制度の「濫用」として同制度の
適用を否認したものと理解してきた（差し当たり、拙著『税法の基礎理論』（清文
社・2021年）第 2 章第 2 節参照）。
　そして、本判決（前記②）の判断も法創造に属するものであるが、課税減免
規定の限定解釈とは異なり、**解釈的手法による法創造**ではなく「**租税法規の趣
旨・目的の法規範化**」による法創造として性格づけ、「**課税減免制度濫用の法
理**」と呼ぶことにし、租税法律主義の下では許容されないと批判してきた（前
掲拙著『税法基本講義』【47】参照）。
　このように、本判決（前記②）については異なる理解ないし評価がみられる
が、学説の中には、一見すると、その「中間」に位置するかのように思われる
見解もみられる。その見解については、項を改めて紹介し検討することにする。

Ⅱ　課税減免規定の「限定解釈（不適用）」

　本判決（前記②）については、次のような理解がみられる（今村・前掲著127-129頁［初出・2009年］。下線筆者）。

> 　本最高裁判決は、被告国の主張と同様に、法人税法69条を政策的減免規定であるその立法趣旨により適用が限定されるとしているものであり、ただ、その限定の方法として、法人税法69条の「納付」の限定解釈の手法によるか、同条の予定しているものではないとして同条の適用自体を否定するとの手法によるかの違いにすぎないと考える。本最高裁判決が被告国の主張を採用しなかったのは、法人税法69条の「納付」の文言を国税通則法上の「納付」からの借用と考えると、解釈の幅が狭く、果して限定解釈が可能か否かの問題があることから、さらには、納税者の予測可能性を確保するとの観点で、「濫用」の場合であれば、納税者の予測可能性を害することにもならないから、法人税法69条の適用自体を否定したものと考える。

　この理解によれば、本判決（前記②）は、法人税法69条（の定める外国税額控除制度）の適用の「限定の方法」について、後者の手法すなわち「同条の予定しているものではないとして同条の適用自体を否定する手法」を採用したものと解されているが、このような理解を、既にみたところの、本判決（前記②）を前記①の延長線上において捉えようとする見解と、結びつける見解がみられる。それは、「筆者の立場は、まず、外税最高裁判決［＝本判決］は、基本的には、課税減免規定の立法趣旨による限定解釈の延長線上にあるということである。」（清水一夫「課税減免規定の立法趣旨による『限定解釈』論の研究―外国税額控除事件を出発点として―」税務大学校論叢59号（2008年）245頁、290頁）とした上で、次のように説く見解（ⓐ同291頁、ⓑ同293-294頁。下線筆者）である。

> 【ⓐ】
> 　一方で、本判決が、通常の立法趣旨による法律の縮小・拡張解釈の一例に過ぎないとも言えないことは、最高裁が69条の「納付」という文言の解釈を論じ

ることなく、端的に「濫用するものであり…許されない」と判示したことから
も明らかである。いずれにしても、本件で認定された事実（国側は、外国税額
控除^{［ママ］}を「納付」したという納税者の主張は虚偽・仮装であると主張してい
たが、いずれも下級審段階で否定されている。）によれば、法人税法69条の要件
を形式的に満たす法律関係が私法上形成されていたと言わざるを得ないであろ
う。

その上で、最高裁は同条の適用を否定したのであるが、その結論を導くにあ
たって、外国税額控除の制度の目的について論じたことから見ても、法人税法
69条の適用に当たって、制度全体の立法趣旨から、<u>「課税減免効果を得るためだ
けに、制度の趣旨から逸脱して濫用的な取引を行った場合には、同条を適用し
ない」という要件</u>を読み込んだと考えるべきではないか。あくまでも、法人税
法69条の解釈から導かれるものではあるが、いわば、<u>条文の背後にある当然の
前提としての適用要件</u>を満たしていないと判断したことにより、同条の適用を
否定したと考える。

【⑤】
本判決は、いわゆる「課税減免規定の限定解釈」として紹介されることも多い
が（少なくとも、同事件の国側主張はそのようなものであった。）、上記のよう
に、文言の限定解釈ではないものと思われ、いわば、<u>「制度全体の立法趣旨に基
づく、濫用行為に対する課税減免規定の不適用」</u>とでも言うべきものと考える。

この見解は、本判決（前記②）の判断方法を**「課税減免規定の『限定解釈
(不適用)』」**（清水・前掲論文298頁。太字筆者。同294頁注（60）も参照）と称して
いるが、それは、確かに、論者の主観においては、課税減免規定の限定解釈の
延長線上にあると理解したいのであろう。しかし、税法の解釈適用方法論の観
点からみれば、法人税法69条の「納付」という文言の解釈を問題にしていない
こと及び「条文の背後にある当然の前提としての適用要件」という不文の濫用
禁止要件を創造し、その要件をもって同条の適用を否定する根拠としているこ
とからすると、筆者のいう課税減免制度濫用の法理と実質的には同じ考え方を
説くものと解さざるを得ない。したがって、課税減免規定の「限定解釈（不適
用）」という考え方も、課税減免制度濫用の法理と同じく、租税法律主義の下

では許容されないと考えられる。

　課税減免規定の「限定解釈（不適用）」という考え方は、前述のとおり、「条文の背後にある当然の前提としての適用要件」という不文の濫用禁止要件を創造するものであるが、そうすると、税法に**「税法秩序の自力防衛」原則**("Bewahrung der Steuerrechtsordnung aus eigener Kraft" Grundsatz. この原則については、差し当たり、前掲拙著『税法の基礎理論』第2章第4節Ⅱ2参照）が内在することを暗黙の前提とする考え方であると解される。しかし、もし租税法律主義が、そのような暗黙の前提に基づいて不文の濫用禁止要件を創造することを承認するならば、それは租税法律主義の自己否定である。

　ところが、前記の見解は、「制度全体の趣旨から当然に導かれる要件だとしても、法律の条文上、明示的に書かれていない以上、憲法84条の租税法律主義に違反するという批判はあり得よう。」（清水・前掲論文293頁）としつつ、次のような理由により租税法律主義違反という批判に対して反論し、租税法律主義に違反しない旨を説いている（同。下線筆者）。

　　外税最高裁判決は、外国法人税を負担すれば損失が生じるだけであるという「本件取引をあえて行うもの」と表現しているが、本件は、取引当事者においても、課税減免効果を得るため、経済的に不合理な取引をあえて行うという認識があったということを前提としていると考えられる。このように、取引当事者間に租税法規の濫用の意図が認められる場合であれば、当該法規を適用しないとしても、予測可能性と法的安定性の確保という観点から、租税法律主義に実質的に違反しないということであろう。

　しかし、ここで述べられている理由は、租税法律主義の**「目的」**と**「機能」**との関係（これに関する筆者の見解については前掲拙著『税法基本講義』【11】参照）を正解した上で述べられたものとはいえないように思われる。確かに、「予測可能性と法的安定性の確保という観点」は租税法律主義において重要である。ただ、その観点は租税法律主義の「機能」の観点であり、しかもその機能（**予測可能性・法的安定性保障機能**）は**派生的機能**である。これに対して、租税法律主義の**「目的」**は、課税権者による恣意的・不当な課税から国民の財産及び自由を保護することであり、そこから導き出される機能は第一次的には**課**

税の適法性保障機能であり、これこそが租税法律主義の**本来的機能**である。

　要するに、課税の適法性が保障されて初めて予測可能性・法的安定性保障機能が意味をもつのであるから、「予測可能性と法的安定性の確保の観点」のみをもっては租税法律主義適合性の問題を判断することはできないと考えられるのである。前記の見解が租税法律主義違反を否定するために述べている理由に即していえば、納税者が課税減免規定の濫用を認識し意図していたとしても、これを否認する明文の規定が定められていない以上、当該納税者はその濫用が否認されないとも認識していたはずであるから、「予測可能性と法的安定性の確保の観点」からはそのことにも重要な意味を認めるべきであるにもかかわらず、前記の見解にはこの点に関する配慮はみられない。

Ⅲ　課税減免規定の目的論的限定適用の許容性

　もっとも、課税減免規定の「限定解釈（不適用）」という考え方が、仮に、「条文の背後にある当然の前提としての適用要件」という不文の濫用禁止要件を創造するものではなく、法人税法69条の趣旨・目的を考慮して（すなわち目的論的に）「納付」という文言を限定解釈し、かつ、その解釈によって定立した規範を当該事案に限って適用する、いわば「**目的論的限定適用**」ともいうべき法適用の方法を採用するものであったとすれば、それについてはどう考えるべきであろうか。

　わが国の税法判例で目的論的限定適用の方法を採用したものとしては、最判平成26年12月12日訟月61巻5号1073頁がある（以下「延滞税最判」という。この判決に関する以下の検討については、前掲拙著『税法の基礎理論』第2章第9節参照）。この判決は次のとおり判示している（下線筆者）。

　以上によれば、本件の場合において、仮に本件各相続税について法定納期限の翌日から延滞税が発生することになるとすれば、法定の期限内に本件各増差本税額に相当する部分を含めて申告及び納付をした上告人らは、当初の減額更正における土地の評価の誤りを理由として税額を増額させる判断の変更をした課税庁の行為によって、当初から正しい土地の評価に基づく減額更正がされた

場合と比べて税負担が増加するという回避し得ない不利益を被ることになるが、このような帰結は、法60条1項等において延滞税の発生につき納税者の帰責事由が必要とされていないことや、課税庁は更正を繰り返し行うことができることを勘案しても、明らかに課税上の衡平に反するものといわざるを得ない。そして、延滞税は、納付の遅延に対する民事罰の性質を有し、期限内に申告及び納付をした者との間の負担の公平を図るとともに期限内の納付を促すことを目的とするものであるところ、上記の諸点に鑑みると、このような延滞税の趣旨及び目的に照らし、本件各相続税のうち本件各増差本税額に相当する部分について本件各増額更正によって改めて納付すべきものとされた本件各増差本税額の納期限までの期間に係る延滞税の発生は法において想定されていないものとみるのが相当である。

　したがって、本件各相続税のうち本件各増差本税額に相当する部分は、本件各相続税の法定納期限の翌日から本件各増額更正に係る増差本税額の納期限までの期間については、法60条1項2号において延滞税の発生が予定されている延滞と評価すべき納付の不履行による未納付の国税に当たるものではないというべきであるから、上記の部分について本件各相続税の法定納期限の翌日から本件各増差本税額の納期限までの期間に係る延滞税は発生しないものと解するのが相当である。

　この引用部分の2つ目の文章の「上記の諸点に鑑みると」以下をみると、そこで述べられている判断構造は、前記Ⅱの冒頭で引用したように本判決（前記②）を、「同条［＝法人税法69条］の予定しているものではないとして同条の適用自体を否定する手法」を採用したものとして理解した場合におけるその判断構造と、同じものであると解される。このことは、多数意見が本件における延滞税の発生を「法において想定されていないもの」と解したことについて、延滞税最判における千葉勝美裁判官の補足意見（以下「千葉補足意見」という）が次のとおり述べていること（下線筆者）からも、いえることであると考えられる。

そうであれば、このような場合には、延滞税の納付を免除するのではなく、延滞税の発生自体を認めないとする法解釈を行うべきものであろう。この解釈は、法60条1項2号をいわば目的論的に限定解釈する面もあるが、同号が当然に前提としていると思われる「納税者によって生じた延滞」と評価すべきではないことは明らかであるので、同号にいう「納付すべき国税があるとき」に当たらないとするものである。税法の解釈は、納税者側の信頼や衡平にかない課税実務の効率化や恣意の排除に資するため、本来一義的で明確であることが求められるところであるが、本件は、延滞税の趣旨・目的に照らし、これを発生させることが適当でないことが明らかな例外的な事案であり、これを否定する（限定）解釈を採ったとしても、個別の事案毎の判断が必要となり徴税実務が不安定になるといったおそれはないというべきである。

　ここで述べられている租税法規の適用方法は、租税法規が法人税法69条のような法人税の課税減免規定であるか又は国税通則法60条1項2号のような延滞税の課税根拠規定であるかの違いはあれ、租税法規の目的論的限定適用である。このことは、「延滞税の趣旨・目的と延滞税の発生を認めることによる不当な結果は、本件における減額更正、過納金の還付前の延滞税発生を否定すべき積極的理由となる。」と述べた上でその場合において「延滞税の発生要件を欠く」として**延滞税の発生要件の欠缺**を認める小貫芳信裁判官の意見について、千葉補足意見が「条文にはない明確な基準を示すことについては、それが解釈により不文の消極要件を作ることにもなる」（下線筆者）との的確な指摘を行っていることからも、いえるであろう。

　このように考えてくると、課税減免規定の限定解釈（前記**Ⅰ**で述べた目的論的制限）と課税減免規定の目的論的限定適用との違いが明らかになるであろう。両者は、租税法規の欠缺を補充する要件を創造するか否かの点で異なるのである。

　では、課税減免規定の目的論的限定適用は、課税減免規定に係る適用除外要件の欠缺（隠れた欠缺）を補充する要件を創造することなく、どのようにして特定の事案に限って課税減免規定の適用を否定するのであろうか。延滞税最判は「課税上の衡平」の考慮により延滞税規定の目的論的限定適用を認めたが、

「衡平」の観念は、「実定法の一般的な準則をそのまま個別的事例に適用すると、実質的正義の観点からみて著しく不合理な結果が生じる場合に、その法的準則の適用を制限ないし抑制する働きをする。」（田中成明『現代法理学』（有斐閣・2011年）323頁。下線筆者）とされるところ、課税減免規定の目的論的限定適用についても、「課税上の衡平」の観念を援用することができるのであろうか。

　この点については、「国（立法府）には法律制定権限があるが、納税者には法律制定権限はないという本質的な違い」（宮崎裕子「一般的租税回避否認規定——実務家の視点から（国際的租税回避への法的対応における選択肢を納税者の目線から考える）」ジュリスト1496号（2016年）37頁、43頁）を考慮すべきであると考えられる。つまり、延滞税事件においては、国税通則法60条1項2号をそのまま適用すると「実質的正義の観点からみて著しく不合理な結果」が生じ、法律制定権限をもたない納税者はその結果を自分自身では除去することができないのに対して、外国税額控除余裕枠利用事件においては、法人税法69条をそのまま適用すると生じる結果は、それが国にとって著しく不合理であるとすれば、国としては、予め法律制定権限を行使して除去することが可能であり、少なくとも、そのような結果を**立法事実**として認知した場合には迅速・機動的に対応して同様の結果の再発を阻止することが可能であることからすると、「課税上の衡平」の観念を援用することは延滞税事件においては妥当であるとしても、外国税額控除余裕枠利用事件においては、その結果が実質的正義に反するとはいえないが故に、妥当ではなかろう。憲法が基本的人権として裁判を受ける権利を保障していること（32条）からしても、そのような判断の違いは正当化されるであろう。

　そうすると、外国税額控除余裕枠利用事件においては、課税減免規定の目的論的限定適用という方法も採用することはできないと考えるところである。

Ⅳ　おわりに

　以上において、外国税額控除余裕枠利用事件に関する本判決（前記②）を素材にして、課税減免規定の限定解釈の意義・性格や射程を検討してきたが、その際、検討の観点を租税法律主義ないしその下における税法解釈のあり方に求

めてきた。

　最後に、検討の観点を広げ**三権分立制の下での司法の役割**をも視野に入れて、本稿で取り上げた問題について若干の所見を述べておきたい。三権分立制の下での司法の役割について、筆者は延滞税最判に関連して「司法は、そのような役割［＝個別事案の解決］に加えて、法の欠缺が存在する場合には、個別事案の判断を通じてあるいはそれに関連して、そのことを公然と指摘することによって、立法者にその欠缺の存在を認識させ、もってその欠缺を補充するための法改正等の立法的対応を促すべきであるように思われる。」（前掲拙著『税法の基礎理論』第2章第9節Ⅲ2）と述べ、延滞税の発生要件の欠缺を認めその補充のために要件を創造した小貫裁判官の意見を肯定的に評価した。

　このような考え方は、外国税額控除余裕枠利用事件においても基本的には妥当すると考えられる。三井住友銀行事件において大阪高判（前記①）は、課税減免規定の限定解釈を採用したが、これは、前記**1**で述べたように、法人税法69条1項の「外国法人税（……）を納付することとなる場合」という要件について適用除外要件の欠缺（隠れた欠缺）の存在を認め、「納付」という文言を限定解釈することによって実質的には適用除外要件を定立する法創造（目的論的制限）である。これは、三権分立制の下での司法の役割の観点からは、肯定的に評価されるべきものである。

　もっとも、そのような法創造を認めるとしても、それは、租税法律主義の観点をも合わせ考慮すると、租税法規の趣旨・目的が文言による表現に匹敵するほどの明確性をもって一般に認識可能であることというような厳格な要件の下でのみ、許容されるべきであると考えられる（前掲拙著『税法基本講義』【46】参照）。この点においても、**立法者の説明責任**（**4**参照）は極めて重要である。

課税減免規定の解釈のあり方
判例にみられる課税減免規定固有の問題の検討

Ⅰ　はじめに

　⁅8⁆では、税法が定める課税減免規定の解釈について、その限定解釈の意義・性格及び射程を検討したが、本稿では、その解釈のあり方について若干の判例を素材にして検討することにする。

　なお、これまで「課税減免規定」という言葉を特に定義することなく用いてきたが、ここでその定義を述べておくと、**課税減免規定**とは、納税義務の成立に係る課税要件法の定める種々の法律要件のうち、非課税・経費控除・所得控除・税額控除・課税繰延べ等の措置による租税負担の軽減又は排除を定める規定をいう。それは、納税義務の成立を積極的に根拠づける法律要件（**課税根拠要件ないし積極的課税要件**）を定める規定に対して、納税義務の成立や租税負担の発生を阻害する法律要件（**課税阻害要件ないし消極的課税要件**）を定める規定である。租税特別措置法が定める**租税優遇措置**は勿論これに当たるが、所得税法・法人税法・消費税法・相続税法等のいわゆる「**本法**」が定める、各租税の基本構造を形成する措置（**構造的措置**）に係る規定の中にも課税減免規定に該当する規定がある。

Ⅱ　解釈の厳格性と解釈の狭義性

　税法の解釈については、租税法律主義の下で、法規の文言・法文から離れた自由な解釈を禁止しそれに忠実な解釈すなわち厳格解釈が要請され、そしてその**厳格解釈の要請**は原則として文理解釈を意味することは、これまでに述べてきたところであるが（⁅4⁆Ⅰ、⁅6⁆Ⅲ1、⁅7⁆Ⅰ等参照）、課税減免規定に関する裁判例の中には、解釈の厳格性を解釈の狭義性と同視し、**狭義解釈の要請**を殊更に

強調するものがみられる。租税法規における非課税要件規定の解釈態度について最判昭和53年7月18日訟月24巻12号2696頁が「正当として是認」した仙台高判昭和50年1月22日行集26巻1号3頁は次のとおり判示している（下線筆者）。

被控訴人主張のような意味における合目的解釈ないし法規の趣旨を尊重した解釈に基づいて法律の規定を適用するときは、いわゆる類推ないし拡張解釈に等しく、結果的に法律の規定の本来の規制内容を緩和して適用することとなるのであるが、かようなことは地方税法489条のような非課税要件規定においては避けられるべきものである。

けだし、租税の賦課徴収と国民における財産権の保障との関係が法理論的に後者が原則的であるのに対し、前者が例外的なものとして理解されるべきであるという形式的な観点（例外の内容を原則との比較においてより広義に、より緩和して解すると、やがては原則と例外との区別を失わせるという不当な結果を招くことになる。）のみならず、財産権の保障、租税負担の公平等をその実質的内容とする租税法律主義の原則からいつても、租税法規ことに課税要件規定は<u>狭義に厳格</u>になされなければならないことは異論のないところであろうが、租税法規における非課税要件規定は、課税要件規定を原則的規定とすると、これに対する例外的規定としての地位にあるものと理解され、実質的にも非課税要件規定は、それが課税要件規定とは異なる何らかの財政、経済政策的配慮から定立されるものであるが故に、課税要件規定が実現維持しようとする租税負担の公平等の理念に対して何らかの意味におけるいわゆる阻害的な影響を及ぼすものであることからして、<u>租税法規の解釈適用における前記の狭義性、厳格性の要請は、非課税要件規定の解釈適用において一層強調されてしかるべきだからである。</u>

確かに、解釈の厳格性と解釈の狭義性は、感覚的には、同視することができそうである。しかし、厳格解釈の要請に基づく文理解釈は、「一般人の理解」（最判平成9年11月11日訟月45巻2号421頁。**7Ⅲ**参照）に従って、法規の文言の「通常の意味」（金子宏「租税法解釈論序説―若干の最高裁判決を通して見た租税法の解釈の在り方」同ほか編『租税法と市場』（有斐閣・2014年）3頁）ないし「普通の常識的な意味」（田中成明『現代法理学』（有斐閣・2011年）467頁）を解明す

るものであるが（**7Ⅱ**参照）、その「通常の意味」ないし「普通の常識的な意味」は、同一の文言につき辞書的には複数の意味がある場合には、広義又は狭義のいずれでもあり得る以上、解釈の厳格性と解釈の狭義性とは、論理的には、別次元の問題である（拙著『税法基本講義〔第7版〕』（弘文堂・2021年）【48】）。

　法規の文言の「通常の意味」ないし「普通の常識的な意味」が辞書的には広義である場合には、解釈の狭義性は当該文言の縮小解釈に帰結することになる。そうすると、課税減免規定の縮小解釈は、結果的には、課税根拠要件ないし積極的課税要件を定める課税要件規定の拡張解釈と同じく、納税義務の創設・拡大ないし租税負担の増大をもたらすことになるが、そのような縮小解釈ないし拡張解釈は租税法律主義の下で許容されるものではない（清永敬次『税法〔新装版〕』（ミネルヴァ書房・2013年）35頁、金子宏『租税法〔第24版〕』（弘文堂・2021年）123頁参照）。

　したがって、税法の解釈において厳格解釈の要請を狭義解釈の要請と混同してはならない。解釈者はこのことを特に課税減免規定の解釈について明確に認識すべきである。

Ⅲ　「課税要件法に組み込まれた手続法」の解釈

1　手続的協力義務

　課税減免規定の中には、課税減免を受けるための一定の手続を定めるものがある。そのような規定は、税法の体系上は、課税要件法の領域に属しながら、手続法の性格をも併有するものであることから、筆者は、従来から、これを**「課税要件法・租税実体法に組み込まれた手続法」**（前掲拙著【48】【97】【134】）として性格づけ、その解釈のあり方について検討してきた（拙稿「錯誤に基づく選択権行使の拘束力に関する一考察（1）（2・完）」税法学491号（1991年）1頁、同492号（同年）1頁等参照）。

　そのうち、そのような規定の手続法的性格に着目しその解釈によって、課税減免の適正さを確保するために納税者の**手続的協力義務**を拡大しようとする場合がある。例えば、消費税の仕入税額控除に係る帳簿書類保存義務（消税30条7項）から税務調査協力義務を導き出し、これを本来の租税手続法上の税務職

員の質問検査権と「接合」しようとするものとして、最判平成16年12月16日民集58巻9号2458頁は次のとおり判示している（下線筆者。最判平成16年12月20日判時1889号42頁、最判平成17年3月10日民集59巻2号379頁も同旨）。

（1）　消費税の納付すべき税額は、納税義務者である事業者が課税期間ごとにする「課税資産の譲渡等についての確定申告」により確定することが原則とされており（法45条1項、国税通則法16条1項1号）、その申告がない場合又はその申告に係る税額の計算が国税に関する法律の規定に従っていなかった場合その他当該税額が税務署長等の調査したところと異なる場合に限り、税務署長等の処分により確定する（国税通則法16条1項1号、24条及び25条）。

このような申告納税方式の下では、納税義務者のする申告が事実に基づいて適正に行われることが肝要であり、必要に応じて税務署長等がこの点を確認することができなければならない。そこで、事業者は、帳簿を備付けてこれにその行った資産の譲渡等に関する事項を記録した上、当該帳簿を保存することを義務付けられており（法58条）、国税庁、国税局又は税務署の職員（以下「税務職員」という。）は、必要があるときは、事業者の帳簿書類を検査して申告が適正に行われたかどうかを調査することができるものとされ（法62条）、税務職員の検査を拒み、妨げ、又は忌避した者に対しては罰則が定められていて（法68条1号）、税務署長が適正に更正処分等を行うことができるようにされている。

（2）　法が事業者に対して上記のとおり帳簿の備付け、記録及び保存を義務付けているのは、その帳簿が税務職員による検査の対象となり得ることを前提にしていることが明らかである。そして、事業者が国内において課税仕入れを行った場合には、課税仕入れに関する事項も法58条により帳簿に記録することが義務付けられているから、税務職員は、上記の帳簿を検査して上記事項が記録されているかどうかなどを調査することができる。

法30条7項は、法58条の場合と同様に、当該課税期間の課税仕入れ等の税額の控除に係る帳簿又は請求書等が税務職員による検査の対象となり得ることを前提にしているものであり、事業者が、国内において行った課税仕入れに関し、法30条8項1号所定の事項が記載されている帳簿を保存している場合又は同条9項1号所定の書類で同号所定の事項が記載されている請求書等を保存している場合において、税務職員がそのいずれかを検査することにより課税仕入れの

事実を調査することが可能であるときに限り、同条１項を適用することができることを明らかにするものであると解される。同条10項の委任を受けて同条７項に規定する帳簿又は請求書等の保存に関する事項を定める消費税法施行令（平成７年政令第341号による改正前のもの。以下同じ。）50条１項は、法30条１項の規定の適用を受けようとする事業者が、同条７項に規定する帳簿又は請求書等を整理し、所定の日から７年間、これを納税地又はその取引に係る事務所、事業所その他これらに準ずるものの所在地に保存しなければならないことを定めているが、これは、国税の更正、決定等の期間制限を定める国税通則法70条が、その５項において、その更正又は決定に係る国税の法定申告期限等から７年を経過する日まで更正、決定等をすることができると定めているところと符合する。

　法30条７項の規定の反面として、事業者が上記帳簿又は請求書等を保存していない場合には同条１項が適用されないことになるが、このような法的不利益が特に定められたのは、資産の譲渡等が連鎖的に行われる中で、広く、かつ、薄く資産の譲渡等に課税するという消費税により適正な税収を確保するには、上記帳簿又は請求書等という確実な資料を保存させることが必要不可欠であると判断されたためであると考えられる。

　(3)　以上によれば、事業者が、消費税法施行令50条１項の定めるとおり、法30条７項に規定する帳簿又は請求書等を整理し、これらを所定の期間及び場所において、法62条に基づく税務職員による検査に当たって適時にこれを提示することが可能なように態勢を整えて保存していなかった場合は、法30条７項にいう「事業者が当該課税期間の課税仕入れ等の税額の控除に係る帳簿又は請求書等を保存しない場合」に当たり、事業者が災害その他やむを得ない事情により当該保存をすることができなかったことを証明しない限り（同項ただし書）、同条１項の規定は、当該保存がない課税仕入れに係る課税仕入れ等の税額については、適用されないものというべきである。

　ただ、このような解釈によって納税者の手続的協力義務を拡大しようとすると、仕入税額控除の帳簿書類保存要件につき上記引用判示の(3)の解釈に帰結することになるが、この解釈は仕入税額控除という消費税法上の構造的措置としての実体的措置の適用を左右するものであることからすると、課税減免規定の解釈は、課税減免規定の手続法的性格を考慮した**「目的・手段思考」**に基づく

緩やかな解釈（目的達成の観点から手段について行う緩やかな解釈）に帰結しないよう、その厳格性を慎重に吟味して、これを行うべきである。その意味で、前掲最判平成16年12月20日における滝井繁雄裁判官の反対意見は正当である。少し長くなるが、仕入税額控除の性格・位置づけも含め関連部分を以下に引用しておこう（下線筆者）。

> (1) 我が国消費税は、税制改革法（昭和63年法律第107号）の制定を受けて消費に広く薄く負担を課することを目的とし、事業者による商品の販売、役務の提供等の各段階において課税することとしたものであるが、同法は課税の累積を排除する方式によることを明らかにし（同法4条、10条、11条）、これを受けて、法30条1項は、事業者が国内において課税仕入れを行ったときは、当該課税期間中に国内で行った課税仕入れに係る消費税額を控除することを規定しているのである。この仕入税額控除は、<u>消費税の制度の骨格をなすものであって、消費税額を算定する上での実体上の課税要件にも匹敵する本質的な要素とみるべきものである</u>。ただ、法は、この仕入税額控除要件の証明は一定の要件を備えた帳簿等によることとし、その保存がないときは控除をしないものとしているのである（同条7項）。しかしながら、法が仕入税額の控除にこのような限定を設けたのは、あくまで消費税を円滑かつ適正に転嫁するために（税制改革法11条1項）、一定の要件を備えた帳簿等という確実な証拠を確保する必要があると判断したためであって、法30条7項の規定も、課税資産の譲渡等の対価に着実に課税が行われると同時に、課税仕入れに係る税額もまた確実に控除されるという制度の理念に即して解釈されなければならないのである。
>
> (2) しかしながら、法58条、62条にかんがみれば、法30条7項は、事業者が税務職員による検査に当たって帳簿等を提示することが可能なようにこれを整理して保存しなければならないと定めていると解し得るとしても、そのことから、多数意見のように、<u>事業者がそのように態勢を整えて保存することをしていなかった場合には、やむを得ない事情によりこれをすることができなかったことを証明した場合を除き、仕入税額の控除を認めないものと解することは、結局、事業者が検査に対して帳簿等を正当な理由なく提示しなかったことをもって、これを保存しなかったものと同視するに帰着するといわざるを得ないのであり、そのような理由により消費税額算定の重要な要素である仕入税額控除の</u>

規定を適用しないという解釈は、申告納税制度の趣旨及び仕組み、並びに法30条7項の趣旨をどのように強調しても採り得ないものと考える。

　(3)　事業者が法の要求している帳簿等を保存しているにもかかわらず、正当な理由なくその提示を拒否するということは通常あり得ることではなく、その意味で正当な理由のない帳簿等の提示の拒否は、帳簿等を保存していないことを推認させる有力な事情である。しかし、それはあくまで提示の拒否という事実からの推認にとどまるのであって、保存がないことを理由に仕入税額控除を認めないでなされた課税処分に対し、所定の帳簿等を保存していたことを主張・立証することを許さないとする法文上の根拠はない（消費税法施行令66条は還付等一定の場合にのみ帳簿等の提示を求めているにすぎない。）。また、大量反復性を有する消費税の申告及び課税処分において迅速かつ正確に課税仕入れの存否を確認し、課税仕入れに係る適正な消費税額を把握する必要性など制度の趣旨を強調しても、法30条7項における「保存」の規定に、現状維持のまま保管するという通常その言葉の持っている意味を超えて、税務調査における提示の求めに応ずることまで含ませなければならない根拠を見出すことはできない。そのように解することは、法解釈の限界を超えるばかりか、課税売上げへの課税の必要性を強調するあまり本来確実に控除されなければならないものまで控除しないという結果をもたらすことになる点において、制度の趣旨にも反するものといわなければならない。

　(4)　保存の意味を本来の客観的な状態での保管という用語の持つ一般的な意味を超えて解釈することが、制度の趣旨から是認されるという場合がないわけではない。例えば、青色申告の承認を受けた者は所定の帳簿書類の備付け、記録及び保存が義務付けられ、それが行われていないことは青色申告承認の取消事由となるものと定められているところ、納税者が正当な理由なく税務職員による帳簿書類の提示の要求に応じないときは、帳簿書類の備付け、記録及び保存の義務を履行していないものとして青色承認の取消事由になるものと解されている。しかしながら、青色申告制度は、納税義務者の自主的かつ公正な申告による租税義務の確定及び課税の実現を確保するため、一定の信頼性ある記帳を約した納税義務者に対してのみ、特別な申告手続を行い得るという特典を与え、制度の趣旨に反する事由が生じたときはその承認を取り消しその資格を奪うこととしているものである。そして、青色申告の承認を受けた者は、帳簿書

類に基づくことなしには申告に対して更正を受けないという制度上の特典を与えられているのであるから、税務調査に際して帳簿等の提示を拒否する者に対してもその特典を維持するというのは背理である。したがって、その制度の趣旨や仕組みから、税務職員から検査のため求められた書類等の提示を拒否した者がその特典を奪われることは当然のこととして、このような解釈も是認されるのである。

　これに対し、法における仕入税額控除の規定は、前記のとおり課税要件を定めているといっても過言ではなく、青色申告承認のような単なる申告手続上の特典ではないと解すべきものである。そして、法は、消費税額の算定に当たり、仕入税額を控除すべきものとした上で、帳簿等の保存をしていないとき控除の適用を受け得ないとしているにとどまるのである。法30条7項も、消費税を円滑かつ適正に転嫁するために帳簿の保存が確実に行われなければならないことを定めたものであり、着実に課税が行われるよう、課税売上げの額を正しく把握すると同時に控除されるべき税額は確実に控除されなければならないという消費税制度の趣旨を考えれば、同項にいう「保存」に、その通常の意味するところを超えて税務調査における提示をも含ませるような解釈をしなければならない理由は見いだすことはできず、そのように解することは、本来控除すべきものを控除しない結果を招来することになって、かえって消費税制度の本来の趣旨に反するものと考えるのである。

　(5)　事業者が帳簿等を保存すべきものと定められ、これに対する検査権限が法定されているにもかかわらず、正当な理由なくこれに応じないという調査への非協力は、申告内容の確認の妨げになり、適正な税収確保の障害にもなることは容易に想像し得るところであるが、法は、提示を拒否する行為については罰則を用意しているのであって（法68条）、制度の趣旨を強調し、調査への協力が円滑適正な徴税確保のために必要であることから、税額の計算に係る実体的な規定をその本来の意味を超えて広げて解することは、租税法律主義の見地から慎重でなければならないものである。

　なお、滝井裁判官は仕入税額控除を「消費税額を算定する上での実体上の課税要件にも匹敵する本質的な要素とみるべきもの」（上記引用中の2つ目の下線部）として課税要件そのものとはみていないが、このことも妥当である。とい

うのも、税額控除は、課税要件としての課税標準に対して同じく課税要件としての税率を乗じて算出された金額（算出税額）から控除されるものであり、税法の体系上は、納税義務の成立に係る課税要件法の領域には属さないものの、算出税額から控除され実際の租税負担（納付税額）を決定するものであることから、成立した納税義務の消滅原因の1つである免除のうち納税義務の成立と連動する特殊な形態の免除であり、租税実体法の領域には属するからである（前掲拙著【95】参照）。筆者は課税減免規定を、前記Ⅰで述べたとおり、納税義務の成立や租税負担の発生を阻害する法律要件（課税阻害要件ないし消極的課税要件）を定める規定と定義しているが、税額控除は租税負担の発生を阻害することから課税減免規定に該当すると考えるのである。

2　意思主義

　課税減免規定のうち課税減免を受けるための一定の手続を定めるもの（課税要件法・租税実体法に組み込まれた手続法）において、納税者がその選択を誤った場合の救済については、その選択をしなかった場合に係る宥恕規定の適用を除き、実定税法上特段の救済措置は講じられていないため、実定税法の解釈によって対応することはできない。そこで、その救済措置を法創造によって創設することができるかどうかが問題になる。

　租税法律主義の下では、行政による法創造が許容される余地はなく、**裁判官による法創造**も原則として認められない（例外的に法創造を認めた判例については、拙稿「租税法律主義と司法的救済保障原則―裁判官による文理解釈の『適正化』のための法創造根拠理由の研究―」税法学586号＝日本税法学会創立70周年記念号（2021年）377頁、386頁以下、特に下記の判例の検討については390-392頁参照）。とりわけ課税要件法の領域では、「私法上の債務関係の成立に必要な意思の要素に代わるもの」（金子・前掲書156頁。前掲拙著【88】も参照）としての課税要件はすべて法律で定められなければならない（課税要件法定主義）ので、この建前上は、少なくとも納税義務の成立については、課税減免規定に係る選択が納税者の意思表示であるとしても、近代法の基本原理としての**意思主義**が働く余地はない。

　もっとも、課税減免規定のうち選択に係る手続法の側面に着目すると、意思

主義に基づく法創造による救済の余地を認めることができるように思われる。そのような余地を社会保険診療報酬に係る概算経費の選択（措置法26条3項）について認めた判例として、最判平成2年6月5日民集44巻4号612頁がある。この判決は、概算経費選択を「意思表示」とみて、錯誤に基づく概算経費選択の取扱いについて次のとおり判示した（下線筆者）。

措置法26条1項は、医師又は歯科医師が社会保険診療報酬を有する場合において、事業所得金額の計算上、右報酬に係る必要経費としては、所得税法37条1項等に基づく実額経費によることなく、右報酬に一定の標準率を乗じて算出する概算経費とする旨を規定し、措置法26条3項は、同条1項の規定は、確定申告書に同項の規定により事業所得金額を計算した旨の記載がない場合には、適用しないと規定している。したがって、納税者である医師又は歯科医師が確定申告書において同項の規定により事業所得金額を計算した旨の記載をしていない場合でない限り、換言すれば、納税者である医師又は歯科医師が確定申告書において同項の規定により事業所得金額を計算した旨の記載をしている場合（すなわち、概算経費選択の意思表示をしている場合）には、同項が適用され、概算経費が事業所得金額の計算上控除されるべき社会保険診療報酬の必要経費となるのである。そしてこの場合、実額経費の金額が概算経費の金額を上回っているかそれとも下回っているかということは、同項の適用を左右するものではなく、仮に実額経費の金額が概算経費の金額を上回っている場合でも、右概算経費が国税に関する法律の規定に基づく社会保険診療報酬の必要経費となるのである（最高裁昭和60年（行ツ）第81号同62年11月10日第三小法廷判決・裁判集民事152号155頁参照）。

しかしながら、歯科医師の事業所得金額の計算上その診療総収入から控除されるべき必要経費は、自由診療収入の必要経費と社会保険診療報酬の必要経費との合計額であるところ、本件においては、診療経費総額を自由診療収入分と社会保険診療報酬分に振り分ける計算過程において、診療総収入に対する自由診療収入の割合を出し、これを診療経費総額に乗じて自由診療収入分の必要経費を算出し、これを診療経費総額から差し引いて社会保険診療報酬の実際の必要経費（実額経費）を算出すべきところ、誤って社会保険診療報酬に対する自由診療収入の割合を出し、これを診療経費総額に乗じて自由診療収入分の必要

経費を算出し、これを診療経費総額から差し引いて実額経費を算出したため、自由診療収入分の必要経費を正しく計算した場合よりも多額に、実額経費を正しく計算した場合よりも少額に算出してしまい、そのため右実額経費よりも概算経費の方が有利であると判断して概算経費選択の意思表示をしたというのであるから（なお、本件記録によれば、右の誤りは本件確定申告書に添付された書類上明らかである。）、右概算経費選択の意思表示は錯誤に基づくものであり、上告人の事業所得金額の計算上その診療総収入から控除されるべき必要経費の計算には誤りがあったというべきである。

　ところで、国税通則法19条1項1号によれば、確定申告に係る税額に不足額があるときは修正申告をすることができるところ、本件においては、確定申告に係る自由診療収入の必要経費の計算の誤りを正せば、必然的に事業所得金額が増加し、確定申告に係る税額に不足額が生ずることになるため、修正申告をすることができる場合に当たることになる。そして、右修正申告をするに当たり、修正申告の要件を充たす限りにおいては（すなわち、確定申告に係る税額を増加させる限りにおいては）、確定申告における必要経費の計算の誤りを是正する一環として、錯誤に基づく概算経費選択の意思表示を撤回し、所得税法37条1項等に基づき実額経費を社会保険診療報酬の必要経費として計上することができると解するのが相当である。本件修正申告において、上告人は、自由診療収入の必要経費を確定申告に係る751万5552円から560万1502円に減額し、社会保険診療報酬の必要経費を実額経費である1926万4788円に改め、確定申告に係る必要経費の総額2554万1101円を2486万6290円に減額したものであるから、税額を増加させるものであり、修正申告の要件を充たし、概算経費選択の意思表示の撤回が有効になされたものとして、本件修正申告は適法というべきである。

　「近代法の構造というものは、すべて個人の意思を中心に構成されている」（伊藤正己『近代法の常識〔第3版〕』（有信堂・1992年）163頁）が、税法は租税法律主義の支配する領域にあるとはいえ究極的・原理的には近代法を基礎とするものである以上、課税減免規定がその適用を納税者の選択にかからしめその選択の法的性格が意思表示と解される場合には、税法についても意思主義の妥当性を認め、それに基づく法創造による救済を認める余地はあると考えられる。

そのような法創造を行った前記判決は、税法における**裁判を受ける権利**（憲32条）の実効的保障を目的とする**司法的救済保障原則**（前掲拙著【27】参照）の観点から、錯誤に基づく概算経費選択に係る実定税法上の救済措置の不備を補い司法的救済を実現するものとして、高く評価すべきものである（前掲拙稿（税法学586号）400頁参照）。

なお、この判決は、修正申告の事案に関するものであるが、「錯誤に基づく概算経費選択の意思表示」の撤回に基づく実額経費（所税37条１項）の控除により申告税額が減少する場合には、更正の請求（税通23条１項）が認められると解される（金子・前掲書969頁、前掲拙稿（税法学586号）392頁参照）。

Ⅳ　おわりに

以上において、**8**に引き続き、課税減免規定の解釈について検討した。課税減免規定も税法が定める規定である以上、その解釈も原則として税法一般の解釈と異ならないと考えられるものの、通常の課税要件規定（課税根拠規定ないし積極的課税要件規定）とは異なる固有の解釈方法論を必要とする場合もあるように思われる。

本稿では、特に課税減免規定の解釈について厳格性と狭義性との混同の問題性を指摘し（Ⅱ）、また、「課税要件法・租税実体法に組み込まれた手続法」という観点から、課税減免規定の解釈のあり方について検討し、納税者の手続的協力義務の拡大の問題性及び誤った選択に関する、意思主義に基づく法創造による救済の必要性を明らかにした（Ⅲ）。

10 税法における類推解釈の許容性

税法解釈原理としての「疑わしきは納税者の利益に」
の妥当性

I はじめに

　税法の解釈については、租税法律主義の下で、厳格な解釈が要請され、原則として文理解釈によるべきであり、**類推解釈**は許されないことに異論はない（清永敬次『税法〔新装版〕』（ミネルヴァ書房・2013年）35頁、金子宏『租税法〔第24版〕』（弘文堂・2021年）123頁等参照）。

　一般に、類推解釈という用語は、「類推を拡張解釈などと同様に、体系的解釈の一種とする見解」（田中成明『現代法理学』（有斐閣・2011年）469頁）に従った用語法によるものと解されるが、**類推**とは「ある事案を直接に規定した法規がない場合に、それと類似の性質・関係をもった事案について規定した法規を間接的に適用すること」（同468頁）をいうところ、「狭義の解釈が法規の文理的意味の範囲内で行われるのに対して、類推は、法の欠缺の存在を前提として、法規を間接推論によって適用する補充作業であるから、両者は法理論的には区別すべきである」（同469頁。下線筆者）とされている。つまり、類推は、法理論的には、**狭義の解釈**とは異なり、**法の欠缺**を補充するための**法創造**と性格づけられるのである。

　ただ、類推に係る法規の間接推論においても「解釈的」方法が用いられる点に着目すれば、類推を「**広義の解釈**」として類推解釈と呼ぶこともできよう。上記の用語法はそのような意味での類推解釈に関するものであろう。以下では、そのような意味ないし用語法において類推解釈という語を用いることにする。

II 納税者に有利な類推解釈の許容性

　では、前述のとおり類推解釈が原則として許されないことから、税法判例に

は類推解釈を認めたものはないのであろうか。筆者の知る限り、「類推解釈」を明示的に認めた税法判例としては、最判昭和45年10月23日民集24巻11号1617頁がある（以下「昭和45年最判」という。ほかに、明示的にではないが類推解釈を認めたものと解される税法判例については、拙稿「租税法律主義と司法的救済保障原則—裁判官による文理解釈の『適正化』のための法創造根拠理由の研究—」税法学586号（日本税法学会創立70周年記念号・2021年）377頁、396頁参照）。

　昭和45年最判は、所得税法33条1項括弧書に相当する規定がなかった当時において借地権の設定に伴い授受された高額な権利金の所得区分が争われた事案に関するものであり、次のとおり判示した（下線筆者）。

　　被上告人の昭和33年度の所得について適用された昭和34年法律第79号による改正前の所得税法（昭和22年法律第27号。以下、旧所得税法という。）においては、不動産所得とは、不動産、不動産の上に存する権利又は船舶の貸付（地上権又は永小作権の設定その他他人をして不動産、不動産の上に存する権利又は船舶を使用せしめる一切の場合を含む。）に因る所得から事業所得を除いたものをいい、譲渡所得とは、資産の譲渡に因る所得から山林所得および営利を目的とする継続的行為に因り生じた所得を除いたものをいうとされていた（同法9条）。不動産賃貸借の当事者間で授受されるいわゆる権利金には、原判決説示のように種々の性質のものが存するけれども、明らかに営業権譲渡の対価であるようなものは格別、通常、それは賃貸人が賃借人に対して一定の期間不動産を使用収益させる対価の一部として支払いを受ける一時の所得であるから、前記法条をその文言に従つて法律的、形式的に解釈するかぎり、通常、賃借権設定の際に賃貸人に支払われる権利金は、不動産所得に当たるものと解するほかはない。

　　しかし、原判決（その引用する第一審判決を含む。）の確定するところによれば、第二次大戦以前においては、土地賃貸借にあたつて権利金が授受される例は少なく、また、その額も比較的低額で、これを地代の一部と解しても不合理ではないようなものであつたし、土地賃借権の売買もそれほど広く行なわれてはいなかつた、そして、昭和25年法律第71号による旧所得税法の改正によつて、再度、不動産所得という所得類型が定められた当時も、立法上特別の考慮を促すほどには権利金授受の慣行は一般化していなかつた、ところが、比較的近時

において、土地賃貸借における権利金授受の慣行は広く一般化し、その額も次第に高額となり、借地法等による借地人の保護とあいまつて土地所有者の地位は相対的に弱体化し、多くの場合、借地権の譲渡の承認や期間の更新を事実上拒み得ず、土地賃借権の価格も著しく高額となつた、そして、借地権の設定にあたり借地権の価格に相当するものが権利金として授受されるという慣行が、東京近辺の都市において特に多く見られ、その額も、土地所有権の価格の半額を上廻る場合が少なくない、というのである。してみると、前記昭和25年の旧所得税法改正当時には、近時における高額の権利金のようなものは不動産所得の対象としては予想されていなかつたものであるとともに、本件で問題とされている権利金が授受された昭和33年当時には、借地権の設定にあたつて授受される権利金のうちには、経済的、実質的に見れば所有権の権能の一部を譲渡する対価としての性質をもつものが存したであろうことは否定できないところであり、右のような権利金については、これを一律に不動産所得に当たるものとして課税すべきではなく、場合によつてはその経済的実質に着目して譲渡所得に当たるものとして課税を行なうことも、公平な課税の実現のために必要であるといわなければならない。

　このような見地からすれば、借地権設定に際して土地所有者に支払われるいわゆる権利金の中でも、右借地権設定契約が長期の存続期間を定めるものであり、かつ、借地権の譲渡性を承認するものである等、所有者が当該土地の使用収益権を半永久的に手離す結果となる場合に、その対価として更地価格のきわめて高い割合に当たる金額が支払われるというようなものは、経済的、実質的には、所有権の権能の一部を譲渡した対価としての性質をもつものと認めることができるのであり、このような権利金は、昭和34年法律第79号による改正前の旧所得税法の下においても、なお、譲渡所得に当たるものと類推解釈するのが相当である。

　もつとも、右所得税法9条1項が、譲渡所得については8号の規定により計算した金額の2分の1に相当する金額を課税標準とする旨定めているのは、普通の所得に対して資産の譲渡による所得を特に優遇するものであるから、その適用範囲を解釈によつてみだりに拡大することは許されないところであり、右のような類推解釈は、明らかに資産の譲渡の対価としての経済的実質を有するものと認められる権利金についてのみ許されると解すべきであつて、必ずしも

> そのような経済的実質を有するとはいいきれない、性質のあいまいな権利金については、法律の用語の自然な解釈に従い、不動産所得として課税すべきものと解するのが相当である。

　上の引用判示のうち2段落目で説示されているように、本件におけるような借地権の設定に伴う高額の権利金の授受は、昭和25年の旧所得税法改正当時においては立法者の想定外の事実であり、これに適用できる法規が欠缺していたため、昭和45年最判は、その欠缺を補充するために「類推解釈」の名の下で法創造を行ったものと解される。

　しかも、本件直後の昭和34年の旧所得税法改正により現行所得税法33条1項括弧書の規定（一定の借地権設定への「譲渡」概念拡張規定）に相当する規定が定められ、上記の法の欠缺が立法によって補充され「今後同様の問題が生ずる余地のなくなった」（富沢達「判解」最判解民事篇（昭和45年度）1041頁、1048頁）後の判断であったことから、昭和45年最判においては、最高裁としては租税法律主義の下でも法創造に対する抵抗感がさほど強くなかったのかもしれない（ただし、前記引用判示の最後の段落からすると、その抵抗感が全くなかったわけではなかったと考えられる）。最高裁がその2年ほど前に示した下記の譲渡所得課税の趣旨（最判昭和43年10月31日訟月14巻12号1442頁）に照らせば、昭和45年最判が行ったのが法創造といっても、その趣旨の範囲内にある法創造（**制定法内在的法創造**）であることからすると、尚更である（富沢・前掲「判解」1047頁も参照）。

> 譲渡所得に対する課税は、……、資産の値上りによりその資産の所有者に帰属する増加益を所得として、その資産が所有者の支配を離れて他に移転するのを機会に、これを清算して課税する趣旨のものと解すべきであ［る］。

　とはいえ、昭和45年最判が「類推解釈」の名の下で法創造を行ったのは、何よりもまず、それが**納税者に有利な類推解釈（法創造）**であったからであると考えられる。所得税法上の不動産所得と譲渡所得との区分に関する前記の法の欠缺を立法者が機動的に補充していれば納税者が享受することができたであろ

う租税利益（二分の一控除の利益）を、その法の欠缺の故に納税者が享受できないという結果は、当該所得区分に関連する規定の解釈適用上は納税者にとって「不当・不合理な結果」というべきである。その結果が租税法律主義の下で厳格な解釈の要請に従って行われる当該関連規定の文理解釈によるものであっても、その結果の不当性・不合理性は変わることはない。

　そもそも、文理解釈の結果が納税者にとって著しく不当・不合理なものである場合、納税者は、当然のことながら立法者とは異なり、自ら直接その結果を除去する権限をもたず、**裁判を受ける権利**（憲法32条）を行使して裁判所に対してその結果の除去を請求し得るにとどまる以上、裁判所としては、裁判を受ける権利を実質化し司法的救済を実現するために、文理から離れた（とはいえ制定法内在的法創造の枠を超えない）法創造によってその結果を除去し納税者の権利を救済しなければならない（拙著『税法基本講義〔第7版〕』（弘文堂・2021年）【44】、7Ⅲ参照）。

　この意味で、昭和45年最判は、租税法律主義の内容を構成する**司法的救済保障原則**の見地から高く評価すべきものである（前掲拙著【27】参照）。

Ⅲ　「疑わしきは納税者の利益に」の意義と解釈原理としての妥当性

　ところで、納税者に有利な類推解釈（法創造）は、同様の発想なり考え方を、古くから税法の解釈原理として主張されてきた「in dubio contra fiscum」という法命題の中に見出すことができる。これは直訳すれば**「疑わしきは国庫の不利益に」**となるが（中川一郎編『税法学体系〔全訂増補〕』（ぎょうせい・1977年）63頁〔中川一郎執筆〕参照）、しばしば**「疑わしきは納税者の利益に」**の意味で用いられる（清永・前掲書36頁参照）。この法命題を税法の解釈原理として承認する立場に立てば、それはまさしく納税者に有利な類推解釈（法創造）であると理解することができようが（前掲拙著【49】参照）、このような理解は、昭和45年最判の原審・東京高判昭和41年3月15日行集17巻3号277頁の採用するものである。この判決は次のとおり判示した（下線筆者）。

すでにしばしば説示したごとく、権利金の性質を一概に決定することはできないのであり、本件の権利金もその例に洩れないとすれば、このような性質の明らかでない権利金は、これを所得税法九条一項三号の不動産の貸付による所得すなわち不動産所得とみるべきか、同条一項八号の資産の譲渡による所得すなわち譲渡所得とみるべきかということに帰する。そもそも、所得税は、法律の定めるところによるとは云え、国家が国民に対し、国民の意思にかかわりなく賦課徴収するものであり、<u>法律の解釈上疑わしい場合には、国民の利益に解するのが当然である</u>というべきであり、不動産所得とみるよりは、譲渡所得とみる方が納税者のために利益であるとするならば、性質のあいまいな、しかもその後の法律の改正により譲渡所得と擬制されることになつた要件を充たすような権利金については、法の改正前においても——本件権利金は改正直前の課税年度に授受されていることを想起すべきである——同様に譲渡所得と<u>類推解釈</u>するのが相当であるといわなければならない。

ここで「疑わしい場合」とは、「税法の規定の意味内容が一義的でなく解釈上直ちに一つの答えを見出すことが困難である場合」（清永・前掲書36頁）をいうものと解されるが、「疑わしきは納税者の利益に」という法命題を税法の解釈原理として承認するかどうかについては、これを肯定する見解（中川編・前掲書66頁［中川執筆］、清永・前掲書37頁等参照）と否定する見解がある。後者の代表的な見解は次のとおり説いている（金子・前掲書125頁）。

意味内容が不分明で見解が分かれている規定がある場合に、その意味内容を明らかにすることこそ、法の解釈の作用であり、法を適用する者の任務であって、規定の意味内容が不分明で疑わしい場合であるという理由で解釈を中止するのは、その義務を放棄することにほかならない。その意味で、「疑わしきは納税者の利益に」という命題は、課税要件事実の認定については妥当するが、租税法の解釈原理としては成り立たない（同旨、最判平成24年1月13日民集66巻1号1頁における須藤正彦裁判官の補足意見）。「疑わしきは国庫の利益に」という解釈原理が成り立ちえないことも、いうまでもない。もし、租税法上許される解釈方法を用いてもなおその法的意味を把握できないような規定がある場合は、

その規定は、前述の課税要件明確主義（84頁）に反し無効である（したがって、結局適用されないことになる）、と解すれば十分である。

確かに、そのような「疑わしき」規定は、憲法論においては、課税要件明確主義に反し無効であり適用できないと考えるべきであろう。しかし、わが国の違憲立法審査制（憲法81条）は抽象的違憲審査権を裁判所に認めるものでないと解されるが（最大判昭和27年10月8日民集6巻9号783頁参照）、そうである以上、具体的な訴訟において当該「疑わしき」規定について納税者が課税要件明確主義違反を主張せず、しかも複数の合理的な解釈可能性のうちに納税者の主張する自己に有利な解釈がある場合には、「疑わしきは納税者の利益に」という法命題は税法の解釈原理として成り立つと考えるべきであろう（前掲拙著【49】参照）。

このように考えることによって、方法論の違いはともかく、納税者に有利な類推解釈（法創造）を許容する場合と同様、司法的救済保障原則の実現に資する結果をもたらすことができよう。

Ⅳ　おわりに

以上、本稿では、税法における類推解釈の許容性を特に納税者に有利な類推解釈（法創造）に関して検討し、関連して「疑わしきは納税者の利益に」という法命題の、税法の解釈原理としての妥当性についても検討した。

租税法律主義の下では「租税法規はみだりに規定の文言を離れて解釈すべきものではな［い］」（最判平成22年3月2日民集64巻2号420頁）が、「みだりに」ではなく、裁判を受ける権利の実質化・実効的保障という正当かつ合理的な理由に基づく場合には、裁判所が「規定の文言を離れて」納税者に有利な類推解釈（法創造）を行い、あるいは「疑わしきは納税者の利益に」という法命題を税法の解釈原理として用いる余地を認めるべきであると考えるところである。無論、裁判所がそのような判断をする必要がないように、何よりもまず、立法者に「租税立法の質」を改善する立法力を機動的に発揮することが要請されることはいうまでもない（前掲拙稿400頁参照）。

納税者に有利な「実質的」遡及課税とその問題性
国税不服審判所平成31年3月25日裁決による法令解釈
と閣議決定によるその変更

I   はじめに

5では、遡及課税は租税法律主義の下では原則として禁止されることを確認
してきたが、このことは、遡及課税が納税者に不利な結果をもたらす場合につ
いていえることである。つまり、逆にいえば、**納税者に有利な遡及課税**は許容
されるのである。

この点に関して注目すべき動きがあった。それは、令和4年1月7日付けで
国税庁ホームページ（ホーム／お知らせ／その他のお知らせ）に「クロスボー
ダーで行うデリバティブ取引の決済により生ずる所得の取扱いについて」とい
う国税庁の見解（以下「国税庁デリバティブ所得見解」という）が公表されたこ
とであるが、その見解は次のとおり述べている（下線筆者）。

令和4年1月
国　税　庁

クロスボーダーで行うデリバティブ取引の決済により生ずる所得の取扱いについて

1　従来の取扱い

クロスボーダーで行う金融商品取引法の市場デリバティブ取引及び店頭デ
リバティブ取引の決済により生ずる所得（以下「デリバティブ所得」といい
ます。）については、恒久的施設等に帰属するデリバティブ所得を除き、

・　非居住者又は外国法人に係るデリバティブ所得は、国内源泉所得である
「国内資産の運用・保有所得」に該当する

・　居住者又は内国法人に係るデリバティブ所得は、国外源泉所得である「国
外資産の運用・保有所得」に該当する

と取り扱っていました。

2　今後の取扱い

　　令和3年12月24日に閣議決定された「令和4年度税制改正の大綱」におい
ては、恒久的施設等に帰属するデリバティブ所得を除き、
・　非居住者又は外国法人に係るデリバティブ所得は、国内源泉所得である
　「国内資産の運用・保有所得」に該当しない
・　居住者又は内国法人に係るデリバティブ所得は、国外源泉所得である「国
　外資産の運用・保有所得」に該当しない
ことを法令上明確化することとされました。
　　今回の閣議決定を受け、従来の取扱いを変更することとします。

（参考）令和4年度税制改正の大綱（令和3年12月24日閣議決定）
●　金融商品取引法に規定する市場デリバティブ取引又は店頭デリバティブ取
　引の決済により生ずる所得は、所得税法及び法人税法に規定する国内源泉所得
　である「国内資産の運用・保有所得」に含まれないことを法令上明確化する。
　（注）外国税額控除における国外源泉所得である「国外資産の運用・保有所
　　　　得」についても同様とする。

3　非居住者又は外国法人の方へ

　　上記2の取扱いの変更は、過去に遡って適用されます。今回の取扱いの変
更により、税金が納め過ぎとなる方については、更正の請求を行い、納めす
ぎた税金の還付を求めること等ができます。
　（注1）所得税又は法人税の還付を受けるための更正の請求については、法定
　　　　　申告期限等から5年を経過している場合は、法令上、減額更正できない
　　　　　こととされています。
　（注2）法人税に係る純損失等の金額を増加するための更正の請求については、
　　　　　・　平成30年4月1日以後に開始する事業年度に係る更正の請求で、
　　　　　　　法定申告期限等から10年を経過している場合
　　　　　・　平成30年3月31日以前に開始した事業年度に係る更正の請求で、
　　　　　　　法定申告期限等から9年を経過している場合
　　　　　は、法令上、更正できないこととされています。

　（注3）更正の請求には、請求の理由の基礎となる事実を証明する書類の添付
　　　　が必要です。

　4　居住者又は内国法人の方へ
　　　上記2の取扱いの変更は、過去に遡って適用されます。今回の取扱いの変
　　更により、外国税額控除の額が減少する方は、修正申告が必要な場合があり
　　ます。

　なお、この見解の4は、納税者に不利な遡及課税をもたらすが故に原則として許容されず、その例外的許容性については、最判平成23年9月22日民集65巻6号2756頁等の判例で示された判断枠組み（**5 1**、拙著『税法基本講義〔第7版〕』（弘文堂・2021年）【36】参照）に従って判断する必要があるが、本稿では、この問題には立ち入らない。

II　国税庁による納税者に有利な「実質的」遡及課税

　国税庁デリバティブ所得見解でも「参考」として引用されているとおり、「令和4年度税制改正の大綱」（令和3年12月24日閣議決定）の「五　国際課税」の「3　その他（国税）」（3）では次のとおり述べられている（下線筆者）。

　（3）　金融商品取引法に規定する市場デリバティブ取引又は店頭デリバティブ
　　　取引の決済により生ずる所得は、所得税法及び法人税法に規定する国内源
　　　泉所得である「国内資産の運用・保有所得」に含まれないことを法令上明
　　　確化する。
　　（注）外国税額控除における国外源泉所得である「国外資産の運用・保有所
　　　得」についても同様とする。

　この閣議決定は、デリバティブ所得に係る従来の取扱いを変更するものであるが、その従来の取扱いは、国税不服審判所平成31年3月25日裁決（LEX/DB文献番号26013006。以下「平成31年裁決」という）が非居住者の「国内にある資

産の運用又は保有により生ずる所得」（平成26年法律第10号による改正前の所得税法161条１号＝本件規定）の判断について示した次の見解と少なくとも結論の点では同じ見解を採用するものであったことから、この閣議決定は平成31年裁決の見解とは異なる見解を「法令上明確化する」とするもの、すなわち、平成31年裁決の見解を法令によって明確に変更（少なくとも結論の点では「否定」）しようとするものとみてよかろう。

（イ）法令解釈

　　本件規定にいう「資産の運用、保有により生ずる所得」とは、その経済的実質が時間の経過に従って生ずる利子といえるものを含むが、これに限らず、資産により生ずる所得のうち資産の譲渡により生ずる所得以外のもの、すなわち、資産の運用又は保有に該当する行為がある場合に、当該行為によって生じた所得を広く含むと解するのが相当である。

　　他方、本件規定にいう「資産の譲渡により生ずる所得」とは、これと所得税法第33条第１項に規定する「資産の譲渡による所得」とを別異に解する理由が見当たらないことからすると、保有資産を移転させる一切の行為から生ずる所得をいうものと解するのが相当である。

（ロ）検討

　　上記イのとおり、本件FX取引における契約上の地位は、本件FX取引の対象とされる通貨間の為替の変動に応じて利益又は損失を生じさせ得る契約上の地位であり、本件規定にいう「資産」に該当し、本件FX取引における差金決済に係る所得は、請求人がこのような契約上の地位に係る権利を行使することにより生じたものであって、当該契約上の地位又は権利を他に移転したことにより生じたものではない。

　　したがって、差金決済に係る所得は、本件規定にいう「資産の譲渡により生ずる所得」には該当せず、「資産の運用、保有により生ずる所得」に該当する。

　　また、本件FX取引においては、スワップポイントの受払い、すなわち、ロールオーバーにより決済日が繰り越されたことによる組合せ通貨間の金利差を調整するため、その差に基づいて算出される額の受払いが行われていたところ、当該スワップポイントは、資産たる未決済取引に係る契約上

> の地位を他に移転することなく保有することにより授受されるものであるから、スワップポイントに係る所得は、本件規定にいう「資産の運用、保有により生ずる所得」に該当する。

このように前記の閣議決定が平成31年裁決の見解を明確に変更しようとした背景については、次のような指摘がされている（週刊 T&Amaster 編集部「税制改正大綱踏まえ国税庁が公式見解　過去のデリバティブ取引も資産の運用保有所得に該当せず」週刊 T&Amaster No. 915（2022年1月24日）40–41頁）。

> 日本国内に恒久的施設を有していない非居住者である個人又は外国法人が、国内にある資産の運用又は保有により生ずる所得を得た場合、通常は確定申告書の提出と納税が必要とされるが、平成31年裁決で取り扱われた FX 取引は、同裁決によれば金融商品取引法2条22項1号に参照される店頭デリバティブの一種とされている。そのため、他のデリバティブ取引についてもこの裁決で示された判断基準が適用された場合、国内に恒久的施設を有していない外国法人が、日本の金融商品取引業者を通じてデリバティブ取引を行って得た所得についても、日本での申告納税が必要という解釈が成立してしまう可能性があった。
>
> 実務家の間では、租税条約を締結している国又は地域の外国法人であれば、租税条約の事業所得条項によって、日本での課税を回避できる余地もあるのではないかという意見もあるが、租税条約を締結していない国又は地域に所在する外国法人の場合には、国内法の規定にしたがった課税が行われることになってしまう。
>
> このような背景から、非居住者である個人を想定した平成31年裁決において示された基準が法人の行うデリバティブ取引にも適用された場合、結果として外国金融機関が日本の金融機関を通じてデリバティブ取引を行うことを忌避することにも繋がりかねず、日本の金融市場にとってネガティブな影響を及ぼす可能性があったが、国税庁が令和4年度税制改正大綱を受けて公表した国税庁資料［＝国税庁デリバティブ取引見解］において、改正の内容が過去に遡って適用されるとの見解が明記されたことで、金融機関の懸念は払しょくされたと言える。

前記の閣議決定それ自体の当否やこれを受けて示された国税庁デリバティブ所得見解の当否は措くとして、ここで指摘しておきたいのは、前記の閣議決定はデリバティブ所得の取扱いの変更について明文では遡及適用を定めていないのに対して、内閣の統括の下にある国税庁が、その閣議決定を受けてその取扱いの変更に対して「実質的に」遡及立法と同様の効力を付与した、とみることができるということである。つまり、前記の閣議決定は平成31年裁決の示した見解（非居住者のデリバティブ所得に係る従来の取扱い）を納税者に有利に変更するものであることからすると、それまで平成31年裁決の見解を是認してきた国税庁としては、その閣議決定に従い見解を改め、納税者に有利な「実質的」遡及課税を認めることにした、とみることができるのである。

　このように、国税庁による納税者に有利な「実質的」遡及課税は、**国家行政組織において内閣の統括の下にある国税庁の地位**（国家行政組織法2条1項・3条2項、財務省設置法2条1項・18条1項参照）からすれば当然の帰結といってよかろう。

　なお、平成31年裁決は、筆者がこれを国税不服審判所のホームページで初めて確認した令和4年2月1日の時点では、同ホームページの裁決事例集No.114に「公表裁決事例」として掲載されていたにもかかわらず、筆者が本稿の執筆の過程で再度確認しようとした同月16日の時点では、削除されていた。それは、前記の閣議決定を受けて示された国税庁デリバティブ所得見解によって、平成31年裁決で示された見解が明確に変更されたからであろうが、ここにも**国税不服審判所の独立性**（税通99条参照）の限界が露呈しているように思われる。

Ⅲ　国税庁による納税者に有利な「実質的」遡及課税の問題性

　国税庁デリバティブ所得見解の3は、デリバティブ所得の取扱いの変更に伴う確定申告等（納税義務の確定）の変更について、**通常の更正の請求**（税通23条1項）及び**通常の期間制限**（同70条1項1号・2項［平成30年3月31日以前に開始した事業年度については平成27年度税制改正前の2項］）に服する減額更正によることを予定しているように読めるが、問題は、果たしてそれで、デリバティブ

所得について従来の取扱いを受けた納税者（非居住者・外国法人）の救済を十分に図ることができるかである。

　そもそも、減額更正も、税法が定める課税要件の充足によって成立した納税義務を正しく（税法の規定どおりに）確定するために課税庁に税法によって義務づけられた処分と解すべきであり（**課税処分権及び課税処分義務**の観念を前提とする課税処分の捉え方について前掲拙著【136】参照）、しかも国税庁がデリバティブ所得の取扱いについて内閣の統括の下閣議決定を受けて一方的に（平成31年裁決を含め）従来の取扱いを変更しその変更後の取扱いを遡及適用することとしたものである以上、課税庁としては、更正の請求の有無にかかわらず、デリバティブ所得に係る確定申告等につき減額更正を行い、「納めすぎた税金の還付」等をすべきである。

　もっとも、課税庁がそのように減額更正をしようとしても、その時点から起算して減額更正に係る通常の除斥期間に相当する期間より以前にデリバティブ所得について従来の取扱いを受けた納税者に対しては、除斥期間経過の故に減額更正をすることができないことになる。つまり、そのような納税者は、国税庁デリバティブ所得見解によっては救済されないことになるのである。

　このような問題を解決するためには、減額更正について**特別の期間制限**を定めるべきである。この点については、国税通則法施行令6条1項5号の規定が参考になる。この規定が定める理由は、特別の期間制限が認められる減額更正の理由とはされていないが（税通71条1項2号、同令30条・24条4項参照）、ただ、「その申告、更正又は決定に係る課税標準等又は税額の計算の基礎となつた事実に係る……国税庁長官の法令の解釈」が変更され「変更後の解釈が国税庁長官により公表された」場合を想定するものである点で、国税庁デリバティブ所得見解による減額更正の理由と類似する。

　国税通則法施行令6条1項5号の規定は、親から贈与されたゴルフ会員権の名義書換料について従来の課税実務上の取扱いとは異なり取得費該当性を認めた最判平成17年2月1日訟月52巻3号1034頁に伴って、同施行令平成18年改正（平成18年政令第132号）によって新設され、同号所定の理由が**特別の更正の請求**をすることができる「やむを得ない理由」（税通23条2項3号）の1つとされたが、特別の期間制限が認められる減額更正の理由とはされなかった。つまり、

国税通則法施行令6条1項5号所定の理由が減額更正に係る通常の除斥期間の経過後に生じた場合には、課税庁は減額更正をすることができず、したがって、納税者としては結果的にはその理由による特別の更正の請求をすることができない（しても意味がない）ことになるのである。

　国税通則法がそのような結果を容認したのは、確定申告に係る更正や決定に対してその根拠となる法令の解釈を争って争訟を提起することが可能であること等を考慮したからであると解される（前掲拙著【135】（ハ）参照）。この点では、国税庁デリバティブ所得見解の場合とは事情が異なる。というのも、国税庁デリバティブ所得見解は、納税者が提起した争訟の結果に伴って示されたものではなく、国税庁が内閣の統括の下閣議決定を受けて一方的に示したものであるからである。

　このように考えてくると、国税庁デリバティブ所得見解の場合のように国税庁長官が閣議決定を受けて法令の解釈を変更し変更後の解釈を公表する場合を想定して、これを理由とする減額更正について特別の期間制限を認め、併せて特別の更正の請求も可能にするよう法令の改正をすべきである。具体的には、そのような理由を定める国税通則法施行令6条1項6号を新設した上で、同号所定の理由を同令24条4項所定の理由から除外しないようにすべきである。

Ⅳ　おわりに

　以上において、国税庁デリバティブ所得見解の3について、それがデリバティブ所得に対する納税者に有利な「実質的」遡及課税をもたらすものであること及びその遡及課税の実施には減額更正の期間制限との関係で限界があることを明らかにし、そのような限界があるという問題を解決するための立法提案を行った。

　このような検討作業は、既に述べたように、前記の閣議決定それ自体の当否に立ち入らないことを前提にして、行ったものであるが、ただ、国税庁デリバティブ所得見解の「真の」問題性は、令和4年度税制改正大綱がデリバティブ所得の取扱いの変更を「法令上明確化する」と明記するにとどまり、その法令の規定を遡及適用するものとする旨を明記せず、その代わりに、国税庁が内閣

の統括の下行政内部の取扱いでその法令の規定を「実質的に」遡及適用することとしたことにあるように思われる。

　デリバティブ所得の取扱いを「法令上明確化する」ことは、**課税要件明確主義**の見地から望ましいことであるが、その「明確化」した取扱いが課税実務上の従来の取扱いを変更するものである以上、課税要件明確主義の見地からは、その「明確化」した取扱いの遡及適用を法令上明文で定めるべきである。その際、併せて、その遡及適用を実効性あるものにするために、特別の更正の請求及び減額更正に係る特別の期間制限について所要の措置を講ずるべきである。

借用概念論の伝統的・本来的意義とその形式的外縁
サプリメント購入費医療費控除事件・東京高判平成27年11月26日訟月62巻9号1616頁

Ⅰ　はじめに

　本連載では、基本的には、拙著『税法基本講義〔第7版〕』(弘文堂・2021年)の叙述の順に従って、それぞれの箇所で取り上げている「税法基本判例」を順次検討していくことにしているが（**1 1**参照）、本稿では、**借用概念論**（上掲拙著【50】以下参照）に関して特にその議論の射程を検討しておきたい。

　本稿で取り上げる判例は、サプリメント購入費医療費控除事件・東京高判平成27年11月26日訟月62巻9号1616頁（以下「本判決」という）である。本判決は、まず、原審・東京地判平成27年5月12日訟月62巻9号1640頁の次の判示（以下「判示①」という。下線筆者）を引用している。

> 　所得税法及び施行令は、所得税法73条2項及び施行令207条2号が定める「医薬品」の意義につき独自に規定していないが、基本通達73-5（〈証拠略〉）は、施行令207条2号に規定する医薬品とは、薬事法2条1項に規定する医薬品をいい、同項に規定する医薬品に該当するものであっても、疾病の予防又は健康増進のために供されるものの購入の対価は医療費に該当しないとしている。これは、上記の「医薬品」につき、法的安定性及び課税上の公平の見地から、<u>本来の法分野である薬事法2条1項所定の「医薬品」の概念を借用することにしたもの</u>と解され、上記施行令の解釈として合理的な内容であるということができる。

　この判示①は、他の（本来の）法分野からの概念の借用という枠組み（以下「**概念借用枠組み**」という）を前提にして、税法上の概念の解釈を行っているが、この点に着目すれば、借用概念論に基づく判断を示したものといってよいのかもしれない。

Ⅱ 借用概念論の伝統的・本来的意義

　もっとも、借用概念論は、学説史的には、**「税法と私法」論**との密接な関連において展開されてきたことに異論はなかろう（金子宏『租税法理論の形成と解明　上巻』（有斐閣・2010年）386頁以下［初出・1978年］のほか、特にドイツの議論に関しては差し当たり中川一郎編『税法学体系〔全訂増補版〕』（ぎょうせい・1977年）【42】［中川一郎執筆］参照）。

　「税法と私法」論は、「租税は、私的部門で生産された富の一部を国家の手に移すための手段であり、私的部門における財貨の生産と交換は私法の規律するところであるから、租税法は私法と密接な関係をもっている。」（金子宏『租税法〔第24版〕』（弘文堂・2021年）126頁）あるいは「課税は、私法上の行為によって現実に発生している経済効果に則してされるものであるから、第一義的には私法の適用を受ける経済取引の存在を前提として行われる」（大阪高判平成12年1月18日訟月47巻12号3767頁。大阪高判平成14年6月14日訟月49巻6号1843頁等参照）というような認識に基づき、展開されてきた議論であるが、原理的には**私法関係準拠主義**に基礎を置く議論であると考えられる。

　私法関係準拠主義とは、私法上の行為に基づいて現実に発生している経済的成果を、私法上の法律関係によって把握する、という税法の根本規律ないし構造的規律をいう（前掲拙著【60】）。この規律は、**租税国家における「税法の世界」**（これの図については前掲拙著【2】、拙著『税法の基礎理論』（清文社・2021年）第5章参照）では税法が自由主義という憲法の根本原理によって規律されていること（**自由主義的税法**であること）から導き出されると考えられる。

　もっとも、私法関係準拠主義は、私法上の行為に基づいて現実に生じている経済的成果を税法が把握する場合におけるその把握の仕方に関する規律であって、立法者が課税要件を定めるに当たって私法上の概念を借用することを論理必然的に要請するものではない。とはいえ、実際の租税立法においては、立法技術上の便宜としてそのような借用が行われることが多かったし今日でも多いのは事実である。

　ここに、借用概念論が税法の解釈論上の重要問題として長く議論されてきた

実質的基盤が認められるのである。しかも、借用概念論は、借用概念を税法独自の概念（**固有概念**）と区別することによって「租税法の解釈に関する錯綜した議論を多少とも整理し、またいわゆる実質課税の原則を根拠として租税法に自由な解釈をもち込むことに対して歯止めをかけること」（金子・前掲『租税法理論の形成と解明　上巻』386頁）という、**税法解釈論上の実践的意図**をもって展開されてきたものとみてよい。

　そのような実践的意図は、借用概念と固有概念とで解釈の仕方に違いを認め、借用概念の解釈について**統一説**（私法におけると同様の意味に解釈すべきであるとする見解）を支持すること（わが国における通説・判例。前掲拙著『税法基本講義』【52】参照）によって、最もよく達成することができると考えられる。というのも、**独立説**（固有概念と同じく税法独自の意味に解釈すべきであるとする見解）は勿論、**目的適合説**（固有概念と同じく目的論的解釈を貫徹すべきであるとする見解）においても、税法の法文・文言から離れた、実質主義による場合と同じ自由な解釈（前掲拙著『税法基本講義』【42】、前掲拙著『税法の基礎理論』第2章第1節参照）が行われるおそれがあるのに対して、統一説においては、私法におけると同様の意味に解釈することによって、税法独自の意味での解釈や目的論的解釈を排除し、もって実質主義による場合と同じ自由な解釈の余地をなくすことができるからである。

　借用概念論を検討するに当たっては、以上で述べたような**借用概念論の伝統的・本来的な意義**を忘れてはならないと考えるところである。

Ⅲ　借用概念論の形式的外縁

　これに対して、近時は、税法が他の（本来の）法分野といっても私法ではなく行政規制法令から概念を借用すること（「**行政規制法令からの借用概念**」）が借用概念論において議論される場合が、増えてきているように思われる（この点については、佐藤英明『スタンダード所得税法〔第3版〕』（弘文堂・2022年）513頁以下のほか金子・前掲『租税法』126頁注7参照）。

　本判決の前掲判示①（原審判決引用判示）もそのような場合の1つといってよかろう。ただ、本判決はその判示①に続けて次のとおり判示している（以下

「判示②」という。下線筆者)。

もっとも、所得税法73条２項及び施行令207条２号の「医薬品」が薬事法２条１項の「医薬品」の概念を借用したものであることから、それぞれの医薬品の意義、内容も当然に同一のものとして解さなければならないということになるものではない。同法は、医薬品等について、その品質、有効性及び安全性の確保等のために必要な規制を行うことなどを目的とし（同法１条)、同法２条１項の「医薬品」は、以上の規制の対象となるものとして定義され、医薬品の製造販売を業として行うには、医薬品の種類に応じて厚生労働大臣の許可を受けることを必要とし（同法12条１項)、また、医薬品の製造業の許可を受けた者でなければ業として医薬品の製造をしてはならないとしている（同法13条１項）上、医薬品を製造販売しようとする者は、品目ごとにその製造販売についての同大臣の承認を受けなければならず（同法14条１項)、この承認の申請者が同法12条１項の製造販売業の許可を受けていないとき、申請に係る医薬品を製造する製造所が同法13条１項の許可を受けていないときには承認は与えられず（同法14条２項１、２号)、また、申請に係る医薬品の名称、成分、分量、構造、用法、用量、使用方法、効能、効果、性能、副作用その他の品質、有効性及び安全性に関する事項の審査の結果、申請に係る医薬品がその申請に係る効能、効果又は性能を有すると認められないとき、その効能、効果又は性能に比して著しく有害な作用を有することにより、医薬品として使用価値がないと認められるとき、そのほか医薬品として不適当なものとして厚生労働省令で定める場合に該当するときには、承認は与えないものとされ（同項３号)、これらの規制に違反して医薬品を製造販売する者に対しては罰則（同法84条等）を設けて、上記の目的の実現を図っている。一方、医療費控除制度は、医薬品の購入費用を含め、多額な医療費の支出による担税力の減殺を調整し、所得税の公平な負担を図る目的で、通常必要と認められるものについて政策的に調整を行うものとして導入されたものであり、薬事法が目的とする医薬品の規制を取り込むものではないが、同法が定める規制に違反する医薬品の製造販売は許されず、したがってそれを購入することも許されないと解されることからすると、そのような医薬品の購入費用、すなわち、同法の医薬品の定義に該当し、同法の規制の対象となるべきものでありながら、正当な理由なく同法の規制を免れているものの購

入費用は、社会通念上、そもそも医療費控除制度が控除の対象として予定する通常必要と認められるものに当たらないと解するのが相当であり、そのような医薬品の購入費用について控除の対象性を認めるのは、同法の趣旨、目的に反する結果となるだけでなく、医療費控除制度の趣旨に反するものというべきである。また、同法2条1項の「医薬品」は、人又は動物の疾病の診断、治療又は予防に使用されることが目的とされている物（同項2号）のほかに、人又は動物の身体の構造又は機能に影響を及ぼすことが目的とされている物（同項3号）をいうとしており、かかる定義規定によると、人体に悪影響を及ぼす物も医薬品に含まれ得ることになるが、これらが薬事法の規制の下に置かれて初めて有効かつ安全に製造、販売及び使用されることが担保されるのである。以上のことに鑑みると、所得税法73条2項及び施行令207条2号の「医薬品」というのは、薬事法2条1項所定の「医薬品」の概念を借用するものではあるが、薬事法の趣旨、目的と医療費控除制度の趣旨、目的との違いからそれぞれの「医薬品」の意義、すなわち、それぞれが対象とする医薬品の範囲にも自ずから違いがあるというべきであり、課税上の法的安定性及び公平の観点に照らすと、所得税法73条2項及び施行令207条2号の「医薬品」は、薬事法2条1項に該当し、同法の規制の下に厚生労働大臣の承認を受けて製造販売されている医薬品をいうものと解するのが相当である。

　この判示②も判示①と同じく、所得税法上の医療費控除制度にいう「医薬品」（73条2項）の概念が薬事法2条1項の「医薬品」の概念を借用したものであるという枠組み（概念借用枠組み）を前提としてはいるが、しかし、判示②それ自体は、借用概念論の前記の実践的な意図に基づくものといえないし、そもそもそのような意図を「医薬品」の解釈において問題にすらしていない。

　換言すれば、本判決は、判示②において薬事法の趣旨・目的と所得税法上の医療費控除制度の趣旨・目的との違いから「医薬品」の意義及び範囲に「自ずから違いがある」と判示していることからすると、両法分野における**目的論的解釈**によってそれぞれの分野における「医薬品」の意義及び範囲を明らかにしたものであって、伝統的・本来的な意義での借用概念論の射程内にある判決とはいえない。

　このようにみてくると、本判決の概念借用枠組みについては、「それを『借

用』と呼ぶかどうかは表現の問題でしかない」（佐藤・前掲書515頁）といわざ
るを得ないであろう。本判決はせいぜい借用概念論の形式的外縁に位置づける
ことができるにすぎないと考えるところである（前掲拙著『税法基本講義』【52】
参照）。

　なお、本判決は、判示②において「同法［＝薬事法］の医薬品の定義に該当
し、同法の規制の対象となるべきものでありながら、正当な理由なく同法の規
制を免れているものの購入費用」について、「そもそも医療費控除制度が控除
の対象として予定する通常必要と認められるものに当たらないと解するのが相
当」とする判断の根拠として「**社会通念**」を援用しているが、この判示は、**13**
で取り上げる判例（最判昭和35年10月7日民集14巻12号2420頁）が次のとおり判
示して（下線筆者）違法配当も所得税法上の利益配当に含まれると判断するに
当たって、「取引社会における利益配当の観念」（一種の社会通念）を援用した
のと同じく、税法の解釈における「社会通念」の意義・位置づけを検討する上
で興味深いものである。ここでは、この点を指摘するにとどめておく。

　所得税法中には、利益配当の概念として、とくに、商法の前提とする、<u>取引社</u>
<u>会における利益配当の観念</u>と異なる観念を採用しているものと認むべき規定は
ないので、所得税法もまた、利益配当の概念として、商法の前提とする利益配
当の観念と同一観念を採用しているものと解するのが相当である。従つて、所
得税法上の利益配当とは、必ずしも、商法の規定に従つて適法になされたもの
にかぎらず、商法が規則の対象とし、商法の見地からは不適法とされる配当（た
とえば蛸配当、株主平等の原則に反する配当等）の如きも、所得税法上の利益
配当のうちに含まれるものと解すべきことは所論のとおりである。

Ⅳ　おわりに

　以上、本稿では、借用概念論の実践的な意図ないし伝統的・本来的意義が、
「税法と私法」論との密接な関連において私法からの借用概念の解釈を、実質
主義による自由な解釈から遮断することにあったことを確認した上で、行政規

制法令からの概念借用枠組みはそのような伝統的・本来的な借用概念論との関係ではその形式的外縁にあるとはいえ実質的にはその射程外にあることを、本判決を素材にして明らかにした。本判決からは、税法の解釈において概念借用枠組みそれ自体は特別な意味をもたないということを学ぶべきであろう。

　最後に、税法の解釈において時折みられる**概念借用枠組みの「独り歩き」**は、特別な意味をもたないだけでなく、文理解釈を基本とする厳格な解釈の要請（**4** **Ⅰ**、**6** **Ⅲ** 1、**7** **Ⅰ**のほか前掲拙著『税法基本講義』【44】参照）に反する結果をもたらす場合もあることを指摘しておきたい。

　例えば、建築基準法上の「改築」は、通常の意味における「改築」と比較して、狭い意味で用いられているが、租税特別措置法にいう「改築」の意味について、この用語が建築基準法上用いられていることを理由にして、これを「建築基準法の『改築』からの借用概念」として概念借用枠組みの中で捉え建築基準法の「改築」と同義に解すべきであるとすると、このような概念借用枠組みに基づく解釈は、実質的には、「改築」という用語の縮小解釈に帰結するが故に、文理解釈を基本とする厳格な解釈の要請に反し、許されないと考えられる（東京高判平成14年2月28日訟月48巻12号3016頁、前掲拙著『税法基本講義』【53】参照）。

13 借用概念論の実践的意図とその実現

株主優待金事件に関する最判昭和35年10月7日民集14巻12号2420頁と最大判昭和43年11月13日民集22巻12号2449頁

Ⅰ　はじめに

12Ⅱでは、**借用概念論**は、「**税法と私法**」**論**との密接な関連において、**私法関係準拠主義**（拙著『税法基本講義〔第7版〕』（弘文堂・2021年）【60】）を実質的基盤として、借用概念を税法独自の概念（**固有概念**）と区別することによって「租税法の解釈に関する錯綜した議論を多少とも整理し、またいわゆる実質課税の原則を根拠として租税法に自由な解釈をもち込むことに対して歯止めをかけること」（金子宏『租税法理論の形成と解明　上巻』（有斐閣・2010年）386頁〔初出・1978年〕）という、**税法解釈論上の実践的意図**をもって展開されてきたものとみてよいと述べた。

　本稿では、借用概念論のそのような実践的意図とその実現について、いわゆる**株主相互金融会社**における**株主優待金**の税法上の取扱いに関する昭和35年10月7日民集14巻12号2420頁（以下「昭和35年最判」という）と最大判昭和43年11月13日民集22巻12号2449頁（以下「昭和43年最大判」という）を素材にして、検討することにする。

　昭和35年最判では、株主優待金が所得税法上の利益配当（「法人から受ける利益の配当」）に該当するか否かが争われたのに対して、昭和43年最大判では、株主優待金が法人税法の課税所得の計算上損金に算入されるか否かが争われたところ、「両者はいちおう別個の問題ではあるが、株主優待金の法的構造ないし性質をいかに把握するかという点では、両者に共通する問題が横たわっているといえる。」（後者に関する調査官解説である可部恒雄「判解」最判解民事篇（昭和43年度）1432頁、1440頁）ことから、以下では、両者を比較しながら、借用概念論の実践的意図とその実現について検討していくことにする。

Ⅱ　昭和35年最判と昭和43年最大判の判旨

　まず、両者の判旨をみておこう。昭和35年最判は次のとおり判示している（下線筆者）。

　　　おもうに、商法は、<u>取引社会における利益配当の観念（すなわち、損益計算上利益を株金額の出資に対し株主に支払う金額）</u>を前提として、この配当が適当に行なわれるよう<u>各種の法的規制</u>を施しているものと解すべきである（たとえば、いわゆる蛸配当の禁止（（商法290条））、株主平等の原則に反する配当の禁止（（同法293条））等）。そして、<u>所得税法中には、利益配当の概念として、とくに、商法の前提とする、取引社会における利益配当の観念と異なる観念を採用しているものと認むべき規定はないので、所得税法もまた、利益配当の概念として、商法の前提とする利益配当の観念と同一観念を採用しているものと解するのが相当である。</u>従つて、所得税法上の利益配当とは必ずしも、商法の規定に従つて適法になされたものにかぎらず、<u>商法が規則の対象とし、商法の見地からは不適法とされる配当</u>（たとえば蛸配当、株主平等の原則に反する配当等）の如きも、所得税法上の利益配当のうちに含まれるものと解すべきことは所論のとおりである。しかしながら、原審の確定する事実によれば、<u>本件の株主優待金なるものは、損益計算上利益の有無にかかわらず支払われるものであり株金額の出資に対する利益金として支払われるものとのみは断定し難く、前記取引社会における利益配当と同一性質のものであるとはにわかに認め難いものである。</u>されば右優待金は所得税法上の雑所得にあたるかどうかはともかく、またその全部もしくは一部が法人所得の計算上益金と認められるかどうかの点はともかく、所得税法9条2号にいう利益配当には当らず、従[つ]て、被上告人は、これにつき、同法37条に基づく源泉徴収の義務を負わないものと解すべきである。

　他方、昭和43年最大判は次のとおり判示している（下線筆者）。

　本件における問題の中心は、右に説示した株主優待金が上告会社の所得計算上損金として取り扱われるべきものであるかどうかにある。

《中略》

　右に説示したように、「資本の払戻し」や「利益の処分」以外において純資産減少の原因となる「事業経費」は、原則として、損金となるものというべきであるが、仮りに、経済的、実質的には事業経費であるとしても、それを法人税法上損金に算入することが許されるかどうかは、別個の問題であり、そのような事業経費の支出自体が法律上禁止されているような場合には、少なくとも法人税法上の取扱いのうえでは、損金に算入することは許されないものといわなければならない。

　ところで、株主の募集に際し、株式会社が、株式引受人または株式買受人に対し、会社の決算期における利益の有無に関係なく、これらの者が支払つた払込金または代金に対し、予め定められた利率により算出した金員を定期に支払うべきことを約するような資金調達の方法は、商法が堅持する資本維持の原則に照らして許されないと解すべきであり、従つて、会社が株主に対し前示約定に基づく金員を支払つても、その支出は、法人税法上は少なくとも、資本調達のための必要経費として会社の損金に算入することは許されないところといわなければならない。もつとも、商法は、株式会社の資金調達を容易にするため、いわゆる建設利息の配当を認め、法人税法上も、その配当金を会社の損金とすることを許しているが、これは、法律が厳格な制約（商法291条参照）のもとに特に許容した特例にすぎない。建設利息について、このような厳格な制約が存することと対比してみても、資金調達のための必要経費だからといつて、無条件に損金に算入することが許されないことは当然というべきである。

　また、これを別の見地からみると、上告会社の新株を買い受けて株主となつた者は、上告会社に対し借入金の返済として支払われる金員以外には、何らの資金を支出しているわけではなく、しかも、上告会社は、右金員の支払を受けてはじめて新株発行による資金調達の目的を達しているのであるから、株式買受人による右金員の支払は、その実質において株金の払込みと何らその性質を異にするものではない。従つて、上告会社が株式買受人に対して支払う本件株主優待金は、実質的には、株主が払い込んだ株金に対して支払われるものには

かならないということができる。そして、会社から株主たる地位にある者に対し株主たる地位に基づいてなされる金銭的給付は、たとえ、上告会社に利益がなく、かつ、株主総会の決議を経ていない違法があるとしても、法人税法上、その性質は配当以外のものではあり得ず、これを上告会社の損金に算入することは許されない。また、本件株主優待金は、会社が前示約定に基づき会社の決算期における利益の有無に関係なく、約定の利率により算出した金員を定期に支払うものであつて、配当とはその性質を異にすること上告会社の主張のとおりとしても、このような金員の支払は、前示のとおり、法律上許されないのであるから、少なくともその支出額を必要経費として法人税法上会社の損金に算入することは許されないといわなければならない。

Ⅲ　昭和35年最判と昭和43年最大判の「真の理由」

1　両判決の関係に関する疑問

　以上でみたように、税法上の配当概念について、昭和35年最判は「取引社会における利益配当の観念（すなわち、損益計算上利益を株金額の出資に対し株主に支払う金額）」を前提としてこれと同一の観念を採用したものとし、昭和43年最大判は「会社から株主たる地位にある者に対し株主たる地位に基づいてなされる金銭的給付」とする。

　これらは単に表現の点で異なるだけでなく、株主優待金が前者によれば配当に該当しないとされるのに対して後者によれば配当に該当するとされることから、意味内容の点でも異なる。この相異は、「前提となつている商法上の利益配当の概念自体の内容が、実は必ずしも明確ではな［かった］」（西原寛一「判批」民商法雑誌44巻5号（1961年）812頁、818頁）ことにも基因する面があろう。

　この点はともかく、上記の相異を借用概念論の観点からみると、昭和35年最判と昭和43年最大判とは借用概念論に対して異なる立場に立っているかのようにも思われるが、果たしてそうであろうか。この疑問を検討するに当たって、既に Ⅰ で言及した「両者に共通する問題」である「株主優待金の法的構造ないし性質をいかに把握するか」という点について、まず、昭和35年最判の考え方

からみていくことにしよう。

2　昭和35年最判の「真の理由」

　上記の点に関する昭和35年最判の考え方について、調査官解説（白石健三「判解」最判解民事篇（昭和35年度）359頁、366頁）は、「株主金融方式の加入者は、株主たる地位と契約上の地位とを二重に有するとはいっても、株式代金とは別に二重に掛金の払込をするわけではなく、前述のように加入者の支払った株式代金を、観念上、払い込んだ掛金額に見立てて、殖産無尽類似の契約関係が設定されているに過ぎないわけであるから、株式代金として支払った金額は、株主としての出資元本と掛金との両方の性質をもつものとも解され、優待金は右出資元本に対する支払金であると同時に契約に基づく支払金であるともいい得るわけであり、厳密には、優待金はその中間的性質のもので、いずれとも割り切れないというのが正確な見方であるもいい得るであろう。」とした上で、次のとおり述べている（下線筆者）。

> 元来、税法の解釈態度として、むやみに類推解釈乃至拡張解釈をすることは慎むべきものであり、とくに、<u>合理的解釈の名の下に、税法の予定する課税標準と異なる実質のものをこれと同視して課税することは、徴税当局の手によって法律の認めていない新たな課税標準を創り出すにひとしいこととなるわけであるから、許されるべきことではない。</u>とすれば、税法の予定する利益配当と同性質のものであると割り切って断定し得るものでない以上、これを税法上の利益配当として捉えることは、断念せざるを得ないであろう。今回の判例が「……とのみは断定し難く」「……とはにわかに認め難いものである」等のようにひかえめの表現を用いているのは、右述のような、税法に対する解釈態度を示唆するものとして、見逃してはならないところであろう。

　ここで述べられている「税法の解釈態度」は、**実質主義に基づく自由な解釈・法創造**（拙著『税法の基礎理論』（清文社・2021年）第2章第1節、前掲拙著『税法基本講義』【42】参照）を阻止しようとするものであるが、これは、前記Ⅰで述べた借用概念論の実践的意図と同じものであると解される。そうすると、借用概念論の実践的意図は、昭和35年最判における「税法の解釈態度」及び

（所得税法上の利益配当の概念を「商法の前提とする利益配当の観念と同一観念を採用しているもの」とする）その結論を通じて、実現されたものといえよう。したがって、昭和35年最判を借用概念論の枠内で捉え、しかも**統一説**（**12Ⅱ**参照）という解釈方法論を採用した代表的な事例として位置づけるのは妥当であろう（清永敬次『税法〔新装版〕』（ミネルヴァ書房・2013年）40頁、金子宏『租税法〔第24版〕』（弘文堂・2021年）128頁、前掲拙著『税法基本講義』【52】等参照）。

3　昭和43年最大判の「真の理由」

　これに対して、昭和43年最大判は、昭和35年最判とは異なり、株主優待金の性質を「配当以外のものではあり得ず」と割り切って断定している。では、その割り切りは、昭和35年最判が阻止しようとした実質主義に基づく自由な解釈・法創造に依拠したものであろうか（以下の叙述は、一見すると紆余曲折があり理解し難いかもしれないので、結論を先取りして述べておくと、答えは「依拠したものである」である）。

　昭和43年最大判は、確かに、「上告会社が株式買受人に対して支払う本件株主優待金は、実質的には、株主が払い込んだ株金に対して支払われるものにほかならないということができる。」（下線筆者）と判示していることからすれば、一見すると、実質主義に依拠したもののようにも思われるが、しかし、その判示に「そして」で続けて「会社から株主たる地位にある者に対し株主たる地位に基づいてなされる金銭的給付は、……、法人税法上、その性質は配当以外のものではあり得ず」（下線筆者）と判示していることからすれば、その前の判示にいう「実質」はいわゆる「経済的実質」ではなく「法的実質」（ここでは、商法上の「株主たる地位」）を意味するかのようである。

　このことをより明確に述べているのは、松田二郎裁判官の意見である（可部・前掲「判解」1444頁は「多数意見は、松田意見の骨子を理由の一とするもの」とする）。松田裁判官は、「本件株主優待金が……株主に対し株主たる地位に対して支払われるものであると認められるからには、上告会社に利益がなく、かつ、株主総会の決議を経ていない違法があるにしても、法律的観点よりするとき、本件優待金の支払は利益の配当と解さざるを得ない。」（下線筆者）として、「このような見地に立つとき、奥野裁判官の反対意見、すなわち経済的観点よ

り本件優待金を把握し、これを以て損金と認める見解に対しては、賛成し得ない。」（下線筆者）と述べているのである（もっとも、奥野健一裁判官自身は反対意見で株主優待金の損金算入の可否について「専ら、その経済的意義、効果に着目し、実質上合理的な事業経費と認められるかどうかによってこれを決定すべきである。」として事業経費としての合理性（経済的合理性）を重視する見解を述べているが、それは「経済的観点」を重視するとはいっても、税法の自由な解釈・法創造を企図する実質主義とは異なると解される）。

そうすると、昭和43年最大判は、前記**Ⅰ**で述べた借用概念論の実践的意図を、借用概念論の枠内ではなく、「株主たる地位」という「法律的観点」を重視する解釈方法論によって、実現しようとしたものと解することができそうである。そうすることによって、「経済的観点」を重視する実質主義に基づく税法の自由な解釈・法創造を阻止することが可能であるからである。もしそうであるとすれば、昭和35年最判と昭和43年最大判とは、実質主義に基づく税法の自由な解釈・法創造を阻止するための解釈方法論が異なるにすぎず、「真の理由」の点では共通するとみることができそうである。

しかしながら、昭和43年最大判の「真の理由」は、昭和35年最判のそれとは異なるもの、むしろ対立するものであると考えるところである。そのように考える手がかりは、昭和35年最判における上告理由の中に見出すことができるように思われる。

上告人（東京国税局長）は上告理由の中で「株式会社における利益の配当とは、商法においても『株主が株主たる地位において資本の払戻によらず会社資産を会社から交付を受けることをいう。』ものと理解することができ、この概念に、そのまま所得税法上の利益の配当の概念とも一致するものである」（下線筆者）と述べているが、この点については、「所得税法独自の利益配当概念を認めようとするのが、上告人の立場である。」（西原・前掲「判批」818頁）という見方が示されている。

その見方によれば、上告人の上記見解は、上告人の訴訟代理人の一人であった田中勝次郎博士の**「隠れたる利益処分」**論に基づくものではないかと推察される（西原・前掲「判批」819頁はそのように解している）。田中博士は昭和35年最判を厳しく批判したが（同『法人税法の研究』（税務研究会・1965年）801頁以下

［初出・1961年］参照）、とりわけ、株主優待金を「隠れたる利益処分の典型的な例」（同810頁）とみた上で、同最判を「税法解釈上の大原則である『租税回避行為禁止の原則』と、これを母体として発生した『隠れたる利益処分』という法概念を正面から否認している」（同814-815頁）と批判し次のとおり述べていた（同815頁）。

> 本件優待金は、会社が無償で株主に金銭を支払う場合であるから、法律行為の濫用となる。たとえ、その行為が民法上有効であり、利益の有無にかかわらず支払われるべきものであっても、税法上は法律行為の濫用となりその行為は否認されるのであるが、判決文がこの法律行為の濫用については一言も言及せず、あたかも濫用がなかったかのごとく論じているのは、前記の税法解釈上の大原則を否認するかあるいはこれが存在を知らない結果である……。

　このように推論してくると、昭和43年最大判は、昭和35年最判における上告理由と同じく、「株主たる地位」に着目することによって、昭和35年最判よりも配当概念を広く構成するものであるが、そうすることの「真の理由」は、本件株主優待金の支出を租税回避あるいは「隠れたる利益処分」としてその損金性を否認することにある、という理解が成り立つように思われる。

　このような理解の妥当性は、昭和43年最大判における奥野健一裁判官の反対意見から、間接的に（逆に）窺い知ることができる。というのも、奥野裁判官は、租税回避論について次のとおり説示し（下線筆者）、また、本件株主優待金の支出が「いわゆる『隠れたる利益処分』に該当しないことも明らかである。」と説示し、多数意見に対して反対意見を述べているからである。

> 租税回避行為のごときは、直接回避、潜脱を目的としてなされたかどうかを問わず、法の厳に禁止するところである。しかし、他面、<u>法人が経済人として、取引や投資をしたり、企業形態を定めるに際し、なるべく租税負担の軽い方法を選択することは、別段とがむべき筋合いのものではなく</u>、また現に、憲法は、租税法律主義ないし不承諾課税禁止の原則を宣言し、「あらたに租税を課し、又は現行の租税を変更するには、法律又は法律の定める条件によることを必要とする。」（84条）と規定している。そこで、法人所得の算定にあたり、或る支出

を通常且つ必要な事業経費として損金に算入すべきか、それとも、租税回避行為として当該行為、計算を否認すべきかは、その法的形式や効力によつて決定すべきでないのはもとより、これが単に結果において法人税負担の軽減をきたすという一事によつて決定することも許されず、専ら、その経済的意義、効果に着目し、実質上合理的な事業経費と認められるかどうかによつてこれを決定すべきである。……。もつとも、租税法律主義といえども、課税技術や徴税政策上の必要から、性質上は合理的な事業経費と目すべきものであつてもそれを損金に算入しないことにしたり、性質上は益金の処分に属すべきものであつてもそれを損金に算入したりすることを全然否定するわけではない。しかし、<u>それは、法の明文により、しかも、かかる措置が窮極的には租税公平負担の原則に副うことになるという限度においてのみ認められるに過ぎないものであつて、もとより、一片の行政通達や解釈によつて法の不備、欠缺を補うがごときことは、許されないといわなければならない。</u>

　奥野裁判官のこの反対意見は、今日の税法学の議論状況からみても、租税回避論として高い水準にあり、特に最後の下線部分は**否認規定必要説**（前掲拙著『税法基本講義』【72】参照）を説くものとして高く評価すべきものであるが、この点は措くとして、奥野裁判官が敢えてこのような反対意見を述べたのは、多数意見がこれとは異なり**否認規定不要説**（同参照）の立場に立ち、しかも「隠れたる利益処分」論に対して肯定的な立場に立つていたからではないかと推察されるのである。

　否認規定不要説は、**実質主義の「真骨頂」**を体現するものであり（前掲拙著『税法の基礎理論』第3章第1節Ⅲ参照）、「隠れたる利益処分」論もドイツ（田中・前掲書807-811頁参照）とは異なりわが国では法律上明文の根拠規定をもたない以上、同様の評価がなされるべきものであると考えられる。

　そうすると、昭和43年最大判は、昭和35年最判とは異なり、実質主義に基づく自由な解釈・法創造を阻止しようとするものではなく、むしろ逆にこれを肯定的に捉えたものとみるべきであろう。奥野裁判官の前記反対意見が最後の下線部で「一片の行政通達や解釈によつて法の不備、欠缺を補うがごときことは、許されないといわなければならない。」と述べているのは、多数意見が実質主

義に基づく自由な解釈・法創造を肯定的に捉えているという理解によるものと解されるのである。

　要するに、昭和43年最大判の「真の理由」は、実質主義に基づく自由な解釈・法創造を肯定的に捉えることにあると考えるところであるが、ただ、同判決はこのことを表立って述べるのではなく、表面的には、「株主たる地位」という商法上の概念をもって配当概念を定義することによって、あたかも松田裁判官と同じように「法律的観点」から本件株主優待金の配当該当性を判断しているかのように装っているのである（この点で、株主優待金の支出の「経済的意義、効果」に着目する奥野裁判官の反対意見とは異なる）。しかし、松田裁判官が補足意見としてではなく意見として「法律的観点」を強調していることからすると、多数意見のいう「株主たる地位」は、松田裁判官の意見にいう「株主たる地位」とは異なり、「法律的観点」からその「法的実質」を問題にするものではないと考えられる。

4　昭和43年最大判の「真の理由」のその後の内容変更

　ところで、昭和43年最大判は、前記Ⅲで引用した判示（特に破線の下線部）の文理から明らかなように、「株主相互金融における資金調達の方法が資本維持の原則に反し、優待金の支出が前記［＝前記Ⅲ引用判示中の第1破線下線部］の法律上禁止される場合に該当することを第一次的理由としている」（可部・前掲「判解」1444頁。下線筆者）とみるべきであろう。では、昭和43年最大判は、これまで検討してきた株主優待金の配当該当性を理由とするだけでも本件優待金の損金算入を否認できたにもかかわらず、なぜ株主優待金の法律上の禁止という理由を「第一次的理由」として判示したのであろうか。

　昭和43年最大判の理解及び評価を困難にしている最大の原因は、この点にあるように思われる。昭和43年最大判については、違法支出の損金性・必要経費性に関するアメリカの判例法上の**公序（public policy）の理論**を採用した「リーディング・ケースとして評価し得る」（品川芳宣「租税法解釈（実務）に影響を及ぼした重要判例の検証」財経詳報社編『戦後重要租税判例の再検証』（財経詳報社・2003年）1頁、6頁）という見解もある（山田二郎「交際費課税をめぐる問題」同『山田二郎著作集Ⅰ　租税法の解釈と展開(1)』（信山社・2007年）253頁［初

出・1977年］、274頁は「パブリック・ポリシーの理論が根拠になっているものではないかと憶測する」と述べている）。ただ、税法判例研究のいわば「定番」ともいうべき『租税判例百選』（有斐閣・別冊ジュリスト）において、この判決後刊行された第2版以降一度も、大法廷判決であるこの判決が取り上げられてこなかったのは、やはり、この判決の理解及び評価の困難さが少なくともその一因ではないかと考えるところである。

　昭和43年最大判が公序の理論を採用したものかどうかはともかく、筆者としては、株主優待金の法律上の禁止を「第一次的理由」としてその損金性を否認したのは、配当該当性に関する前記の「真の理由」を覆い隠すためのいわばオーバー・アクションではなかったかと推察するものである。租税法律主義が税法の基本原則として今日ほどは強固かつ厳格に確立されていなかった昭和43年当時においては、配当該当性に関する前記の「真の理由」が国税関係者（田中勝次郎博士もその一人である）の間でなお根強く、裁判官の間でも一定の共感・賛同を得ていたことは否めないであろうが（わが国における実質主義の展開については拙著『税法創造論』（清文社・2022年）214-224頁［初出・2015年］参照）、ただ、それを表立って述べると**「租税法律主義と実質主義との相克」**の問題（前掲拙著『税法の基礎理論』第3章参照）に正面から最高裁としての立場を明確に示さなければならなくなるので、それを避けるために、「株主たる地位」という文言で「法律的観点」を装い、さらにいわば「駄目押し」的に株主優待金の法律上の禁止を「第一次的理由」として判示することによって、「大向こう」からあたかも租税法律主義の「遵法精神」に則って判断しているかのように装ったのではないかと推察するところである。

　この推察が強ち的外れでないということは、同じく株主優待金の損金性について判断したその後の最高裁判決をみると、首肯できるように思われる。最判昭和45年7月16日集民100号227頁は、次のとおり（下線筆者）、昭和43年最大判を引用しつつもその「第一次的理由」には言及せず株主優待金の配当該当性のみを理由として、その損金性を否認した（最判昭和44年7月3日訟月15巻10号1194頁も同旨。ほかに最判昭和44年7月3日訟月15巻10号1205頁と最判昭和45年7月16日税資62号34頁は昭和43年最大判を引用しその結論のみを判示している）。

これを要するに、株式買受人が被上告会社から融資を受けるのも、また、株主優待金の支払を受けるのも、すべて、同会社の株主として享受しうるところであつて、このように、被上告会社から株主たる地位にある者に対し、株主たる地位に基づいてなされる金銭的給付は、たとえ、被上告会社に利益がなく、かつ、株主総会の決議を経ていない違法があるとしても、法人税法上、その性質は配当以外のものではあり得ず、これを被上告会社の損金に算入することは許されない。この理は、すでに、当裁判所昭和36年（オ）第944号、同43年11月13日大法廷判決（民集22巻12号2449頁）の判示するところである。

　以上の4つの最高裁判決はいずれも第一小法廷の判決であり、同法廷は松田二郎、入江俊郎、長部謹吾、岩田誠及び大隅健一郎の各裁判官で構成されていたが、そのうち大隅裁判官以外の4人の裁判官は昭和43年最大判において大法廷を構成していた。その一人である松田裁判官は、昭和43年最大判において意見を述べたが、その内容は前記 **3** の検討の中で取り上げてきたところに加えて、前記の「第一次的理由」について次のとおり述べるものである。

　多数意見が「事業経費の支出自体が法律上禁止されているような場合には、少なくとも法人税法上の取扱いのうえでは、損金に算入することは許されない」ということを主たる根拠として、本件優待金が損金でないとすることにも、疑問を懐く。けだし、事業経費の支出自体が法律上禁止されている場合でも、税法上これを損金と認め得る場合があり得ると思うからである。

　松田裁判官の上記の意見を踏まえると、前記の4つの第一小法廷判決は、その意見を考慮して、昭和43年最大判の前記の「第一次的理由」には言及しなかったものと推察される。しかも、この推察を更に推し進めると、株主優待金について「その性質は配当以外のものではあり得ず」と割り切って断定する際に説示した「株主たる地位」は、松田裁判官の先に引用した意見（前記 **3** の3段落目参照）と同じく「法律的観点」から理解すべきであるように思われる。

　以上のような推論によれば、前記 **3** の末尾で述べた昭和43年最大判の「真の理由」は、その後の前記4つの第一小法廷判決によって、その内容が変更され、

その結果、昭和35年最判の「真の理由」と同じ内容、すなわち、実質主義に基づく税法の自由な解釈・法創造を阻止しようとするものとなったと解される。つまり、前記4つの第一小法廷判決は、商法上の「株主たる地位」という「法律的観点」を重視する解釈方法論によって、株主優待金の配当該当性を肯定し、もって実質主義に基づく税法の自由な解釈・法創造を阻止しようとしたものと解されるのである。

　要するに、昭和35年最判と前記4つの第一小法廷判決とは、実質主義に基づく税法の自由な解釈・法創造を阻止するための解釈方法論が異なるにすぎず、「真の理由」の点では共通するとみることができるのである（前記3の4段落目も参照）。

Ⅳ　おわりに

　本稿では、借用概念論の実践的意図とその実現について、昭和35年最判と昭和43年最大判を素材にして、検討してきた。

　借用概念論の実践的意図は、実質主義に基づく税法の自由な解釈・法創造を阻止しようとすることにあるが、昭和35年最判は、これを借用概念論の枠内で、統一説という解釈方法論によって、実現したものと評価することができる。

　これに対して、昭和43年最大判は、確かに、一見すると、「株主たる地位」という文言で「法律的観点」を装ってはいるが、しかし、実は、租税回避論（否認規定不要説）や「隠れたる利益処分」論に依拠して、実質主義に基づく自由な解釈・法創造を肯定的に捉えたものと評価することができる。ただし、その後、前記4つの第一小法廷判決によって、そのような解釈態度は実質的に改められ、「株主たる地位」という「法律的観点」を重視した解釈方法論によって、借用概念論の実践的意図は実現されることになったと考えられる。

　このように、実質主義に基づく税法の自由な解釈・法創造を阻止しようとする実践的意図は、借用概念論の枠内で統一説という解釈方法論によって実現できるが、これも、広い意味では、「法律的観点」を重視する解釈方法論の1つであると理解することができるところ、本稿では、このような理解に基づき、昭和35年最判、昭和43年最大判及び前記4つの第一小法廷判決の相互関係を明

らかにした。

　なお、昭和35年最判に関する調査官解説（白石・前掲「判解」。前掲Ⅲ2参照）について、次のような理解（渡部吉隆「税法上の利益処分」鈴木忠一編『会社と訴訟（下）　松田判事在職40年記念』（有斐閣・1968年）833頁、847頁。下線筆者。可部・前掲「判解」1441頁も同旨）がみられる。

> 株式相互金融方式の加入者は、株主たる地位と殖産無尽類似契約上の地位とを二重に有するものであり、会社が加入者に対して支払う株主優待金も、株主たる地位に基づく利益配当であるとともに契約上の地位に基づく掛金に対する利息であるといわなければならないが、そのうちの幾何が利益配当であり幾何が利息であるかを確定することは不可能であるから、<u>租税法律主義の下においては、納税者に不利な結果をきたすことを避けるため、利益処分たる利益配当としての性質は捨象し、株主優待金の全部を利息たる損金として取り扱うべきである</u>とする見解である。

　この理解によれば、昭和35年最判は、「**疑わしきは納税者の利益に**」を租税法律主義の下で許容される事実認定原理（金子・前掲『租税法』125頁参照。なお、解釈原理としての「疑わしきは納税者の利益に」については**10Ⅲ**参照）として認めた判例であると評価することができるように思われる。昭和35年最判は、この意味でも、注目すべき判例といえよう。

14 要件事実論的解釈の意義と限界

消費税帳簿等不提示事件・最判平成16年12月20日判時
1889号42頁を素材として

I はじめに

　8では、税法における目的論的解釈に関連して課税減免規定の限定解釈について検討し、目的論的解釈のいわば「外縁」において**裁判官による法創造**が厳格な要件の下で許容される余地があることを論じた（拙著『税法基本講義〔第7版〕』（弘文堂・2021年）【46】も参照）。

　裁判官による法創造は、そもそも、文理解釈が納税者に対して著しく不当・不合理な結果をもたらす場合には、租税法律主義の内容を形成する**司法的救済保障原則**（前掲拙著【27】）によって要請されると考えるべきである（同【44】、拙著『税法創造論』（清文社・2022年）119頁以下〔初出・2021年〕参照）。

　このように、裁判官による法創造は、租税法律主義の下でも、許容ないし要請される場合があると考えるところであるが、本稿では、法解釈とりわけ民事実体法の解釈において創造的機能を発揮する**要件事実論**が、税法とりわけ課税要件法の解釈についても妥当するかどうか、妥当するとしてそこに限界はないのか、という問題を検討する（要件事実論の法創造機能（後記**III**2参照）を租税回避否認規定に関して検討したものとして前掲拙著『税法創造論』332頁以下〔初出・2016年〕参照）。

　この問題を検討するに当たって、素材として消費税帳簿等不提示事件に関する最判平成16年12月20日判時1889号42頁（以下「平成16年最判」という）を取り上げる。この事件では、消費税法（平成6年法律第109号による改正前）30条7項にいう「帳簿又は請求書等を保存しない場合」と同法（平成12年法律第26号による改正前）同項にいう「帳簿及び請求書等を保存しない場合」の「保存」（以下「帳簿等の『保存』」という）の意義が争点となったが、この争点については、下級審裁判例において判断が分かれていた。しかも、**私法上の法律構成に**

よる否認論（拙著『税法の基礎理論』（清文社・2021年）第2章第12節、前掲拙著『税法基本講義』【73】以下参照）と並んで、要件事実論が税法の分野で本格的に議論されたところである（その議論について増井良啓「帳簿不提示と消費税の仕入税額控除」判評486号2頁（判時1676号164頁）、今村隆『課税訴訟における要件事実論〔3訂版〕』（日本租税研究協会・2022年）173頁等参照）。

Ⅱ　帳簿等の「保存」の意義に関する平成16年最判の解釈

1　多数意見の解釈

　平成16年最判は、仕入税額控除の適用について、4日前に示された最判平成16年12月16日民集58巻9号2458頁（以下「別件平成16年最判」という）を参照して、次のとおり判示した（下線筆者）。

> 　消費税法（平成9年3月31日以前の課税期間については平成6年法律第109号による改正前のもの、平成9年4月1日以降の課税期間については平成12年法律第26号による改正前のもの。以下「法」という。）が採る申告納税制度の趣旨及び仕組み並びに法30条7項の趣旨に照らせば、事業者は、同条1項の適用を受けるには、消費税法施行令（平成9年3月31日以前の課税期間については平成7年政令第341号による改正前のもの、平成9年4月1日以降の課税期間については平成12年政令第307号による改正前のもの）50条1項の定めるとおり、法30条7項に規定する帳簿又は請求書等（同日以降の課税期間については帳簿及び請求書等。以下「帳簿等」という。）を整理し、これらを所定の期間及び場所において、法62条に基づく税務職員による検査に当たって適時に提示することが可能なように態勢を整えて保存することを要するのであり、事業者がこれを行っていなかった場合には、法30条7項により、事業者が災害その他やむを得ない事情によりこれをすることができなかったことを証明しない限り（同項ただし書）、同条1項の規定は適用されないものというべきである（最高裁平成13年（行ヒ）第116号同16年12月16日第一小法廷判決・裁判所時報1378号登載予定参照）。

　この判示によれば、帳簿等の「保存」とは、「法30条7項に規定する帳簿又

は請求書等（……）を整理し、これらを所定の期間及び場所において、法62条に基づく税務職員による検査に当たって適時に提示することが可能なように態勢を整えて」されている保存をいうことになる。この解釈は、別件平成16年最判の採用する解釈と同じものであり、「これを文脈から離れた『保存』の語の一般的な意味と比較すればその一部に限定して解釈していることになる」（高世三郎「判解」最判解民事篇（平成16年度・下）792頁、807頁）ことから、**縮小解釈**に属するものとみてよかろう。

このような縮小解釈は、次の2つの東京地裁判決すなわち①東京地判平成10年9月30日訟月46巻2号865頁（以下「平成10年東京地判」という）及び②東京地判平成11年3月30日訟月46巻2号899頁（以下「平成11年東京地判」という）が示した解釈（これと同じ解釈を採用した他の裁判例については高世・前掲「判解」800-801頁参照）と基本的に同じものと解される（今村・前掲書178頁参照）。

①
　右の点に照らせば、法30条7項に規定する保存とは、法定帳簿又は法定請求書等が単に存在しているということだけではなく、法及び令の規定する期間を通じて、定められた場所において、税務職員の質問検査権に基づく適法な調査によりその内容を確認することができる状態での保存を継続していることを意味するというべきである。換言すれば、法30条7項にいう保存とは、適法な提示要請があれば直ちにこれを提示できる状態での保存を意味することになる。
②
　右に説示した法の趣旨に照らせば、……、同項［＝法30条7項］に規定する保存とは、法定帳簿等が存在し、納税者においてこれを所持しているということだけではなく、法及び令の規定する期間を通じて、定められた場所において、税務職員の質問検査権に基づく適法な調査に応じて、その内容を確認することができるように提示できる状態、態様で保存を継続していることを意味するものというべきである。

2　滝井反対意見

別件平成16年最判は民集登載判例であるが、本稿において、民集に登載され

ていない平成16年最判を敢えて素材として検討することにしたのは、滝井繁男
裁判官の反対意見（以下「滝井反対意見」という）に注目したからである。これ
は次のとおり述べている（下線・傍点筆者）。

> 法58条、62条にかんがみれば、法30条7項は、事業者が税務職員による検査
> に当たって帳簿等を提示することが可能なようにこれを整理して保存しなけれ
> ばならないと定めていると解し得るとしても、そのことから、多数意見のよう
> に、事業者がそのように態勢を整えて保存することをしていなかった場合には、
> やむを得ない事情によりこれをすることができなかったことを証明した場合を
> 除き、仕入税額の控除を認めないものと解することは、結局、事業者が検査に
> 対して帳簿等を正当な理由なく提示しなかったことをもって、これを保存しな
> かったものと同視するに帰着するといわざるを得ないのであり、そのような理
> 由により消費税額算定の重要な要素である仕入税額控除の規定を適用しないと
> いう解釈は、申告納税制度の趣旨及び仕組み、並びに法30条7項の趣旨をどの
> ように強調しても採り得ないものと考える。

　滝井反対意見は、このように、多数意見の解釈（縮小解釈）それ自体に反対
しているのではなく、その解釈が帳簿等の不提示をもって原則として（不提示
に正当な理由がない場合に）「これを保存しなかったものと同視するに帰着す
る」ことに反対しているのである。このことは、滝井反対意見が多数意見の解
釈を、筆者のいう「**要件事実論的解釈**」（課税要件法を、解釈によって、「立証責
任の分配という視点」を踏まえた「裁判規範」すなわち裁判上の推論ルールとして
再構成あるいは場合によっては「補正」しようとする見解に基づく解釈。前掲拙著
『税法基本講義』【55】参照）の枠内で「**要件事実論的縮小解釈**」と理解している
ことを意味するものと解される。

　滝井反対意見が説く、帳簿等の不提示と保存しなかったものとの「**同視**」論
は、次の見解（三木義一「消費税仕入税額控除要件についての再論」北野弘久先生
古稀記念論文集刊行会編『納税者権利論の展開』（勁草書房・2001年）559頁、570頁。
下線筆者）が説く、要件事実の「**すり替え**」論と基本的に同じ問題意識に基づ
くものと解される。

適法な調査での提示要求にも係わらず、提示しなかった納税者の行為を容認することになるのを避けるため、要件事実である「保存しない」を「適法な提示要求があれば直ちに提示できる状態での保存がない」という要件に拡大し［＝「保存」の意義を縮小し］、しかも、前述の［「甲事実がある時は、乙事実が推定される」という場合の］甲事実と乙事実を混合してしまい、課税庁の推定を覆せるのは「調査が適法でなかった」場合だけであるかのように要件をすり替えてしまっているのである。法が否認に際して要求している要件事実は「帳簿等を保存しない」ことであって、「調査が違法」であったことでも「提示しなかった」ことでもないことはいうまでもないであろう。要件事実論を持ち出して、議論として精巧であるかのように見せかけながら、実質的に要件事実をすり替える議論がなされていることになる。

　なお、滝井反対意見について付言しておくと、同意見は、仕入税額控除を課税要件そのものとはみておらず、「消費税の制度の骨格をなすものであって、消費税額を算定する上での実体上の課税要件にも匹敵する本質的な要素とみるべきもの」と理解しているが、この理解は妥当である。というのも、課税要件は納税義務の成立要件であるところ、税額控除は、一般に、成立した納税義務の消滅原因の１つである免除のうち、**納税義務の成立と連動する特殊な形態での免除**であり、税法の体系上は、課税要件法の領域には属さないものの租税実体法の領域には属すると考えるべきものであるからである（前掲拙著『税法基本講義』【95】参照）。筆者も多数意見の解釈をこのような意味で「要件事実論的縮小解釈」とみて、以下の検討を行うことにする。

Ⅲ　要件事実論的解釈の限界

1　法30条７項の要件事実論的縮小解釈

　ところで、法30条７項の要件事実論的縮小解釈について特に注目すべきは、平成11年東京地判である。この判決については、「租税法規の解釈論に対して、要件事実の観点から新風を吹き込むもの」（増井・前掲論文６頁）や「要件事実論を駆使した見事な判決」（今村・前掲書176頁）といった評価がみられるが、

その先駆けとして、同じ裁判官（裁判長裁判官富越和厚・裁判官團藤丈士・裁判官水谷里枝子）による平成10年東京地判は、前記**Ⅱ**1の引用判示（①）に「そして」で続けて「この意味での保存の有無は課税処分の段階に限らず、不服審査又は訴訟の段階においても、主張、立証することが許されるものというべきである。」と判示した上で、次のとおり判示していた（下線筆者）。

> このように、法30条7項に規定する保存とは、適法な提示要請に応じて提示することができる状態での保存をいうものと解すべきであるから、消費税に関する課税処分の取消しを求める訴訟において、法定帳簿又は法定請求書等が提出されている場合には、これらを「保存しない場合」には該当しないものと推認することができるが、その場合であっても、法定帳簿又は法定請求書等の保存期間における税務職員の質問検査権に基づく調査における適法な法定帳簿、法定請求書等の提示要請に対して、納税者が正当な理由なくその提示を拒否し、そのため、税務職員がその内容を確認することができなかったという事情が認められるときには、逆に、その当時において法定の要件を満たした状態での法定帳簿、法定請求書等を保存しなかったことを推認することができるから、法30条7項の「保存しない場合」に該当するものとして仕入税額控除は認められないことになる。もっとも、提示の拒否があったと認められるか否かの判断は、税務当局が行う調査の過程を通じて社会通念上当然に要求される程度の努力を行ったか否か、納税者の言動等の事情を総合考慮してされるべきであることはいうまでもない。

ここでは、課税処分の段階では提示されていなかった帳簿等が訴訟の段階で提出されている場合でも、課税処分段階での帳簿等の提示拒否は「保存しない場合」に該当することを推認させる事情であると判断されているが、平成11年東京地判はこの判断を要件事実論の観点から更に精緻化し、次のとおり判示した（下線筆者）。

> 法30条7項の文理に従えば、法定帳簿等を「保存しない場合」が同条1項に規定する仕入税額控除の消極要件とされているところ、この法定帳簿等を保存しない事実は、課税処分の段階に限られず、不服審査又は訴訟の段階において

も、主張、立証することが許されるものと解される。

　すなわち、訴訟法的に考察する場合には、消費税に係る更正又は決定の取消しを求める訴訟において、被告は、処分の適法性を基礎付ける消費税の発生根拠事実として、原告である事業者が当該課税期間において国内で行った課税資産の譲渡等により対価を得た事実を主張、立証すべきであり（法4条、5条、28条）、これに対して、仕入税額控除を主張する原告は、仕入税額控除の積極要件として、当該課税期間中に国内で行った課税仕入れの存在及びこれに対する消費税の発生の各事実を主張、立証すべきこととなり（法30条1項）、さらに、仕入税額控除の消極要件である法定帳簿等を「保存しない場合」に該当することは、被告において主張、立証すべく、これに対して、保存できなかったことにやむを得ない事情が存する事実を原告が主張、立証すべきものと考えられるのである。

　《中略》

　もっとも、<u>保存の意義を既に説示したように解するときは、被告は、処分の適法性との関係では、法定帳簿等の保存期間のうち課税処分時までのある時点で、適法な調査に応じて提示できる状態、態様での保存がなかった事実を主張、立証すれば足りることになり、通常は、課税処分のための調査又は当該課税処分の時に法定帳簿等の提示がなかった事実を主張、立証すれば、右の意義での「保存」がなかった事実を推認することができることとなる。</u>

　平成11年東京地判は、「租税関係法令を含め行政法規は行政手続を念頭において規定される結果、訴訟上の要件事実の分類を意識した表現が用いられていない場合もあるものと解される」と述べつつも、法30条7項については、上記の引用どおり、「『法律要件分類説の再生』ともいうべき画期的な判決」（今村・前掲書176頁）と評される判断を示したのである。

2　要件事実論の法創造機能の意味と問題性

　平成16年最判（及びそこで参照されている別件平成16年最判）における「保存」の意義に関する解釈（縮小解釈）が、平成10年東京地判及び平成11年東京地判におけるそれと基本的に同じものであることについては既に**Ⅲ**1で述べたが、平成16年最判は、少なくとも判決文上は、平成10年東京地判及び平成11年東

地判とりわけ後者とは異なり、要件事実論的解釈について踏み込んだ判断を示していない。

ただ、既に **II** 2 でみたように、滝井反対意見は多数意見の解釈（縮小解釈）に、「これ［＝帳簿等の不提示］を保存しなかったものと同視するに帰着する」として反対しているが、その反対は、そのような要件事実論的縮小解釈が「法解釈の限界を超える」と考える立場に立脚するものと解される。滝井反対意見がそのような立場に立っていることは、次の説示（下線・傍点筆者）からも窺われる。

> 事業者が法の要求している帳簿等を保存しているにもかかわらず、正当な理由なくその提示を拒否するということは通常あり得ることではなく、<u>その意味で正当な理由のない帳簿等の提示の拒否は、帳簿等を保存していないことを推認させる有力な事情である。</u>しかし、<u>それはあくまで提示の拒否という事実からの推認にとどまるのであって、保存がないことを理由に仕入税額控除を認めないでなされた課税処分に対し、所定の帳簿等を保存していたことを主張・立証することを許さないとする法文上の根拠はない</u>（消費税法施行令66条は還付等一定の場合にのみ帳簿等の提示を求めているにすぎない。）。

ここで述べられている立場は、法30条7項の解釈において要件事実論に一定の有用性を認めつつも（上記引用中の1つ目の下線部参照）、平成11年東京地判の要件事実論的縮小解釈（前記1の2つ目の囲み）を「法文上の根拠」なしに更に推し進めその法創造機能を過度に承認することは許されない、とするものであると解される。

そもそも、要件事実論は、民事実体法の解釈を通じて主張立証責任の観点から民事実体法を裁判規範（裁判上の推論ルール）として再構成する機能を有するが、「要件事実論が実体法の解釈学に影響を及ぼしたことも否定することができない。」（原田和徳「要件事実の機能―裁判官の視点から」伊藤滋夫編『民事要件事実講座　第1巻』（青林書院・2005年）70頁、87頁）のである。筆者は要件事実論のそのような機能を「**要件事実論の法創造機能**」と呼ぶことにしている（前掲拙著『税法創造論』332頁［初出・2016年］参照）。

　課税要件法の要件事実論的解釈も同様の機能を有する。というのも、「実体法は、権利の体系として構成され、ある一定の事実関係があるときは、ある一定の法律的に意味のある効果が発生するという形で構成されている。」（原田・前掲論文79頁）ところ、課税要件法も、課税要件が租税法律の枠内ではあれ、民事実体法の法律要件と同じく、権利（租税債権）義務（租税債務）の成立要件であるという点で、民事実体法と同様に構成されているといえるからである（前掲拙著『税法基本講義』【54】参照）。

　要件事実論の法創造機能は、民事実体法について裁判規範（裁判上の推論ルール）の定立（創造）だけにとどまらず、その裁判規範が実体法に「投影」されて実体法を「創造」したのと同じ結果に帰着することをも含むものである。課税要件法の要件事実論的解釈も同様の機能を有するが、この機能は、租税法律主義の下での厳格な解釈の要請に反し許容されない（前掲拙著『税法創造論』355頁［初出・2016年］参照）。滝井反対意見が多数意見に対して「これ［＝帳簿等の不提示］を保存しなかったものと同視するに帰着する」と述べるのは、まさに**要件事実論的縮小解釈の実体法創造機能**を問題にするものと解される。

　この点に関する滝井反対意見の問題意識は、別件平成16年最判に関する調査官解説（髙世・前掲「判解」）から読み取ることができるように思われる。同調査官解説は、帳簿等の「保存」の意義について別件平成16年最判の解釈（すなわち平成16年最判の多数意見の解釈）を示し（髙世・前掲「判解」804頁）、その上で次のとおり述べている（同805頁。下線・傍点筆者）。

　法30条7項は、法58条の場合と同様に、当該課税期間の課税仕入れ等の税額の控除に係る帳簿又は請求書等が税務職員による検査の対象となり得ることを前提にしているものであり、事業者が、国内において行った課税仕入れに関し、法30条8項1号所定の事項が記載されている帳簿を保存している場合又は同条9条1項所定の書類で同号所定の事項が記載されている請求書等を保存している場合において、税務職員がそのいずれかを検査することにより課税仕入れの事実を調査することが可能であるときに限り、同条1項を適用することができることを明らかにするものであると解される。そうすると、法30条7項は、法58条が上記のように規定する命題の対偶をなす命題を規定しているものという

ことができるから、法30条7項にいう「事業者が当該課税期間の課税仕入れ等
の税額の控除に係る帳簿又は請求書等を保存しない場合」とは、税務職員によ
る検査に当たり、①　事業者が帳簿又は請求書等を物理的にその状態のままで
保管しているとはいえなかった場合（事業者がそもそも帳簿を備え付けていな
かった場合、事業者が帳簿を備え付けたもののこれに所定の事項を記録しなかっ
た場合又は事業者がいったん帳簿を備え付け、これに所定の事項を記録してい
たものの、税務職員による検査に先立ってこれを廃棄してしまった場合におい
て、事業者が上記検査に先立ってこれを廃棄してしまったとき）及び②　事業
者が帳簿又は請求書等を物理的にそのままの状態で保管していたものの、事業
者が帳簿又は請求書等を税務職員による検査に当たって適時に提示することが
可能なように態勢を整えて保存していたとはいえなかった場合をいうものと解
するのが相当である（……）。

　滝井反対意見は、前述のとおり、多数意見の解釈（縮小解釈）に、「これ［＝
帳簿等の不提示］を保存しなかったものと同視するに帰着する」として反対し、
そのような要件事実論的縮小解釈は「法解釈の限界を超える」と述べているが、
そこで説いている、帳簿等の不提示と保存しなかったものとの**「同視」**論は、
上記調査官解説が説いている、法30条7項の命題と法58条の命題との**「対偶」**
論を多数意見が前提にしているとの理解に基づくものであると解される。

　もしそのような「対偶」論が純粋に**論理則**に従って何らの前提なしに成り立
つ考え方であれば、滝井反対意見の「同視」論は多数意見に対する反対の論拠
としては妥当でないことになろうが、しかし、前記調査官解説の説く「対偶」
論は、純粋に論理則に従って何らの前提なしに成り立つ考え方ではなく、次の
引用（高世・前掲「判解」806頁。下線・傍点筆者）にみられるような現行税法に
内在する一定の価値判断を前提とする考え方である。

法58条にいう「保存」及び法30条7項にいう「保存しない場合」の意義を解釈
するに当たっては、申告納税制度の趣旨、仕組み、法62条、68条1項の各規定
と切り離すことはできないのであり、これらの中に的確に位置付けて解釈する
ことが必要であろう（……）。これらを踏まえて解釈すると、法30条7項は、法

郵便はがき

5 3 0 - 8 7 9 0

4 7 8

大阪市北区天神橋2丁目北2－6
大和南森町ビル

株式会社 清文社 行

‖l‖l‖ll‖‖ll‖‖‖l‖‖l‖l‖l‖l‖l‖l‖l‖l‖l‖l‖‖l‖l‖‖‖ll‖

ご住所 〒（　　　　　　　　）

ビル名　　　　　　　　　（　　階　　　号室）

貴社名

　　　　　　　　　　部　　　　　　　課

ふりがな
お名前

電話番号

ご職業

※本カードにご記入の個人情報は小社の商品情報のご案内、またはアン
ケート等を送付する目的にのみ使用いたします。

─愛読者カード─

ご購読ありがとうございます。今後の出版企画の参考にさせ
ていただきますので、ぜひ皆様のご意見をお聞かせください。

■本書のタイトル (ご購入いただいた書名をお書きください)

1. 本書をお求めの動機

1.書店でみて（　　　　　　　　）　2.案内書をみて

3.新聞広告（　　　　　　　　）　4.インターネット（　　　　　　　　）

5.書籍・新刊紹介（　　　　　）　6.人にすすめられて

7.その他（　　　　　　　　）

2. 本書に対するご感想 (内容、装幀など)

3. どんな出版をご希望ですか (著者・企画・テーマなど)

■小社新刊案内(無料)を希望する　1. 郵送希望　2. メール希望

◆メール案内ご希望の方は、下記にご記入下さい

E-mail

> 58条の場合と同様に、当該課税期間の課税仕入れ等の税額の控除に係る帳簿又
> は請求書等が税務職員による検査の対象となり得ることを前提にしているもの
> であり、事業者が、国内において行った課税仕入れに関し、法30条8項1号所
> 定の事項が記載されている帳簿を保存している場合又は同条9条1号所定の書
> 類で同号所定の事項が記載されている請求書等を保存している場合において、
> 税務職員がそのいずれかを検査することにより課税仕入れの事実を調査するこ
> とが可能であるときに限り、同条1項を適用することができることを明らかに
> することが可能であると解される……。

　つまり、前記調査官解説の説く「対偶」論は、法30条7項にいう「保存しな
い場合」を「申告納税制度の趣旨、仕組み、法62条、68条1項の各規定」の中
に「的確に位置付けて解釈する」ことにより得られる「法58条の場合と同様」
の「前提」の下でのみ、成り立つ考え方であると解される。

　そうすると、前記調査官解説の説く「対偶」論は、別件平成16年最判の解釈
（すなわち平成16年最判の多数意見の解釈）の法的根拠を「申告納税制度の趣旨、
仕組み、法62条、68条1項の各規定」の中に見出していることになろうが、滝
井反対意見は、その法的根拠が文言による表現に匹敵するほどの明確性をもっ
て一般に認識可能であるとはいえず、したがって、それを「法文上の根拠」と
は認めなかったが故に、そのような解釈に対して「法解釈の限界を超える」と
して反対したものと解される。

　要するに、滝井反対意見は、要件事実論的縮小解釈の実体法創造機能に対し
て「法解釈の限界」を明確に示し歯止めをかけたものとして、租税法律主義の
下で高く評価すべきものであるといえよう。

Ⅳ　おわりに

　本稿では、消費税帳簿等不提示事件に関する平成16年最判を素材にして、特
に多数意見と滝井反対意見とを対比しながら、法30条7項にいう「保存」の意
義に関する要件事実論的縮小解釈の限界を検討した。

　一般に、「要件事実論は、必然的に論理的かつ緻密な検討を要する」（原田・

前掲論文86頁）と説かれるが、平成16年最判の要件事実論的縮小解釈も、これが法30条7項の命題と法58条の命題との「対偶」論を前提にしていると解する場合には、一見すると、論理則に従った緻密な解釈であるかのように思われる。

　ただ、**論理解釈**が「解釈の対象たる法規の体系的連関を考慮しながら行われる解釈」（田中成明『現代法理学』（有斐閣・2011年）467頁）であり（その意味で**体系的解釈**ともいわれる）、「法規相互の体系的連関は、究極的には目的論的判断によって確定されなければならないことが多い」（同467-468頁）といわれるように、上記の「対偶」論を前提とするという意味での一種の論理解釈も、純粋に論理則に従った解釈ではなく、前記の「申告納税制度の趣旨、仕組み、法62条、68条1項の各規定」の体系的連関を確定する目的論的判断を基準にして行われる解釈であると考えられる。

　そうすると、平成16年最判の要件事実論的縮小解釈は、一種の目的論的解釈であるが、その基準となるべき目的論的判断が文言による表現に匹敵するほどの明確性をもって一般に認識可能であるとはいえない以上、「法解釈の限界」を超え法創造の領域に踏み込んだものと考えざるを得ない。滝井反対意見は、正当にも、このことを明らかにし、租税法律主義の下での厳格解釈を説くものとして高く評価すべきものである。

　なお、滝井反対意見に対するこのような評価は、別件平成16年最判に関する前記調査官解説も認めざるを得なかったようであるが（髙世・前掲「判解」806頁参照）、それでも、同解説は、下記のとおり述べ（同807頁。下線筆者）、国民の予測可能性・法的安定性の確保の有無について検討した上で、別件平成16年最判の解釈（縮小解釈）が「国民にとって不意打ちになるとは考え難い」（同808頁）、「租税法律主義に反するものではない」（同）と述べている。

　　憲法84条が規定する租税法律主義は、租税の賦課、徴収が、法律の根拠に基づき、法律に従って行われなければならないとする原則であり、国民にとって将来の予測を可能にし、法的安定を確保することを目的とする。法30条7項にいう「保存しない場合」の意義については、前記のとおり、申告納税制度の趣旨、仕組み、法62条、68条1号の各規定と切り離して解釈することはできないから、前記のとおりに解釈することとなるが、<u>そのように解釈すると、これを</u>

文脈から離れた「保存」の語の一般的な意味と比較すればその一部に限定して解釈していることになる（……）。そこで、そのような解釈が国民にとって不意打ちとなるかどうかが問題となるが、申告納税制度の趣旨及び仕組み、法令により帳簿書類の備付け、記録及び保存義務が課されていること並びに納税義務者が果たすべき役割及び税務署長が果たすべき役割（申告の審査、税務調査の実施等）は、国民に広く知られているところである（……）。法令による帳簿書類の備付け、記録及び保存義務は税務職員による検査と切り離して考えることができないものであり、税務職員が帳簿書類を検査することができる以上、その提示を求めることができることもまた、当然のことである。そして、国民は、私法上の債務の履行、弁済の提供という局面を数多く経験しているのであり、この局面では、債務者が、履行、弁済の意思をもって、必要とされる程度の履行、弁済の提供をしなければならないこと（民法493条参照）、債務の履行は信義誠実の原則に従って行われなければならないことを十分認識しているということができよう。このように、取引等を通じて蓄積され、醸成された国民の経験、取引観念に照らせば、私法上の債務の履行、弁済の提供という局面とは異なる局面であるとはいえ、本判決が判示した、税務職員が帳簿書類を適時に検査することができるように、その備付け、記録及び保存がされるべきことが制度上当然の前提とされているという考え方に、大多数の国民が違和感を覚えるとは考え難いように思われる。

　しかし、これは「強弁」ともいうべき言説である。「そのような解釈が国民にとって不意打ちになるかどうか」を租税法律主義の観点から判断する場合、税法の枠内で申告納税制度や記帳義務等に関する国民の認知・理解の状況を問題にするだけならまだしも、なぜ、私的取引等の局面における国民の経験・取引観念に照らし、さらには国民の法感覚・法感情にまで訴えて検討する必要があるのか、理解し難いところである。

　敢えてその理由を推測すれば、前記調査官解説は法30条7項の命題と法58条の命題との「対偶」論に拘泥しすぎたが故に、「**論理則のワナ**」ともいうべき思考の隘路から抜け出せなくなり、「強弁」を重ねたのではないかと思われる。確かに、対偶は論理学の命題の1つではあるが、しかし、前記調査官解説の説く「対偶」論は、純粋に論理則に従って何らの前提なしに成り立つ考え方では

なく、前記の「申告納税制度の趣旨、仕組み、法62条、68条1項の各規定」の体系的連関及びそこの含まれる価値判断を前提にして初めて成り立つ考え方であることは、既にみたように、同解説自体も認めているところである。ただ、同解説はそのことを正面から認めたわけではなく、あくまでも「対偶」論を前提とし、もって論理則に従った解釈をいわば「装う」ことに拘ったが故に、思考の隘路に陥ったのではないかと思われるのである。

　同様の問題は、税法の分野で要件事実論が本格的に議論された、私法上の法律構成による否認論の場面（前記**I**参照）でも、みられる。私法上の法律構成による否認論は、経験則の中に租税回避目的を混入させ（**租税回避目的混入論**。これについては拙著『租税回避論』（清文社・2014年）39-43頁［初出・2004年］参照）、もって租税回避目的という経済的な動機・意図を重視した（経済的）実質主義的事実認定を行いながらも、経験則に従った事実認定を「装う」ことで租税法律主義との抵触を回避しようとするものである。この点について筆者は次のとおり説いてきたところである（前掲拙著『税法基本講義』【74】。下線本稿筆者。同『租税回避論』129頁［初出・2005年］も同旨）。

　　私法上の法律構成による否認論は、主要事実の捉え方だけからすると、課税要件事実の認定基準とされる「実体」や「実質」を私法上の真実の法律関係とする法的実質主義（⇒【57】）の単なる言い換えにすぎず、特に問題のある考え方ではないようにも思われる。しかし、法的実質主義では、私法上の法律関係が真実であるということは、それが仮装でないということを意味するにとどまる（べきである）。租税回避事案では、仮装行為（⇒【62】）の場合とは異なり、租税回避目的に相応する真実の法律関係が形成される以上、租税回避目的を、その目的で形成された法律関係が仮装であること（法的実質主義からいえば、真実でないこと）の重要な間接事実とすることはできない（……）。したがって、私法上の法律構成による否認論を法的実質主義の単なる言い換えとみることはできないであろう（……）。

　　にもかかわらず、租税回避目的を、当事者の選択した法形式が真実の法律関係と異なることの重要な間接事実とみるのであれば、その前提として次のような価値判断が先行しているように思われる。それは、租税回避目的という経済

的に不合理・不自然な目的をもって当事者が選択した法形式は、経験則によれば、取引通念上特段の事情のない限り選択したであろう法形式（通常の法形式）とは異なる法形式（異常な法形式）であるから、取引通念に照らし通常の法形式を想定して定められた課税要件への該当性の判断においては、反証のない限り、真実の法律関係に合致しないものとして無視し、通常の法形式に引き直すべきであるというような、<u>経験則を基点としてその名の下でなされる価値判断</u>である。<u>そのような価値判断を前提にすれば</u>、当事者が租税回避目的をもってある法形式を選択した場合、その法形式が真実の法律関係と異なることが強く推認されるので、反証のない限り、その法形式とは異なる、課税要件法上想定されている通常の法形式を基準にして、課税の適否を判断すべきである、というような推論ルールが成立することになろう。

　このような推論による帰結は、租税回避の否認と原則として同じ意味をもつ。ただし、実体法（課税要件法）のレベルでの租税回避の否認とは異なる（……）。私法上の法律構成による否認論は、その狙いが租税回避事案における契約解釈あるいは契約の法的性質決定に関する裁判上のルールの確立にあることをも考慮すると、要件事実論の観点から実体法の解釈にアプローチし、「法の目的」等の総合的考慮に基づき、実体法を「立証責任の分配という視点」を踏まえた裁判規範として、再構成（場合によっては「補正」）する考え方（⇒【55】）を、租税回避事案における課税要件法の解釈の場面に応用しようとするものであると解される。つまり、立証責任の分配を考慮して課税要件法を解釈し、その適用に関する裁判上のルールを確立するに当たって、税法の目的（特に租税負担の公平＝租税正義の実現という租税立法一般の動機［⇒【18】］を重視するのであろう）等の総合的考慮に基づき、租税回避の経済的不合理性や異常性、換言すれば、租税回避の不当性、の見地から、課税要件法を訴訟法上再構成し、その中に前記のような裁判上の推論ルールとして租税回避の一般的否認規定（民法に関する要件事実論で説かれることがある「裁判規範としての民法」に相当するいわば**「裁判規範としての一般的否認規定」**）を措定しようとする考え方であると解されるのである。

　このように、私法上の法律構成による否認論も、純粋に経験則に従って何らの前提なしに成り立つ考え方ではなく、上記のような一定の価値判断を前提に

して初めて成り立つ考え方であると考えられるが、そうではなく純粋に経験則に基づく推論を「装う」が故に、経験則の中に租税回避目的に対する一定の価値判断を混入させる租税回避目的混入論という思考の隘路に陥ったのではないかと思われる。ここに「**経験則のワナ**」が看取される。

　いずれにせよ、要件事実論は、以上で明らかにしてきた「論理則のワナ」や「経験則のワナ」に囚われる危険性を孕むものである以上、税法の解釈適用から解釈適用者の価値判断を極力排除し、もって法律に基づく課税を貫徹しようとする租税法律主義の支配する税法の分野では、慎重に用いることが強く要請されると考えるところである。

「租税法上の一般原則としての平等原則」と事実認定による否認論

財産評価基本通達総則6項事件・最判令和4年4月19日民集76巻4号411頁

Ⅰ　はじめに

14では、税法における要件事実論的解釈の意義と限界について、消費税帳簿等不提示事件に関する最判平成16年12月20日判時1889号42頁を素材にして検討したが、その**Ⅳ**（おわりに）では、同最判に関する調査官解説の説く「対偶」論（髙世三郎「判解」最判解民事篇（平成16年度・下）792頁、805頁参照）にみられる**「論理則のワナ」**を指摘し、関連して同様の指摘を私法上の法律構成による否認論にみられる**「経験則のワナ」**についても行った。

14では、「論理則のワナ」を税法の解釈（要件事実論的解釈）について問題にしたが、それは、事実認定も論理則に従って行われる以上、課税要件事実の認定についても問題になり得るものである。いずれにせよ、「論理則のワナ」も「経験則のワナ」も、純粋に論理則あるいは経験則に基づく推論を「装う」が故に、思考の隘路に陥ってしまうことを比喩的かつ批判的に表現しようとしたものである。

このようなことを考慮して、拙著『税法基本講義〔第7版〕』（弘文堂・2021年）【55】では、14（特に**Ⅱ**2）で取り上げた滝井繁男裁判官の反対意見を参照しながら次のとおり述べた。

司法過程における要件事実論それ自体の機能・有用性を否定するものではないが（ただし、**権利義務の発生要件の「カスタマイズ」**は、契約自由の原則の下では「許容」されるのに対して、租税法律主義の下では「禁止」される、という根本的な違いがあることには十分に注意する必要がある）、課税要件法の解釈に要件事実の観点からアプローチする場合には、常に「法解釈の限界」を明確に意識した慎重な解釈態度をとるべきであろう（前掲消費税帳簿書類不提示〔渡

邉林産〕事件・最判の滝井繁男裁判官反対意見参照）。とりわけ、課税の範囲を拡大する結果につながるような要件事実論的解釈については、特に慎重な判断が必要であろう（私法上の法律構成による否認論について⇒【73】以下）。

上記引用の最後の部分で「私法上の法律構成による否認論」を参照しているが、その参照は、同論について問題にする「経験則のワナ」と要件事実論的解釈について問題にする「論理則のワナ」との関連性を念頭に置いて、行ったものである。

本稿では、私法上の法律構成による否認論をより広く**事実認定による否認論**として捉え（前掲拙著【73】参照）そこに検討の視座を置いた上で、相続財産の評価に対する「平等原則」の適用により、実質的には事実認定による否認を認めたものとみることができる最判令和4年4月19日民集76巻4号411頁（以下「本判決」という）について検討し、「経験則のワナ」の新たな一面（「体系化された経験則のワナ」）を明らかにすることにしたい。

Ⅱ　本判決の判旨

本件は、94歳で死亡した被相続人が90歳及び91歳の時に銀行等からの借入金によって購入したマンション（以下「本件各不動産」という）につき、相続人が財産評価基本通達（以下「評価通達」という）の定める評価方法により、その価額を評価して相続税の申告をしたところ、所轄税務署長から本件各不動産の価額は評価通達の定めによって評価することが著しく不適当と認められるから別途実施した鑑定による評価額をもって評価すべきである（評価通達6参照）として、更正処分等を受けたため、これらの取消しを求める事案である。

本判決は、まず、相続税法22条の定める「時価」の意義及び評価通達の法的性格について次のとおり判示した（下線筆者。以下「判旨①」という）。

相続税法22条は、相続等により取得した財産の価額を当該財産の取得の時における時価によるとするが、ここにいう時価とは当該財産の客観的な交換価値をいうものと解される。そして、評価通達は、上記の意味における時価の評価

方法を定めたものであるが、上級行政機関が下級行政機関の職務権限の行使を指揮するために発した通達にすぎず、これが国民に対し直接の法的効力を有するというべき根拠は見当たらない。そうすると、相続税の課税価格に算入される財産の価額は、<u>当該財産の取得の時における客観的な交換価値としての時価を上回らない限り</u>、同条に違反するものではなく、このことは、当該価額が評価通達の定める方法により評価した価額を上回るか否かによって左右されないというべきである。

次に、「租税法上の一般原則としての平等原則」の適用との関係で、次のとおり判示して（下線筆者。以下「判旨②」という）、評価通達の定める評価方法の射程を画した。

他方、<u>租税法上の一般原則としての平等原則</u>は、<u>租税法の適用に関し</u>、同様の状況にあるものは同様に取り扱われることを要求するものと解される。そして、評価通達は相続財産の価額の評価の一般的な方法を定めたものであり、課税庁がこれに従って画一的に評価を行っていることは<u>公知の事実</u>であるから、課税庁が、特定の者の相続財産の価額についてのみ評価通達の定める方法により評価した価額を上回る価額によるものとすることは、たとえ当該価額が客観的な交換価値としての時価を上回らないとしても、<u>合理的な理由がない限り</u>、上記の平等原則に違反するものとして違法というべきである。もっとも、上記に述べたところに照らせば、相続税の課税価格に算入される財産の価額について、<u>評価通達の定める方法による画一的な評価を行うことが実質的な租税負担の公平に反するというべき事情がある場合には、合理的な理由があると認められる</u>から、当該財産の価額を評価通達の定める方法により評価した価額を上回る価額によるものとすることが上記の平等原則に違反するものではないと解するのが相当である。

最後に、次のとおり判示して（下線筆者。以下「判旨③」という）、本件において、判旨②第3文にいう「評価通達の定める方法による画一的な評価を行うことが実質的な租税負担の公平に反するというべき事情」があるとして、評価通達の定める評価方法によらずこれによる評価額を上回る価額で評価するとい

う区別取扱いに「合理的な理由がある」と認めた。

　　これを本件各不動産についてみると、本件各通達評価額と本件各鑑定評価額との間には大きなかい離があるということができるものの、このことをもって上記事情があるということはできない。
　　もっとも、本件購入・借入れが行われなければ本件相続に係る課税価格の合計額は6億円を超えるものであったにもかかわらず、これが行われたことにより、本件各不動産の価額を評価通達の定める方法により評価すると、課税価格の合計額は2826万1000円にとどまり、基礎控除の結果、相続税の総額が0円になるというのであるから、上告人らの相続税の負担は著しく軽減されることになるというべきである。そして、被相続人及び上告人らは、本件購入・借入れが近い将来発生することが予想される被相続人からの相続において上告人らの相続税の負担を減じ又は免れさせるものであることを知り、かつ、これを期待して、あえて本件購入・借入れを企画して実行したというのであるから、租税負担の軽減をも意図してこれを行ったものといえる。そうすると、本件各不動産の価額について評価通達の定める方法による画一的な評価を行うことは、本件購入・借入れのような行為をせず、又はすることのできない他の納税者と上告人らとの間に看過し難い不均衡を生じさせ、実質的な租税負担の公平に反するというべきであるから、上記事情があるものということができる。

Ⅲ　本判決の評価

1　財産評価に関する判例の踏襲（判旨①）

　本判決は、まず、判旨①において、相続税法22条にいう「時価」の意義について、従来の判例（最判平成22年7月16日訟月57巻6号1910頁。地方税法341条5号にいう「適正な時価」に関して最判平成15年6月26日民集57巻6号723頁、最判平成25年7月12日民集67巻6号1255頁参照）に従い、「当該財産の客観的な交換価値」と解している（判旨①第1文）。また、評価通達が「国民に対し直接の法的効力を有する」法規でない旨を判示するが（判旨①第2文）、これも確立した判例である（最判昭和33年3月28日民集12巻4号624頁のほか最判令和2年3月24日判

タ1478号21頁の宇賀克也裁判官補足意見も参照）。

　これらを前提にして、本判決は「相続税の課税価格に算入される財産の価額は、当該財産の取得の時における客観的な交換価値としての時価を上回らない限り、同条に違反するものではな［い］」と判示するが（判旨①第3文）、この判断は、固定資産税において固定資産の登録価格が「適正な時価」を上回ればその登録価格の決定は違法となるとする判例（前掲最判平成15年6月26日、最判平成27年7月12日）が当然前提にしていると解される立場を、相続税の課税においても踏襲したものと解される。

2　判例・通説の平等判断枠組みの「表層的確認」（判旨②第1文及び第2文）

　次に、判旨②第1文の主語である「**租税法上の一般原則としての平等原則**」（本判決はその根拠条文を示していない）が何を意味するかは更に検討を要すると考えるところであるが、その意味については後の4で述べることにして、判旨②の第1文の述語部分及び第2文で述べられていることからすると、「租税法上の一般原則としての平等原則」は、一見したところ（その「表層」においては）、税法学説において**租税平等主義**あるいは**租税公平主義**と呼ばれる憲法原則を意味するようにも思われる。

　平等原則（憲法14条1項）は、判例・通説によれば、**相対的平等**の観念に基づき**差別（不合理な区別）の禁止**あるいは**合理的区別の許容**の意味に理解され（判例については最大判昭和39年5月27日民集18巻4号676頁、最大判昭和60年3月27日民集39巻2号247頁等、学説については長谷部恭男編『注釈日本国憲法(2)　国民の権利及び義務(1)　§§10〜24』（有斐閣・2017年）169頁［川岸令和執筆］参照。本稿では、この意味での判断枠組みを「**判例・通説の平等判断枠組み**」という）、税法の分野では租税平等主義あるいは租税公平主義として次のとおり説かれている（ⓐ＝清永敬次『税法〔新装版〕』（ミネルヴァ書房・2013年）32頁、ⓑ＝金子宏『租税法〔第24版〕』（弘文堂・2021年）88頁。前掲拙著【21】も同旨）。

【ⓐ】
　憲法14条1項の規定は、「すべて国民は、法の下に平等であっ^{［ママ］}て、人種、信条、性別、社会的身分又は門地により、政治的、経済的、又は社会的関係に

おいて、差別されない。」と定める。これはいわゆる平等原則を定めるものであるが、租税平等主義というのは、租税の領域にあらわれた平等原則を指すものである。

【ⓑ】

　税負担は国民の間に担税力に即して公平に配分されなければならず、各種の租税法律関係において国民は平等に取り扱われなければならないという原則を、租税公平主義または租税平等主義という。これは、近代法の基本原理である平等原則の課税の分野における現われであり、直接には憲法14条１項の命ずるところであるが、内容的には、「担税力に即した課税」（taxation according to ability to pay, Besteuerung nach Leistungsfähigkeit）と租税の「公平」（equity, Gleichheit）ないし「中立性」（neutrality）を要請するものである。

　しかも判旨②第２文は、上記ⓐにいう「租税平等主義」のうち「税法の執行上の原則としての租税平等主義」について次のとおり説く見解（清永・前掲書33頁。下線筆者。以下「清永説」という）が採用する判断枠組みを、そのままの形でではないにしても「租税法上の一般原則としての平等原則」の判断枠組みとして、採用したものであると解される。

　税法の執行上の原則としての租税平等主義は、例えば、通達の適用との関係で問題になるであろう。財産の評価が、ある通達（例、財産評価基本通達）によって一般的に行われているようなときに、ある特定の納税者については<u>特別の事情がない</u>にもかかわらず別の基準による評価がなされるような場合である。その特定の納税者に対する別の評価基準の適用がむしろ税法令の定めるところ［＝時価］に合致するような場合でも、この場合は税法令への適合性の要請は退き、租税平等主義により、特定の納税者に対する別の評価基準の適用は恣意的な差別として許されないというべきであろう。

　ここで注意しなければならないのは、清永説はある特定の納税者について特別の事情が「ない」場合に関する判断枠組みを示したものであって、その判断枠組みがある特定の納税者について特別の事情が「ある」場合にもその「裏」

（論理学）として妥当する判断枠組みとなり得ることを説くものとは当然には
いえず、また、もし清永説が特別の事情が「ある」場合をも想定しているとし
ても、「特別の事情」を租税平等主義違反の正当化事由として想定していると
いえるかどうか、さらには「実質的な租税負担の公平に反するというべき事
情」（判旨②第３文）の意味において想定しているとまでいえるかどうかも明ら
かでない、ということである。

　ここでは清永説に関する更なる検討は留保した上で、「特別の事情」をめぐ
る従来の裁判例をみておくと、特別の事情が「ない」場合については次の©の
判示（東京地判平成25年12月13日訟月62巻８号1421頁）のように清永説を基本的
に採用したものと解される裁判例があり（最判平成22年７月16日訟月57巻６号
1910頁も参照）、他方、特別の事情が「ある」場合については次の⒟の判示（大
阪高判平成10年４月14日訟月45巻６号1112頁。下線筆者）にみられるような©の
「裏」的判断が示されてきた（東京地判平成13年11月２日税資251号順号9018、東
京高判平成15年３月25日訟月50巻７号2168頁、大阪高判平成17年５月31日税資255号
順号10042、那覇地判平成21年10月28日税資259号順号11301等参照）。

【©】

　評価通達に定められた評価方式が贈与により取得した財産の取得の時におけ
る時価を算定するための手法として合理的なものであると認められる場合にお
いては、……、評価通達の定める評価方式が形式的に全ての納税者に係る贈与
により取得した財産の価額の評価において用いられることによって、基本的に
は租税負担の実質的な公平を実現することができるものと解されるのであって、
同条〔＝相続税法22条〕の規定もいわゆる租税法の基本原則の１つである租税
平等主義を当然の前提としているものと考えられることに照らせば、評価通達
に定められた評価方式によっては適正な時価を適切に算定することのできない
特段の事情があるとき（評価通達６参照）を除き、特定の納税者あるいは特定
の財産についてのみ評価通達に定められた評価方式以外の評価方式によってそ
の価額を評価することは、たとえその評価方式によって算定された金額がそれ
自体では同条の定める時価として許容範囲内にあるといい得るものであったと
しても、租税平等主義に反するものとして許されないものというべきである。

【ⓓ】

（一）　相続税法によれば、相続税は、相続又は遺贈により取得した財産の価額の合計額を課税価格とするものであり（同法11条の２）、その財産の価額は、時価による評価が困難な財産を除いては、当該財産の取得の時、すなわち相続時における時価によることとされており（同法22条、時価主義の原則）、ここにいう時価とは、当該財産の客観的な交換価値、すなわち不特定多数の独立した当事者間の自由な取引において通常成立すると認められる価額と解される。この時価主義の原則は、相続税が相続又は遺贈を原因として取得した財産に担税力を認めて課される税であるから、その相続時における時価、すなわち通常の取引価格の合計を課税価格とすることが最もその趣旨にかなうという理由によるものである。

（二）　もっとも、相続税の課税対象となる財産は多種多様であり、これら各財産の通常の取引価格は必ずしも一義的に確定されるものではないことから、国税庁においては、相続税財産評価に関する基本通達（……）を定め、内部的な取扱いを統一するとともに、これを公開し、納税者の申告・納税の便に供し、もって申告及び課税事務の公平、迅速で円滑な運用に資することとしているところであり、社会的に、この基本通達における財産評価の方法には一応の妥当性が認められていることは、当裁判所に顕著である。

評価基本通達のこのような性格や妥当性に照らすと、相続税に係る財産の評価に当たっては原則として同通達によるべきものということができる。しかしながら、<u>同通達に従って課税価格を算定することが負担の実質的公平を損なう等著しく不合理な結果になると認められる特段の事情がある</u>場合には、同通達によらず、他の適正、妥当な合理的と認められる方法により評価すべきものと解される。

このように上記ⓓの判示は、上記ⓒの判示とは異なり、租税平等主義を（少なくとも明示的には）援用していないが、判旨②第２文は、上記ⓓと内容的に同様の判示につき「租税法上の一般原則としての平等原則」を援用していることからすると、既に述べたように、そこで引用した清永説の判断枠組みを、そのままの形でではないにしても「租税法上の一般原則としての平等原則」の判断枠組みとして判示したものと解されるのである（なお、木山泰嗣「判例からみ

る税法解釈第42回　評価通達によらない財産評価と平等原則（最高裁令和4年4月19日第三小法廷判決・裁判所HP）」税理65巻7号（2022年）120頁、121頁は、特別の事情が「ない」場合に関する従来の裁判例の立場を「特別事情論」と呼び、本判決の立場を「事情法理」と呼んで、両者を区別している）。

　この点について若干付言しておくと、そもそも、判例・通説の平等判断枠組みは、「法の下の平等」の意味をめぐる議論が**法適用平等説**（立法者非拘束説）から**法内容平等説**（立法者拘束説）、「正確にいえば法内容・適用平等説」（内野正幸『憲法解釈の論点〔第4版〕』（日本評論社・2005年）49頁）へと展開されてきた経緯（長谷部編・前掲書170-171頁［川岸執筆］参照）に鑑みても、法の適用について妥当することに異論はないであろうし、また、次の見解（浦部法穂『憲法学教室〔全訂第2版〕』（日本評論社・2009年）108-109頁）も説くように、「事実状態の違い」によって当該区別取扱いの差別該当性又は合理的区別該当性の判断が左右される以上、平等原則違反を正当化する「合理的な理由」は、事実認定のレベルでも問題になり得るはずである。

> そもそも、異なった取扱いが合理的であるか否かは、各人のそなえているさまざまな事実状態の違いのうち、どれに着目し、どのような権利・利益について、どの程度に異なった取扱いをするか、によって一様ではない。同じ違いに着目したものであっても、そこで問題になっている権利・利益がなにかによって、ある場合には合理的なものとみることができ、ある場合には不合理なものとみなければならない、ということになるし、同じ権利・利益が問題になったときにも、異なった取扱いの基礎とされている事実状態の違いがどのようなものかによって、また、結論は分かれうるのである。だから、憲法上禁止される「差別」と許される「合理的区別」を分かつ標準を、一口でいうことは困難である。

　そうすると、本判決は、判例・通説の平等判断枠組みの適用を（大嶋訴訟・最大判昭和60年3月27日民集39巻2号247頁など多くの判例とは異なり）法内容の平等判断に関してではなく法適用の平等判断に関して（判旨②第1文では「租税法の適用に関し」）確認した点に、その意義と特徴があると考えられる。もっとも、その確認は本判決においては「租税法上の一般原則としての平等原則」のいわ

ば「表層」（判旨②第1文及び第2文参照）でされたものであって、次の3で述べるように、筆者としては、本判決は「租税法上の一般原則としての平等原則」の「深層」（判旨②第3文及び判旨③参照）においては判例・通説の平等判断枠組みを濫用するものであると考えるところである。

3　判例・通説の平等判断枠組みの「深層的濫用」（判旨②第3文及び判旨③）

　以上で述べてきたように、本判決は「租税法の適用に関し」判例・通説の平等判断枠組みの適用があることを確認したものと解されるが、そうすると、次に問われるのは、当該区別取扱いの合理性（判旨②第3文にいう「合理的な理由」）の有無である。

　本判決は、判旨②第3文において、「合理的な理由」の判断基準を「実質的な租税負担の公平に反するというべき事情」の有無としている。そこで、以下では、「実質的な租税負担の公平に反するというべき事情」が何を意味するか、法的三段論法のどのレベルで問題にされているかを検討することにしたい。

　まず、判旨③第1文によれば、「本件各通達評価額と本件各鑑定評価額との間には大きなかい離があるということ」が、「実質的な租税負担の公平に反するというべき事情」でないことは明らかである。本件各通達評価額にしろ本件各鑑定評価額にしろ、評価方法に違いはあれ、それらは、相続税法22条が定める「時価」という要件（正確にいえば、相続税法が定める課税標準［＝各相続人等の課税価格の合計額に対する法定相続分の金額］という課税要件を組成する「時価」という課税要件要素［Steuertatbestandsmerkmal］）に該当する事実（課税要件事実）の認定の結果であるが、そうすると、本判決は、判旨③第1文では、「実質的な租税負担の公平に反するというべき事情」を事実認定のレベルで問題にしていないことになる。

　次に、本判決は、判旨③の第1文に「もっとも」で接続して第2文以下で第1文に対する例外を述べているが、その例外について以下の2つの段階を踏んで判示している。

　第1段階においては、判旨③第2文によれば、㋐「これ［＝本件購入・借入れ］が行われたことにより、本件各不動産の価額を評価通達の定める方法により評価すると、課税価格の合計額は2826万1000円にとどまり、基礎控除の結果、

相続税の総額が０円になる」ことから、「上告人らの相続税の負担は著しく軽減されること」が帰結される以上、㋐が「実質的な租税負担の公平に反するというべき事情」であるということになりそうである。㋐は、本件各通達評価額、本件購入・借入れ及び本件被相続人に係る法定相続人の数という各認定事実を相続税法の課税標準規定に当てはめ同法を適用した結果である（**法的三段論法における当てはめ・結論のレベル**）。

第２段階においては、判旨③第４文によれば、㋑「本件各不動産の価額について評価通達の定める方法による画一的な評価を行うこと」は、本件購入・借入れのような行為をせず、又はすることのできない他の納税者と上告人らとの間に看過し難い不均衡を生じさせ、「実質的な租税負担の公平」に反することから、㋑をもって「実質的な租税負担の公平に反するというべき事情」があるとされている。㋑は、本件各不動産についての評価通達による評価という事実認定である（**法的三段論法における事実認定のレベル**）。

このように、本判決は、「実質的な租税負担の公平に反するというべき事情」を、結局のところ、法的三段論法の当てはめ・結論のレベル（前記㋐）ではなく事実認定のレベル（前記㋑）で問題にしているのであるが、前記の２つの段階を媒介し「実質的な租税負担の公平に反するというべき事情」該当性判断のいわば「転轍機」として用いる論拠として、判旨③第３文では、本件購入・借入れにつき租税負担軽減の「意図」及びその結果としての租税負担の著しい軽減を認定している。すなわち、前記㋑の事実認定は、前記㋐の当てはめ・結論を念頭に置き、かつ、その前提となる租税負担軽減の「意図」及びその結果としての租税負担の著しい軽減を認定した上で、本件事案のそのようないわば「全体的構図」の中で、行われたもの（正確にいえば、「原審の適法に確定した事実関係等」の中から採用されたもの）とみることができる。

以上のようにみてくると、本判決は、財産評価という事実認定のレベルでは、「実質的な租税負担の公平に反するというべき事情」を原則として問題としないとしながら、租税負担軽減の「意図」及びその結果としての租税負担の著しい軽減が認められる場合には、例外的に「上記事情があるもの」とした上で、このことをもって、「本件各不動産の価額を評価通達の定める方法により評価した価額を上回る価額によるものとすること」、すなわち、「相続財産の価額の

評価の一般的な方法」（判旨②第1文）で「課税庁がこれに従って画一的に評価を行っていることは公知の事実」（同）とされる本件各通達評価額でなく本件各鑑定評価額によること、という区別取扱いにつき「合理的な理由」があることを肯定したと解することができる。

　そうすると、本判決は、「実質的な租税負担の公平」の実現という目的論的観点から、これに反する「事情」として、単なる評価額の「大きなかい離」という事実それ自体ではなく、租税負担軽減の「意図」及びその結果としての租税負担の著しい軽減に着目しこれらを伴う評価額の「大きなかい離」という事実を考慮して行った事実認定（**目的論的事実認定**）を採用し、これによって租税負担軽減の「意図」に基づく**租税回避の試み**を否認し（租税回避の試みとその否認については前掲拙著【67】【72】のほか清永・前掲書47頁注11も参照）、その上で、このような事実認定による否認を正当化するために判例・通説の平等判断枠組みを援用したものと評価することができよう（山田重将「財産評価基本通達の定めによらない財産の評価について―裁判例における『特別の事情』の検討を中心に―」税大論叢80号（2015年）143頁、210頁による裁判例の類型化を参考にすれば、本判決は「価額乖離型」ではなく「租税回避型」に属するものと評価することができよう）。

　事実認定による否認論については、例えば住所国外移転［武富士］事件・最判平成23年2月28日訟月59巻3号864頁が相続税法上の「住所」という要件に該当する事実（課税要件事実）の認定に関し「主観的に贈与税回避の目的があったとしても、客観的な生活の実体が消滅するものではない」と判示するなど、従来、判例は否定的ないし少なくとも消極的な立場に立ってきたと考えられる（拙著『税法の基礎理論』（清文社・2021年）第2章第13節、拙著『租税回避論』（清文社・2014年）第3章第2節第2款［初出・2011年］参照）。前記の評価からすると、本判決は、このような判例の傾向とは一線を画するものであるといえよう。しかし、このことは決して肯定的に評価されるべきではなく、最高裁において財産評価についても事実認定による否認論に関する従来の立場に軌道修正すべきであろう。

　そもそも、本件のような事案については、相続開始前3年以内に被相続人が取得した土地等の価額を取得時の価額で評価するいわゆる**三年しばり特例**（平

成8年法律第17号による改正前の措置法69条の4）のような租税回避否認のための立法措置が講じられていれば、裁判所としては、当該措置の解釈適用による法律論で対処することができたであろうが、そのような立法措置が講じられていない法状態の下で、本判決は、「実質的な租税負担の公平」を図るために目的論的事実認定を行った結果、法律論で対処すべき問題を事実認定の問題として処理してはならないという事実認定に関する一般的要請（前掲拙著『税法基本講義』【75】のほか伊藤滋夫『事実認定の基礎　裁判官による事実判断の構造〔初版〕』（有斐閣・1996年）269–270頁も参照）に反する判断を示したものといわざるを得ない。

　そうすると、本判決は、明文の規定がある場合にしか租税回避の否認を許容すべきでないとする租税法律主義の要請を、訴訟における事実認定を通じて、潜脱したものとみることができよう（前掲拙著『税法基本講義』【75】参照）。本判決がこのような意味での租税法律主義違反を判例・通説の平等判断枠組みの援用によって正当化しようとしたのであれば、その援用は**判例・通説の平等判断枠組みの濫用**というべきものであろう（関連して、租税法律主義（合法性の原則）と税法の執行上の原則としての租税平等主義との関係に関する私見（「**含み公平観**」）については、前掲拙著『税法の基礎理論』第1章第2節Ⅳ、前掲拙著『税法基本講義』【81】等参照）。

　なお、「通達の公表」は税法における信義則の適用に関する判例（最判昭和62年10月30日訟月34巻4号853頁）のいう「公的見解」の表示に当たるが（前掲・最判令和2年3月24日の宇賀克也裁判官補足意見参照）、本判決が「課税庁がこれ〔＝評価通達〕に従って画一的に評価を行っていること」を「公知の事実」と認めていること（判旨②第2文）からすると、本判決がそのように財産評価の外観を重視する姿勢を示しながらも、本件における「租税法上の一般原則としての平等原則」の適用に関する判断をその「表層」にとどまらずその「深層」にまで及ぼし、判例・通説の平等判断枠組みの濫用に帰着した以上、そこに外観重視の姿勢を破る明確な濫用の意図を読み取ることができるように思われる。

4　「租税法上の一般原則としての平等原則」の意味

　以上の検討結果をまとめると、本判決は、「租税法上の一般原則としての平

等原則」の「表層」においては判例・通説の平等判断枠組みを確認しながらも、その「深層」においてはその判断枠組みを濫用するものと評価することができる。

　このような評価は、「租税法上の一般原則としての平等原則」が外観上・表現上はともかく、真に租税平等主義という客観的な憲法原則を意味するものではなく、少なくとも結論の観点からみれば、「実質より見た現行租税法の基礎原則」としての「公平負担の原則」、その中でも「租税法の解釈適用における公平負担の原則」（田中二郎『租税法〔第3版〕』（有斐閣・1990年）87頁、88頁、89頁）を意味するものである、という理解（前掲拙著『税法基本講義』【21】参照）に基づく評価であるが、その理解は、「租税法上の一般原則としての平等原則」の適用上「実質的な租税負担の公平に反するというべき事情」を「合理的な理由」の判断基準とする判旨②第3文や判旨③の判示内容に照らしても、成り立ち得るであろう。

　本件の原審・東京高判令和2年6月24日金判1600号36頁は、「相続税法22条の規定もいわゆる租税法の基本原則の一つである租税平等主義を当然の前提としているものと考えられる」という第一審・東京地判令和元年8月27日金判1583号40頁の判示を引用しているが、本判決がこれらとは異なり「いわゆる租税法の基本原則の一つである租税平等主義」ではなく「租税法上の一般原則としての平等原則」という表現を用いたことにも意味があるように思われる。

　本判決は、「本件各通達評価額と本件各鑑定評価額との間には大きなかい離があるということ」（判旨③第1文）を認めた上で、このことをもって「実質的な租税負担の公平に反するというべき事情」（判旨②第3文）があるとは判断せず（判旨③第1文）、しかも前記㋐「これ［＝本件購入・借入れ］が行われたことにより、本件各不動産の価額を評価通達の定める方法により評価すると、課税価格の合計額は2826万1000円にとどまり、基礎控除の結果、相続税の総額が0円になる」こと（判旨③第2文）をもってしても上記「事情」があるとは判断せず、結局のところ、租税負担軽減の「意図」をもって本件購入・借入れをした被相続人及び納税者（判旨③第3文）に対して前記㋑「本件各不動産の価額について評価通達の定める方法による画一的な評価を行うこと」（判旨③第4文）をもって上記「事情」があると判断した。

　しかし、そのような租税回避の試みを否認する明文の根拠が現行法上定められていない以上、また、前記の原審判決が判示するように相続税法22条が「租税平等主義を当然の前提としている」としても、同条がそのような租税回避の試みを否認するような時価評価の取扱いを定めているとは解されない以上、憲法14条1項の租税の領域での現れである租税平等主義からは、前記⑦をもって前記「事情」があるとする判断は導き出すことはできないと考えられる。したがって、「租税法上の一般原則としての平等原則」が租税平等主義を意味するとは解されない。そもそも、本判決は「租税法上の一般原則としての平等原則」についてその根拠条文を示しておらず、憲法14条1項に言及すらしていないのである。

　これに対して、前記の「租税法の解釈適用における公平負担の原則」は、租税回避の否認につき否認規定不要説の根拠として援用されるなど**実質主義の「真骨頂」**（前掲拙著『税法の基礎理論』第3章第1節Ⅲ参照）を示すものであり、論理構成の点では異なるものの、結論の点では、租税回避の試みの否認に関して事実認定による否認論と同じ結果に帰着するものである（同第2章第12節Ⅲ参照）から、「租税法上の一般原則としての平等原則」は実質的には上記の「公平負担の原則」を意味するものと解されるのである。

Ⅳ　おわりに

　本稿では、相続財産の評価を事実認定として捉え、本判決を実質的には事実認定による否認を認めたものとして批判的に検討したが、出発点とした財産評価の捉え方に対しては疑問をもつ向きもあるかもしれない。しかし、そのような疑問は、「経験則のワナ」とりわけ**体系化された経験則のワナ**に起因しているように思われる（なお、民事裁判における「経験則の体系化」については伊藤・前掲書88頁以下、同〔改訂版〕（有斐閣・2020年）85頁以下参照）。

　相続財産の評価は、前記Ⅲの3で述べたように、相続税法22条が定める「時価」という要件（正確にいえば課税標準の課税要件要素）に該当する事実（課税要件事実）を認定する行為であり、法的三段論法においては事実認定に該当する。

事実認定においては経験則が極めて重要な意味をもつが、経験則とは「経験から帰納された事物に関する知識や法則」をいい、「経験則には、日常生活の常識的な思惟（しい）法則から科学上の極めて専門的な知識・法則に至るまでのものがあるが、専門的な経験則のときは鑑定でそれを確かめる必要がある。」とされる（高橋和之ほか編集代表『法律学小辞典〔第5版〕』（有斐閣・2016年）296頁）。

　経験則はそもそも「事実そのものと異なって、一般的通用性をもつ」（伊藤眞『民事訴訟法〔第7版〕』（有斐閣・2020年）359頁）知識や法則である上、財産評価において働くような専門的な経験則を評価方法として体系化し評価通達（財産評価基本通達）のような形にまとめると、これを用いて行う財産評価は、その判断プロセスの点で、法的三段論法に基づく法的判断と類似する。すなわち、ある財産を評価通達の定める評価方法で評価する場合、一方で、その評価方法の意味内容を明らかにし、他方で、「その財産の価額に影響を及ぼすべきすべての事情」（評価通達1(3)）を認定した上で、それらの事情をその評価方法に当てはめる、というプロセスで財産評価の判断がされるのである。

　ここで評価通達における専門的な経験則の体系化について付言しておくと、その体系化に当たって「納税者間の公平の維持、納税者および租税行政庁双方の便宜、徴税費の節減等の観点」（金子・前掲書735頁）が考慮されていることは確かであろうが、そこでいわれる「納税者間の公平」は「画一的かつ詳細な評価方法」（同頁）によって維持されるものであって、本判決のいう「実質的な租税負担の公平」とは明らかに異なる観念である。

　話を元に戻すと、一般的通用性のある経験則は、評価通達において評価方法として体系化されたとしても、あくまでも「事実認定の中で働くもの」（伊藤眞・前掲書359頁）であり、法規とは区別されるべきものである。このことは、評価通達が法規でない（判旨①第2文）という別の観点からみても、当然のことではある。なお、この点に関連して評価通達の性格について付言しておくと、評価通達は財産評価に関する専門的な経験則を定めるものであり基本的には**取扱通達**（清永・前掲書21頁）として性格づけられるべきものであるが、法令解釈に関する部分（評価通達1(2)）はごく一部であるにもかかわらず**法令解釈通達**として国税庁のホームページに掲載されている（https://www.nta.go.jp/law/

tsutatsu/kihon/sisan/hyoka_new/01.htm）のはミスリーディングであり、このことも財産評価を事実認定として捉えることに対する前記の疑問の背景にあるのかもしれない。

いずれにせよ、このようにみてくると、相続財産の評価は、「評価通達の定める方法による画一的な評価」（判旨②第3文、判旨③第4文）であれ、それ以外の評価方法による個別鑑定評価（評価通達6参照）であれ、財産評価に関する専門的な経験則に従って行われるものである以上、そこに租税負担軽減の「意図」及びその結果としての租税負担の著しい軽減を考慮する余地はないはずである。「財産の評価に当たっては、その財産の価額に影響を及ぼすべきすべての事情を考慮する。」（評価通達1(3)）とされているが、そのような「意図」やその結果はその「事情」には該当しない。

したがって、「本件各通達評価額と本件各鑑定評価額との間には大きなかい離がある」（判旨③第1文）としても、それは専門的な経験則の適用の結果における評価者のいわば「見解の相違」にすぎず、これをもって「実質的な租税負担の公平に反するというべき事情」（判旨②第3文）があるということができないことは当然のことであり、その限りでは本判決（判旨③第1文）は妥当である。

にもかかわらず、本判決が判旨③第3文及び第4文において、本件相続財産の評価に当たって租税負担軽減の「意図」及びその結果としての租税負担の著しい軽減を考慮したのは、事実認定における**租税回避目的混入論**（前掲拙著『租税回避論』40頁［初出・2004年］参照）に基づく**税法上の目的論的事実認定の過形成**（前掲拙著『税法の基礎理論』第2章第13節Ⅳ参照）というべきものであり、前記Ⅲ3で述べたように、事実認定に関する一般的要請及び租税法律主義に反し許されないと考えるところである。

本判決がこのような結果に立ち至ったのは、財産評価と法的判断との前述のような判断プロセスの類似性に幻惑され、相続財産の時価評価を（租税負担軽減の「意図」及びその結果としての租税負担の著しい軽減を媒介・「転轍機」として）あたかも相続税法上の法的判断（しかも公平負担の原則・実質主義に基づく法的判断）であるかのように捉えたがために、「体系化された経験則のワナ」に陥ったからかもしれない。

【後記】

本稿は2022年7月に Profession Journal No.476で Web 上に公開したが（https://profession-net.com/professionjournal/tax-article-440/）、その後、山本拓「判解」ジュリスト1581号（2023年）92頁に接した。この調査官解説は、正当にも、財産評価を「事実認定の問題」（94頁）と捉えながらも、ただ、判旨③第3文及び第4文に関して「ここで問題となっているのは、時価にかかる事実の（平等な）認定であり、いわゆる租税回避行為の否認ではない（金子宏・租税法〔第24版〕138頁、木山・前掲169頁参照）。」（96頁）との理解を述べている。

ここで「いわゆる租税回避行為の否認」という言葉は、上記引用文中の参照文献からすると、「事実認定または法律解釈の作用」（金子・前掲書138頁における「否認とは」の解説。下線筆者）と区別して使用されており、したがって「狭義の租税回避否認」（中里実『タックスシェルター』（有斐閣・2002年）223頁）を意味していると解されるが、そうであるとすれば、「節税は適法であり、租税回避は否認規定（相法63、64参照）の適用がなければ否認できないとしても、時価の認定は当事者の私法上の行為を否認するものではない。」（木山泰嗣「判批」税理65巻3号（2022年）168頁、169頁）との参照文献の叙述をも考え合わせると、この調査官解説は、本判決が「広義の租税回避の『否認』」（中里・前掲書223頁）に含まれる事実認定による否認は問題にしていないと理解しているように思われる。

調査官解説のこのような理解によれば、本判決は、事実認定による否認論を意識的に採用したものではないにしても、本件における財産評価について事実認定による否認論が問題になり得ることに気がつかずこれに対して無防備なまま、無意識のうちに事実認定による否認論の「ワナ」（前記の租税回避目的混入論）に陥り、結果的には事実認定による否認論と同様の判断を示したことになるように思われる。もしそうであるとすれば、その判断の「深層」において判例・通説の平等判断枠組みを「濫用」したとまではいえないのかもしれない（それでもその判断の結果に対する筆者の評価が変わるわけではないが）。

なお、本判決については、別の側面からではあるが、**25**でも再度検討したので、そこも参照願いたい。

課税要件事実の認定に関する実質主義
未経過固定資産税等相当額清算金の性質決定に関する裁判例の検討

Ⅰ　はじめに

　15で扱った**財産評価**も、**税法における事実認定**であることは15Ⅳ（おわりに）でも述べたが、税法における事実認定には、ほかに、**事実状態・事実行為の確認、法律行為・契約の解釈、公正妥当な会計処理（法税22条４項）の結果の確認**も含まれる。これらにおいて認定されるべき**課税要件事実**とは、課税要件に包摂されるべき事実をいい、それは、課税要件を組成する法律要件要素（**課税要件要素**〔Steuertatbestandsmerkmal〕）に高められ抽象化された類型的事実（**法律事実**）ではなく、法律事実に該当する個々の具体的事実（税法の適用・税法的評価を受ける前のいわゆる「**ナマの事実**」）を意味する事実的概念である（以上については拙著『税法基本講義〔第７版〕』（弘文堂・2021年）【56】参照）。

　本稿では、前記の事実認定のうち契約解釈の問題を、**未経過固定資産税等相当額清算金**（以下本文では単に「清算金」という）の課税上の取扱いに関する裁判例を素材にして、検討することにするが、その検討に入る前に、課税要件事実の認定において妥当する**実質主義**ないし**実質課税の原則**について、次のⅡで一般論を整理しておく（税法の解釈について妥当するものも含め実質主義一般については前掲拙著【42】、拙著『税法の基礎理論』第２章第１節・第３章第１節等参照）。

　なお、清算金とは、後のⅢで検討する東京高判平成26年４月９日訟月60巻11号2448頁（以下「平成26年東京高判」という）に従い、「賦課期日とは異なる日をもって固定資産の売買契約を締結するに際し、買主が売主に対し、売主が納税義務を負担することになる固定資産税等の税額のうち売買契約による所有権移転後の期間の部分に相当する金額を支払うことを合意した場合」における「この合意に基づく金額」をいうものとする。

Ⅱ　課税要件事実の認定に関する実質主義

　課税要件事実の認定に関する実質主義については、一般論を次のとおり説く見解（金子宏『租税法〔第24版〕』（弘文堂・2021年）148-149頁。下線筆者）が広く支持されている。

　　租税法の適用にあたっては、課税要件事実（Steuertatbestandsachverhalt）の認定が必要である。他の法分野におけると同様に、租税法においても、要件事実の認定に必要な事実関係や法律関係の「外観と実体」、「形式と実質」ないし「名目と内容」がくいちがっている場合には、外観・形式ないし名目に従ってではなく、実体・実質ないし内容に従って、それらを判断し認定しなければならない（もっとも外観・形式ないし名目に即して課税することとされている場合は別である。地税343条2項参照）。すなわち、外観・形式ないし名目によれば、課税要件に該当する事実がないように見える場合でも、実体・実質ないし内容をよく検討してみるとそれが存在するという場合には、当該課税要件は充足されたものと考えなければならない。逆に、外観・形式ないし名目によれば、課税要件に該当する事実が存在するように見える場合でも、実体・実質ないし内容に立ち入って見るとそれが存在しないという場合には、当該課税要件は充足されていないものと考えなければならない。たとえば、法人の帳簿のうえで給与として処理されている支出が、実は従業員への貸付金であったという場合には、それは人件費ではなく、したがって損金に算入されない。逆に、諸般の事情から貸付金として処理されているが、それが従業員への給与であったという場合には、人件費として損金に算入されることになる。ただし、<u>このことは、要件事実の認定に必要な法律関係についていえば、表面的に存在するように見える法律関係に即してではなく、真実に存在する法律関係に即して要件事実の認定がなされるべきことを意味するに止まり、真実に存在する法律関係からはなれて、その経済的成果なり目的なりに即して法律要件の存否を判断することを許容するものではないことに注意する必要がある。</u>いわゆる「実質課税の原則」は、以上のような意味に理解し、用いられるべきであると考える。

　上記の引用のうち下線部で述べられていることについては、法的実質主義と経済的実質主義とを対比する形で論じられてきたが、租税法律主義の下での**厳格な事実認定の要請**の下では、前者のみが許容されるものとされている。**法的実質主義**とは、私法上の法律関係について、私的自治の原則に従って形成された真実の法律関係を、実体・実質として捉え課税の基礎とすべきであるとする考え方をいい、**経済的実質主義**とは、そのような真実の法律関係を離れて、法律関係の経済的な動機・目的や成果を、実体・実質として捉え課税の基礎とすべきであるとする考え方をいうのである（以上について前掲拙著『税法基本講義』【57】のほか【41】も参照）。

　確かに、経済的実質主義は、理論的に突き詰めると、経済的概念である担税力の把握に資し、担税力に応じた公平負担の建前（前掲拙著『税法基本講義』【21】【22】参照）には適合するであろう。しかし、経済的実質主義の下では、実体・実質の基準や範囲が必ずしも明らかでないため、実際には、事実認定において税務官庁の形成的・裁量的判断が介入し、その結果、ある課税要件事実と経済的実質の点で類似する事実について、公平負担の見地から課税要件該当性を肯定する判断につながったり、また、場合によっては逆に租税負担が不公平になったり予測可能性・法的安定性が害されたりすることになるおそれがある。それゆえ、経済的実質主義は厳格な事実認定の要請に反し許容されないのである。

　これに対して、法的実質主義は、「実質」という語をその名称の中に含んではいるが、しかし、それは、法律関係が真実であること、すなわち、仮装でないことを要求するが故に、法的「実質主義」と呼ばれるにすぎない。法律関係という形式（法形式）を事実認定の基準とするという意味では、「形式主義」である。法的実質主義は、このような意味における「形式主義」であるからこそ、事実認定への税務官庁の形成的・裁量的判断の介入に対する「防波堤」となり、しかも事実認定における予測可能性・法的安定性の保障にも資するのである。

　法的実質主義の下では、課税要件事実の認定について、論理的には、課税の基礎となる私法上の法律関係を、まず専ら私法の観点から法律行為・契約の解釈により、認定した上で、その認定を尊重し、そのまま課税要件事実として受

け入れる、というような2段階の事実認定構造を観念することができる。このような考え方は「**二段階事実認定論**」（前掲拙著『税法基本講義』【59】）と呼ぶことができよう。

　実際の事実認定がこのように截然と2段階に分かれて行われるかどうかはともかく、厳格な事実認定の要請からすれば、課税要件事実の認定に当たって、私法上の法律関係は専ら私法の観点から認定されるべきであり、その認定に税法独自の観点（税収確保・公平負担のための価値判断）を混入させ反映させてはならない。そうでなければ、帰するところ、真実の法律関係から離れ、経済的実質主義による事実認定を容認することになってしまうからである。

Ⅲ　未経過固定資産税等相当額清算金の性質決定

1　裁判例の立場

　課税要件事実の認定に関する以上の一般論を踏まえて、以下では、清算金の課税上の取扱いについて、その基礎となる**清算金の性質決定**をめぐる契約解釈の問題を検討することにする。

　清算金の課税上の取扱いについては、法人税・消費税においても問題になるが（福岡高判平成28年3月25日税資266号順号12833参照。この事件に関する国税不服審判所平成25年8月30日裁決・裁決事例集92集293頁については拙著『税法創造論』（清文社・2022年）716頁［初出・2015年］参照）、ここでは、所得税における不動産所得に係る必要経費該当性について判断した平成26年東京高判を中心に、検討することにする。

　平成26年東京高判は、清算金の性質決定をめぐって清算金の定めのある不動産売買契約の解釈について下記のとおり判示しているが（下線筆者）、そこで示された契約解釈に関する考え方は、譲渡所得に係る総収入金額該当性について判断した東京高判平成28年3月10日訟月63巻1号70頁や上記の福岡高判においても採用されており、下級審レベルでは裁判例の立場として固まっているとみてよかろう。

　固定資産税は、固定資産の所有の事実に担税力を認めて課される一種の財産税であり、都市計画税は、都市計画事業等によって土地又は家屋の所有者がそれらの利用価値の増大、価格の上昇等の利益を受けることに着目して課される目的税であって、いずれも、各年ごとに、その賦課期日（当該年度の初日の属する年の1月1日）における土地又は家屋の所有者を納税義務者として課されるもの（地方税法343条1項、2項、359条、702条、702条の6）であり、当該年度の賦課期日後に所有者の異動が生じたとしても、新たに所有者となった者が当該賦課期日を基準として課される固定資産税等の納税義務を負担することはない。

　そして、地方税法において、賦課期日後の当該年度の途中で売買などによって固定資産の所有者の異動が生じた場合において、売主などの譲渡人に対し、譲渡後の期間に応じた固定資産税等を還付し、買主などの譲受人に対し、譲受後の期間に応じた固定資産税等を課税するなど、当該年度の途中の固定資産の所有者の異動に応じて固定資産税等の納税義務者の地位を変動させる旨を定めた規定は存在しないのであり、また、当該固定資産税等を納付した土地又は家屋の譲渡人において、固定資産税等の税額を当該期間に応じて日割計算した額につき譲受人に対して支払を請求する権利を発生させる旨を定める規定も見当たらないのである。

　したがって、<u>賦課期日とは異なる日をもって固定資産の売買契約を締結するに際し、買主が売主に対し、売主が納税義務を負担することになる固定資産税等の税額のうち売買契約による所有権移転後の期間の部分に相当する金額を支払うことを合意した場合</u>、この合意に基づく金額の支払は、固定資産税等に係る買主の納税義務に基づくものではないことが明らかである。そして、この合意は、固定資産の売買契約を締結するに際し、売主が1年を単位として納税義務を負う固定資産税等につき買主がこれを負担することなく当該固定資産を購入するという期間があるという状況を調整するために個々的に行われるものであることからすると、この合意に基づく金額は、<u>実質的には</u>、当該固定資産の購入の代価の一部を成すものと解することが相当である。

2　清算金の支払の基礎にある法律関係

平成26年東京高判の上記判示は、法的実質主義に基づく判断であると解される。というのも、清算金が固定資産の売買契約における合意に基づき支払われるものである以上、その支払の基礎にある法律関係が法形式上は売買契約によるものであることは明らかであるが、このことに加えて、平成26年東京高判は清算金を「実質的には」という観点から固定資産の**購入代価の一部**として性質決定しているからである。

ここでいう「実質的には」という観点は、その前の説示すなわち「この合意は、固定資産の売買契約を締結するに際し、売主が1年を単位として納税義務を負う固定資産税等につき買主がこれを負担することなく当該固定資産を購入するという期間があるという状況を調整するために個々的に行われるものであること」（下線筆者）に着目するものと解されることからすると、平成26年東京高判は、清算金の支払の基礎には、個々の売買契約における代価の合意に係る個別具体的な判断に基づき形成された法律関係があるという観点から、清算金の性質決定を行うものと解される。

確かに、そのような法律関係が、私的自治の原則に従って形成された「真実の」法律関係であることは明らかである。ただ、それは、清算金の支払の基礎にある法律関係については、**形成の結果ないし法形式**からみると、確かにそのように（「真実の」と）いえることではあるが、「売主が1年を単位として納税義務を負う固定資産税等につき買主がこれを負担することなく当該固定資産を購入するという期間があるという状況を調整するために」（下線筆者）という**形成の動機ないし目的**を考慮に入れると、直ちにそのように（「真実の」と）いえるかどうかは、必ずしも明らかでなく、更に検討を要するように思われる。

この点について、平成26年東京高判も次のとおり判示している（下線筆者）。

真実は不動産の所有者でない者が、登記簿上その所有者として登記されているために、上記不動産に対する固定資産税を課せられ、これを納付した場合には、上記所有名義人は、真の所有者に対し、不当利得として、上記納付税額に相当する金員の返還を請求することができるものと解されており（最高裁昭和46年（オ）第766号同47年1月25日第三小法廷判決・民集26巻1号1頁参照）、私人間

において固定資産税等を最終的に負担すべき者は誰かという観点から、固定資産税等の性質を考慮して、不当利得の問題を解決すべき場合があることは否定できないが、本件はそのような場合ではなく、固定資産の売買契約に際して、未経過の固定資産税等の支払について合意がある場合であるから、この場合における清算金の性質を、不当利得の問題として解決すべき場合と同様に解しなければならないとはいえないし、不当利得の問題として解決すべき場合があることから、<u>直ちに</u>賦課期日後の当該年度の途中で所有者となった者につき当該年度の所有者となった後の期間に相当する<u>固定資産税等の納税義務があると解</u>すべきことにはならないものというべきである。

　この判示のうち「直ちに」以下の説示は、前記の「実質的には」という観点から清算金支払の動機・目的について説示するところとは、論理的にも内容的にも整合しないように思われる。というのも、平成26年東京高判は、清算金支払の動機・目的については、前記のとおり、固定資産税等の「負担」を問題にしているのに対して、上記の「直ちに」以下では固定資産税等の「納税義務」を問題にしているからである。固定資産税等の「負担」を問題にするのであれば、上記の判示で参照されている最判昭和47年1月25日民集26巻1号1頁（以下「昭和47年最判」という）を重視して、清算金の性質決定について検討すべきであったように思われる（佐藤英明「判批」TKC税研情報24巻4号（2015年）77頁、84頁、86頁も参照）。

　昭和47年最判は、固定資産税に係る台帳課税主義（地税342条1項・2項前段）における「課税上の技術的考慮」を「私法上にも推し及ぼす」（千種秀夫「判解」最判解民事篇（昭和47年度）1頁、5頁）かどうか、及びそうするとしてどの程度推し及ぼすかという問題を、固定資産課税台帳上の所有者が「真の所有者」と異なる場合における前者から後者に対する不当利得返還請求の成否について検討した結果、その考慮を私法上には推し及ぼさず専ら私法の観点だけからその成否を判断するという考え方（谷口知平「判批」民商67巻3号（1972年）403頁、405頁参照）に親和的な判断を示したものと解される。すなわち、台帳課税主義における「課税上の技術的考慮」から「さらに遡って、固定資産税そのものの［物税としての］性格」（千種・前掲「判解」5頁）をも考慮して

「真の所有者が、その物の負担としてのこれら［固定資産税等の］税金を負担すべき考え方」（同頁。以下「**真の所有者負担説**」という）に基づき、「私法上は、衡平の観点から」（同頁）、その不当利得返還請求の成立を認めたものと解されるのである（以上の理解については、拙稿「判批」別冊ジュリ253号（2021年）・租税判例百選〔第7版〕186頁、187頁参照）。

　以上で検討してきたところを踏まえて、固定資産税等の「納税義務」ではなく「負担」を問題にし真の所有者負担説に基づき清算金の性質決定について検討すると、清算金は**不当利得の返還金**としてその性質を決定するのが相当であるように思われる。

　もっとも、清算金のそのような性質決定は、売主が納税義務者として納付した固定資産税等のうち未経過固定資産税等相当額を買主が「負担」する場合におけるその「負担」の動機・目的に着目するものであるが故に、経済的実質主義による性質決定（事実認定）との関係ないし区別が微妙である。このことは、例えば次の見解（佐藤孝一「判批」月刊税務事例47巻7号（2015年）9頁、17頁。下線筆者）の説く「私法上の経済実質的な評価」による清算金の性質決定について、問題になるように思われる。

> 課税技術上の考慮に基づき、徴税技術上の便宜のために採用されている台帳課税主義にかかわらず、未経過固定資産税等相当額は、私法上は、買主が固定資産の所有者として負担すべき固定資産税等であり、それ故、未経過固定資産税等相当額の金員につき、売主の買主に対する不当利得返還請求が認められていることからすれば、未経過固定資産税等相当額に係る合意は、<u>私法上の経済実質的な評価</u>においては、固定資産税等の負担に係る合意にほかならないと解するのが相当である。

　確かに、法的実質主義のいう「**法的実質**」は、概念上は、「経済的実質」と全く異質なものと考えるべきではなく、むしろ私法上の法形式の枠内で把握される経済的実質を意味し、私法上の法形式の枠にとらわれることなく専ら経済的観点から把握される経済的実質（いわば「**ナマの経済的実質**」。これが経済的実質主義のいう「経済的実質」である）とは明確に区別されるべきものである（前

掲拙著『税法基本講義』【57】参照）から、上記の見解も「私法上の経済実質的な評価」として法的実質主義による事実認定を説くものと解することができるかもしれない。

　しかし、概念上の区別はともかく、実際上は、「法的実質」と「ナマの経済的実質」との区別や「私法上の経済実質的な評価」の位置づけは微妙であるといわざるを得ない。清算金の性質決定については、固定資産税等の「負担」という動機・目的が売買契約書の中で明示されていれば格別、そうでなければ、そのような区別や位置づけはなおさら微妙であろう。

　そうすると、清算金の性質決定については、結局のところ、事案ないし契約内容によって判断が分かれることがあり得るといわざるをえないであろう（前掲拙著『税法基本講義』【59】、前掲拙稿「判批」187頁参照）。

Ⅳ　おわりに

　本稿では、課税要件事実の認定について、法的実質主義及び経済的実質主義並びに二段階事実認定論を概観した上で、清算金の性質決定をめぐる契約解釈の問題を検討した。

　清算金は、平成26年東京高判が説示するとおり、「固定資産の売買契約を締結するに際し、売主が１年を単位として納税義務を負う固定資産税等につき買主がこれを負担することなく当該固定資産を購入するという期間があるという状況を調整する」という動機・目的に基づき合意されるものであるが、固定資産税等の「負担」に関するそのような動機・目的に着目すると、清算金の性質決定は経済的実質主義による事実認定に傾斜してしまうおそれがある。

　この点、平成26年東京高判が清算金の支払に関する合意の法形式に着目して清算金を購入代価の一部として性質決定したのは、経済的実質主義による事実認定に対する歯止めとなるという意味では妥当である。

　もっとも、固定資産税等の「負担」それ自体については、昭和47年最判の当時でさえ既に、「私的な取引においては、多くの場合、固定資産税等の公租公課の負担を明確に取り決めるか、あるいは代金額に折り込んで取引している」（千種・前掲「判解」５頁）と指摘されていたし、また、平成26年東京高判につ

いても次のような指摘（片山直子「判批」新・判例解説 Watch（法学セミナー増刊速報判例解説）vol.17（2015年）257頁、260頁）がみられるところである。

> 不動産の売買において、未経過固定資産税等相当額を清算して買主が分担することが一般的な慣行となっており、従来から同相当額の取扱いについての争訟が数多く生じていることからすると、購入の代価の一部とされる理由付けについては、同相当額に関する当事者間の契約内容や不動産自体の売買契約との関係等を勘案して、より詳細な検討が期待されるところである。

　上記のⅢ2における検討に加え、不動産取引の慣行に関するこれらの指摘に鑑みると、清算金の性質決定については、課税要件事実の認定（法的実質主義）の観点からアプローチするだけではなく、むしろ不動産取引の実務において、固定資産税等の「負担」につき真の所有者負担説（昭和47年最判）に基づき、不動産売買契約書（その書式については公益社団法人全国宅地建物取引業協会連合会 HP 参照）の「公租・公課の負担」条項に、清算金を固定資産税等の「負担」に伴う不当利得の返還金として明文で定めるか又は少なくとも同契約書にその旨の特記事項を記載することができるようにすることも検討すべきであろう。

　このようにして固定資産税等の「負担」の動機・目的を契約書上明示することによって清算金の支払に関する契約当事者の意思が明確に表示されることになれば、法的実質主義に基づき清算金を不当利得の返還金として性質決定することに伴う微妙な問題（前記Ⅲ2参照）は解消されることになろう。課税要件事実の認定においても契約書が**処分証書**として重視されること（前掲拙著『税法基本講義』【58】参照）を考えると、なおさらである。

17 外国組織体の法人該当性判断枠組み

米国デラウェア州 LPS 法人該当性事件・最判平成27年7月17日民集69巻5号1253頁

Ⅰ　はじめに

　16では、課税要件事実の認定を、未経過固定資産税等相当額清算金の性質決定について検討したが、本稿では、外国法に準拠して設立された組織体（以下「**外国組織体**」という）の性質決定について検討することにする。我が国の実定所得課税制度は、納税義務者を個人と法人とに二分し、それぞれに帰属する所得に課税する建前を採用しているが（拙著『税法基本講義〔第7版〕』（弘文堂・2021年）【219】参照）、そのため、外国組織体の性質決定の問題は、外国組織体の法人該当性に関する判断枠組み（以下「**外国組織体の法人該当性判断枠組み**」という）の中で検討されることになる。

　外国組織体の法人該当性判断枠組みは、我が国の所得税法及び法人税法の解釈適用の一環として、税法がどのような法人概念を定めているかを解釈によって明らかにした上で、その明らかにした法人概念（規範）に該当する事実（課税要件事実）を外国組織体について認定する、という判断過程を包括するものである。本連載では、前掲拙著の叙述の順に従って、それぞれの箇所で取り上げている「税法基本判例」を順次検討していくことを基本方針としていることからすると、本来なら、本稿では、上記の判断枠組みの後半で扱う外国組織体の性質決定に関する判例を取り上げることにすべきところ、その判例は、前掲拙著の第3版（2012年）及び第4版（2014年）では【60】（私法関係準拠主義）で取り上げていたのに対して、本判決の後に改訂した第5版（2016年）からは本判決を上記の判断枠組み全体からみて、まず（そして主として）、借用概念論を扱う【52】で取り上げることにしたので、本稿では、本判決を**Ⅱ**で借用概念論との関係で検討し、**Ⅲ**で課税要件事実の認定との関係で、しかも私法関係準拠主義にも触れながら、検討することにする。

外国組織体の法人該当性判断枠組みについては、米国デラウェア州法に準拠して設立されたリミテッド・パートナーシップ（LPS）の法人該当性をめぐる訴訟事件等を契機にして、外国組織体の設立準拠法を我が国の税法の解釈適用においてどのように考慮するかという形で、議論が展開されてきたが、その議論は、租税法律主義の支配する税法の世界においては珍しく、裁判例・学説ともに、「**百家争鳴**」の様相を呈していたといってよかろう（差し当たり、裁判例の整理については拙稿「判批」判評676号（判時2253号）2頁、学説も含めた整理については長戸貴之「判批」法協133巻10号（2016年）1685頁、1689-1697頁、衣斐瑞穂「判解」最判解民事篇（平成27年度・下）349頁、356-359頁参照）。

　そもそも、上記の議論の発端は、外国組織体をその準拠法によって性質決定することを認めてしまうと、準拠法の指定に係る国際私法上の**当事者自治の原則**の下では、我が国の税法の適用を回避する結果（**租税回避**）を招来することになる、という点にあったように思われるが（この点については岩品信明（司会）＝川田剛＝須藤一郎「座談会　デラウェア州LPS判決を受けて」税弘63巻12号（2015年）74頁、92頁［川田発言］等参照）、その議論が、租税回避の分野に限定してではなく一般的に展開され、しかも外国組織体の性質決定という課税要件事実の認定のレベルにとどまらず、税法特有の解釈論である借用概念論にまで波及し、借用元の私法には外国組織体の設立準拠法たる外国私法も含まれるかという問題も加わった形で、展開されるようになり、その結果、著しく錯綜した様相を呈するようになっていたように思われる（そのような議論に影響を与えたと思われる先駆的研究業績として、小柳誠「租税法と準拠法―課税要件事実の認定場面における契約準拠法の考察―」税大論叢39号（2002年）75頁参照）。

　前記の米国デラウェア州法LPS法人該当性事件に関する最判平成27年7月17日民集69巻5号1253頁（以下「本判決」という）は、そのような錯綜した議論状況に一応「終止符」を打ったものといえるが、本稿では、そのような議論に前掲拙著の前述のような改訂を通じて若干コミットしてきた者として、本判決の検討を通じて、外国組織体の法人該当性判断枠組みに関する筆者の理解を総括しておくことにしたい。

Ⅱ　税法上の法人概念の解釈と借用概念論

1　本判決と借用概念論

　まず、本判決と借用概念論との関係については、例えば、「法人概念について、最高裁が借用概念論を離れたのか（つまり固有概念（租税法独自の概念）として捉えているのか）、それともなお借用概念論に依っているのかは、必ずしも明らかではないところです。」（㋐）、「借用概念論に対する本件最判の態度は微妙である。」（㋑）というような見方から、「本判決は、借用概念論の枠組みから自らを解放した」（㋒）、「本判決は、基本的には租税法独自の観点から『法人』概念の解釈に関する判断をしたと考えられる。」（㋓）、「借用概念論の不採用」（㋔）というような見方まで様々な見方がされてきたが、いずれにせよ、多くの論者は本判決を借用概念論の枠内に位置づけることに消極的あるいは否定的な立場に立っているといってよかろう（㋐は平川雄士「判批」租税研究793号（2015年）286頁、294頁、㋑は仲谷栄一郎＝礒山海「判批」国際税務36巻1号（2016年）98頁、103頁、㋒は長戸・前掲「判批」1704頁、㋓は宮塚久＝北村導人「判批」旬刊経理情報1426号（2015年）40頁、42頁、㋔は藤曲武美「判批」税弘64巻2号（2016年）173頁、179頁）。

　これに対して、筆者は本判決を借用概念論しかも統一説の枠内に位置づけてきた（最初にそのような立場を示したのは前掲拙著の第5版（2016年）【52】においてであるが、ほぼ同時期のものとして拙著『税法創造論』（清文社・2022年）161頁［初出・2016年］参照。また、「租税法独自の観点から法人概念を導いているようだが、……、実質的には統一説に立っているもの」と解する加藤友佳「判批」ジュリ1496号（2016頁）111頁、114頁のほか、秋元秀仁「判批」国際税務36巻3号（2016年）20頁、27頁も参照）。このような位置づけについて以下で敷衍しておこう。

　本判決は、「本件各LPSが行う本件各不動産賃貸事業により生じた所得が本件各LPS又は本件出資者らのいずれに帰属するか」という争点を判断する前提として、外国組織体の法人該当性の問題を、「本件各LPSが<u>所得税法2条1項7号及び法人税法2条4号（以下「所得税法2条1項7号等」という。）に共通の概念として定められている外国法人として</u>我が国の租税法上の法人に該当す

るか否か」（下線筆者）という観点から、**所得税法2条1項7号等に定める「外国法人」概念の解釈適用問題**として設定し、その上で次のとおり判示した（下線筆者。以下「判旨❶」という）。

　我が国の租税法は組織体のうちその構成員とは別個に租税債務を負担させることが相当であると認められるものを納税義務者としてその所得に課税するものとしているところ、ある組織体が法人として納税義務者に該当するか否かの問題は我が国の課税権が及ぶ範囲を決する問題であることや、所得税法2条1項7号等が法人に係る諸外国の立法政策の相違を踏まえた上で外国法人につき「内国法人以外の法人」とのみ定義するにとどめていることなどを併せ考慮すると、我が国の租税法は、外国法に基づいて設立された組織体のうち<u>内国法人に相当するものとして</u>その構成員とは別個に租税債務を負担させることが相当であると認められるものを外国法人と定め、これを内国法人等とともに自然人以外の納税義務者の一類型としているものと解される。このような組織体の納税義務に係る制度の仕組みに照らすと、外国法に基づいて設立された組織体が所得税法2条1項7号等に定める外国法人に該当するか否かは、当該組織体が<u>日本法上の法人との対比において</u>我が国の租税法上の納税義務者としての適格性を基礎付ける属性を備えているか否かとの観点から判断することが予定されているものということができる。そして、<u>我が国においては、ある組織体が権利義務の帰属主体とされることが法人の最も本質的な属性であり</u>、そのような属性を有することは我が国の租税法において法人が独立して事業を行い得るものとしてその構成員とは別個に納税義務者とされていることの主たる根拠であると考えられる上、納税義務者とされる者の範囲は客観的に明確な基準により決せられるべきであること等を考慮すると、外国法に基づいて設立された組織体が所得税法2条1項7号等に定める外国法人に該当するか否かについては、上記の属性の有無に即して、当該組織体が権利義務の帰属主体とされているか否かを基準として判断することが相当であると解される。

　以上の判示（判旨❶）のうち(i)1つ目の文章では、所得税法2条1項7号等に定める「外国法人」は「内国法人に相当するものとして」解されており、また、(ii)2つ目の文章では、「外国法人」該当性は「日本法上の法人との対比に

おいて」判断されることが予定されていると述べられており、さらに、(iii) 3つ目の文章では、「権利義務の帰属主体」という私法上広く承認されている「法人の最も本質的な属性」が「外国法人」該当性の判断基準として示されていることからすると、以上の3つの文章を整合的に理解するには、本判決が「内国法人」にいう「法人」の概念を「日本法上の法人」という意味で私法からの借用概念として捉え、しかも借用概念の解釈に関する統一説の立場に立つことを前提にして、外国組織体の「外国法人」該当性に関する判旨❶を判示したものと解するのが相当である。「外国法人」に関する所得税法2条1項7号等の定め（「内国法人以外の法人」）につき下記の「素直な読み方」をすれば、上記のような理解が論理的かつ自然であろう。しかもその理解が前提とするところには、学説上も（課税・裁判）実務上も異論はなかろう。

　所得税法2条1項7号等が「外国法人」を「内国法人以外の法人」と定めている以上、「外国法人」該当性については、「順序として、外国の組織体が我が国における租税法上の『法人』に該当するかどうかが先ず決まり、その後に、その法人につき内国法人には該当しない法人という順序で消去法的に決定されると捉えるのが素直な読み方である。」（伊藤公哉「判批」大阪経大論集66巻6号（2016年）227頁、233頁）にもかかわらず、「本判決では、『法人』（内国法人と外国法人の両者を含む概念）の積極的な定義付けを行うことなく、また内国法人の法人該当性についてはとくに触れず、外国法人の法人該当性についてのみピンポイントに焦点を当てた基準を示している。」（同頁）と解するのは、上で述べた筆者の理解の仕方とは異なり、「素直な読み方」ではないように思われる（兼平裕子「判批」愛媛法学会雑誌42巻2号（2016年）127頁、134-135頁の説く「外国法人の定義の曖昧さ」についても同様の問題を指摘することができよう）。

　なお、判旨❶のうち(i) 1つ目の文章の冒頭の「我が国の租税法は組織体のうちその構成員とは別個に租税債務を負担させることが相当であると認められるものを納税義務者としてその所得に課税するものとしている」という説示（ⓐ）と(ii) 2つ目の文章の「外国法に基づいて設立された組織体が所得税法2条1項7号等に定める外国法人に該当するか否かは、当該組織体が……我が国の租税法上の納税義務者としての適格性を基礎付ける属性を備えているか否かとの観点から判断することが予定されている」という説示（ⓑ）とを併せ読む

と、本判決は借用概念論に依拠せず「租税法独自の観点から」法人概念を解釈したと解することもできるかもしれない（長戸・前掲「判批」1695頁、宮塚久ほか「判批」西村あさひ法律事務所ビジネス・タックス・ロー・ニューズレター2015年8月号1頁、3頁等参照）。

しかし、上記の説示（ⓐ）は、後続の説示と「ところ、」で接続されていることからすると、せいぜい、前記Ⅰの冒頭で述べた外国組織体の法人該当性判断枠組みの設定を宣明するためのいわば「枕詞」的な説示にすぎず、以下の判断を内容的に方向づけ指導する規範的な意味をもつものではないと解される。また、上記の説示（ⓑ）は、「……」部分が「日本法上の法人との対比において」とされていることからすると、全体としてみると、前述のとおり、税法上の法人概念を「日本法上の法人」という意味で私法からの借用概念として捉えていると解される。

最後に、民法上の「外国法人」（本件当時36条、現行35条）との関係についても多くの論者が議論してきた（差し当たり中里実「課税管轄権からの離脱をはかる行為について」フィナンシャル・レビュー94号（2009年）4頁、14-18頁参照）ので若干付言しておくと、判旨❶によれば、本判決が所得税法2条1項7号等に定める「外国法人」の概念を、民法上の「外国法人」の借用概念として捉えていないことは明らかである。本判決はあくまでも「内国法人」及び「外国法人」に共通する「法人」概念を民法から借用していると解されるのである。

2　本判決における借用概念論の射程

以上の理解によれば、本判決は外国組織体の法人該当性を、**日本の私法を基準とする借用概念論（統一説）**の枠内で、判断したことになるが、ここで検討しておかなければならないと考えるのは、本判決が日本の私法を基準として借用概念論を措定した理由、換言すれば、借用概念論において外国組織体の設立準拠法たる外国私法を考慮する余地を認めなかった理由である（なお、本判決前の研究であるが、今村隆「外国事業体の『法人』該当性」税大ジャーナル24号（2014年）1頁、12頁は「租税法の公法としての性格」から原則として同様の結論を述べている）。

その理由は、判旨❶の1つ目の文章で説示されている、「ある組織体が法人

として納税義務者に該当するか否かの問題は我が国の課税権が及ぶ範囲を決する問題であることや、所得税法2条1項7号等が法人に係る諸外国の立法政策の相違を踏まえた上で外国法人につき『内国法人以外の法人』とのみ定義するにとどめていることなど」にあるように思われるが、更に深掘りすれば、根本的には、この説示の基礎にある次のような考え方、すなわち、我が国の課税権の及ぶ範囲及びその範囲を納税義務者という課税要件に関して具体的に画定するための外国法人の概念は、専ら「日本法」及び「日本法上の法人」によって決せられるべきであり、外国組織体の設立準拠法としての外国私法によって左右されてはならないというような考え方が、その理由であるように思われる（なお、この点について、吉村政穂「判批」税弘63巻12号（2015年）100頁、104頁は「わが国の課税権のあり方にとって重大な問題であることを指摘し、これにより、外国法による法人格付与に係る決定に従属するのを回避する意図を（立法府が）有していたという推論を示唆したものと考えられる。」と述べている。また、落合秀行「外国事業体の税務上の取扱いに関する考察」税大論叢73号（2012年）87頁、125頁は「租税法における法人概念」を「我が国の公序に関わる概念」として「外国法上の概念は借用することなく、常に、我が国の私法における意義のみ借用すると考えられる。」と述べている）。

　前記の考え方は、**課税権**（その多義性については**1Ⅲ**2参照）が「国家主権の中核に属する」（最判平成21年10月29日民集63巻8号1881頁）国家権力であることを考慮すると、原理的には、「国家権力が他のいかなる力にも制約されない最高独立であること」（高橋和之ほか編『法律学小辞典〔第5版〕』（有斐閣・2016年）621頁）という意味での**国家主権の最高独立性**（憲法前文3節参照）から導き出されるものであると考えられる。

　借用概念論については、既にその伝統的・本来的な射程と形式的外縁とを区別し概念借用枠組みの「独り歩き」の問題性を指摘したが（**12Ⅲ**・**Ⅳ**参照）、本判決は、そこでの議論とはレベルを異にするものの、国家主権の最高独立性という原理的基準によって、借用概念論の射程を日本の私法を基準とする統一説の枠内に限定したものと評価することができよう（前掲拙著『税法基本講義』【52】参照）。

Ⅲ　外国組織体の性質決定（課税要件事実の認定）

ところで、本判決は、判旨❶に「その一方で」で続けて、次のとおり判示している（下線筆者。以下「判旨❷」という）。

その一方で、諸外国の多くにおいても、その制度の内容の詳細には相違があるにせよ、一定の範囲の組織体にその構成員とは別個の人格を承認し、これを権利義務の帰属主体とするという我が国の法人制度と同様の機能を有する制度が存在することや、国際的な法制の調和の要請等を踏まえると、<u>外国法に基づいて設立された組織体につき、設立根拠法令の規定の文言や法制の仕組みから、日本法上の法人に相当する法的地位が付与されていること又は付与されていないことが疑義のない程度に明白である場合には、そのことをもって当該組織体が所得税法2条1項7号等に定める外国法人に該当する旨又は該当しない旨の判断をすることが相当である</u>と解される。

この判示（判旨❷）は、一見すると、外国組織体の法人該当性を「外国法」を基準にして判断することを認めているかのようである。そうすると、前記Ⅱで判旨❶について検討してきたところと矛盾する内容の判示であるということになりそうであるが、しかし、そのように理解すべきではない。判旨❷は、外国組織体の法人該当性判断枠組みのうち外国組織体の性質決定という課税要件事実の認定についてその基準を示したものと解すべきである。

既に述べたように、本判決は「内国法人」及び「外国法人」に共通する「法人」概念を「日本法上の法人」という意味で私法からの借用概念として捉え、しかも借用概念の解釈に関する統一説の立場に立つことを前提にして、外国組織体の法人該当性判断枠組みを示したものと解されるが、その前提において示した「法人」概念に関する借用概念論（統一説）的解釈によって定立した規範（以下「**法人該当性判断規範**」という）は、「日本法上の法人」すなわち「権利義務の帰属主体」という「法人の最も本質的な属性」を有する組織体が税法上の「法人」概念に該当する、というものであると解される。そうすると、法人該

当性判断規範においては、「日本法上の法人」が要件事実ということになる。

判旨❷は、「日本法上の法人」という課税要件事実の認定に当たっては、「設立根拠法令の規定の文言や法制の仕組みから、日本法上の法人に相当する法的地位が付与されていること又は付与されていないことが疑義のない程度に明白である」という事実を間接事実として考慮する、という**事実認定基準（性質決定基準）**を示したものと解される。つまり、間接事実の認定のレベルでは「外国法」を考慮することを認めたものと解されるのである。

判旨❷がこのような事実認定基準を示したのは、「諸外国の多くにおいても、その制度の内容の詳細には相違があるにせよ、一定の範囲の組織体にその構成員とは別個の人格を承認し、これを権利義務の帰属主体とするという我が国の法人制度と同様の機能を有する制度が存在することや、国際的な法制の調和の要請等」を踏まえたからであるが、ここには、国際的経済活動や国際課税の実際に対する本判決の配慮が認められる。

ただ、本判決は、前記の事実認定基準を示すだけでなく、次のとおり判示して（下線筆者。以下「判旨❸」という）、もう１つ別の事実認定基準も示している。

　以上に鑑みると、外国法に基づいて設立された組織体が所得税法２条１項７号等に定める外国法人に該当するか否かを判断するに当たっては、まず、より客観的かつ一義的な判定が可能である<u>後者の観点</u>として、①当該組織体に係る設立根拠法令の規定の文言や法制の仕組みから、当該組織体が当該外国の法令において日本法上の法人に相当する法的地位を付与されていること又は付与されていないことが疑義のない程度に明白であるか否かを検討することとなり、これができない場合には、次に、当該組織体の属性に係る<u>前者の観点</u>として、②当該組織体が権利義務の帰属主体であると認められるか否かを検討して判断すべきものであり、具体的には、当該組織体の設立根拠法令の規定の内容や趣旨等から、当該組織体が自ら法律行為の当事者となることができ、かつ、その法律効果が当該組織体に帰属すると認められるか否かという点を検討することとなるものと解される。

　この判示（判旨❸）では、「①」と「②」という２つの事実認定基準（以下「事実認定基準①」と「事実認定基準②」という）が示されているが、事実認定基

準①は判旨❷で示された観点（「後者の観点」）から導き出されたものであり、事実認定基準②は判旨❶で示された観点（「前者の観点」）から導き出されたものであると解される。

　いずれの基準も、法人該当性判断規範に該当する事実（「日本法上の法人」すなわち「権利義務の帰属主体」であることという課税要件事実）を外国組織体について認定するための基準であるが、事実認定基準②の前半部分すなわち「当該組織体が権利義務の帰属主体であると認められるか否かを検討して判断すべきものであり」という部分は、課税要件事実を直接認定する場合について説示したものと解される。ただ、課税要件事実を外国組織体について直接認定することは困難を伴うことから、本判決は、事実認定基準②の「具体的には」以下の部分では、事実認定基準①に準じて、「外国法」すなわち「当該組織体の設立根拠法令の規定の内容や趣旨等」から間接的に課税要件事実を推認することを認めたものと解される（岡村忠生「判批」ジュリ1486号（2015年）10頁、11頁は、正当にも、「本判決は、同法〔＝デラウェア州改正統一有限責任組合法〕の規定とその作用を、事実の問題として捉え、『権利義務の帰属主体とされているか否か』という自ら設定した基準に当てはめたと考えられる。」（下線筆者）と述べている）。

　こうして検討してくると、判旨❸が示した事実認定基準（①及び②）は、**私法関係準拠主義**（前掲拙著『税法基本講義』【60】）に基づく事実認定の基準とみることができる。私法関係準拠主義は、経済的成果に係る「ナマの事実」を私法上の法律関係によって把握することを要請する税法の根本規律・構造的規律であるが、そこでいう「私法」は日本の私法である以上、外国私法を設立準拠法とする外国組織体の法人該当性の判断に当たっては、当該外国組織体に関する「法律が法人格を有すると規定する以前の、いわば生の法人格」（仲谷栄一郎＝藤田耕司「海外事業体の課税上の扱い」金子宏編『租税法の発展』（有斐閣・2010年）639頁、641-642頁）を日本の私法からみて把握し認定すべきことになるのである。

　以上の理解に基づき、判旨❸が示した外国組織体の性質決定（課税要件事実の認定）の手法ないし手順を述べておくと、事実認定基準①と事実認定基準②とを比較すると、前者による方が「より客観的かつ一義的な判定が可能である」ことから、「まず」（判旨❸）、事実認定基準①を第一次的基準として事実

認定を行い、「次に」(判旨❸)、事実認定基準②を第二次的基準として事実認
定を行う、ということになろう。

　事実認定基準①と事実認定基準②については、両者の意義・性格が「形式基
準」と「実質基準」(仲谷＝礒山・前掲「判批」104頁、109頁、藤曲・前掲「判批」
179頁、180頁、高橋美津子「判批」月刊税務事例48巻10号(2016年)63頁、65頁)、
「形式テスト」と「実質テスト」(酒井克彦「判批」判評696号(判時2314号)7頁、
11頁)、「形式的なアプローチ」と「実質的なアプローチ」(岩品＝川田＝須藤・
前掲「座談会」81-82頁[岩品発言])、「形式的な審査」と「実質的な審査」(伊
藤・前掲「判批」235頁、236頁)等の様々な表現で述べられているが、いずれも、
事実認定基準①を「より客観的かつ一義的な判定」を可能にする「簡便な判断
手法」(吉村・前掲「判批」104頁)ないし「スクリーニング的な判断要素」(衣
斐・前掲「判解」360頁)として位置づけることに異論はなかろう。

Ⅳ　おわりに

　以上、本稿では、外国組織体の法人該当性判断枠組みについて、本判決に則
して検討してきた。

　「判断枠組み」という言葉は、これが用いられる場面によって異なる意味を
もつことがあるが、判例における「判断枠組み」は、法的三段論法に従った判
断の過程で用いられる基準、すなわち、法解釈によって定立する規範と事実認
定の基準を含むものでなければならない。これを外国組織体の法人該当性判断
枠組みについてみると、本判決は、判旨❶で、税法上の「法人」概念に関する、
日本の私法を基準とする借用概念論(統一説)的解釈によって規範(法人該当
性判断規範)を定立し、判旨❷及び判旨❸で、外国私法に係る事実を間接事実
として考慮する事実認定基準(判旨❷と❸の①)及び外国私法に係る事実から
要件事実を間接的に推認する事実認定基準(判旨❸の②)を示したものと解さ
れる。

　筆者は外国組織体の法人該当性判断枠組みに関する理解を以上のとおり総括
するものであるが、その判断枠組みをめぐる「百家争鳴」的議論状況はなお本
判決の理解に痕跡を残しているように思われる。例えば、本判決の調査官解説

は下記のとおり述べているが（衣斐・前掲「判解」359頁）、外国組織体の法人該当性判断枠組みにおいては、法人該当性判断規範のレベルで日本の私法を基準にすることと、事実認定基準のレベルで外国の私法を考慮することとは区別して論ずるべきであるにもかかわらず、そのような区別をしないまま本判決を解説しようとしていると解されるところに、「百家争鳴」的議論状況の痕跡がみられるように思われる。その意味で、本判決がそのような錯綜した議論状況に最終的かつ明確な「終止符」を打ったとはなおいえないであろう。

　　本判決は、外国事業体が我が国の租税法上の法人に該当するか否かの判断方法につき、まず、①外国事業体が当該外国の法令において日本法上の法人に相当する地位を付与されていること又は付与されていないことが疑義のない程度に明白であるか否かを検討し（以下「判断方法１」という。）、それができない場合に、②外国事業体が権利義務の帰属主体であるか否かを検討して（以下「判断方法２」という。）判断すべきものと判示するところ、上記２に述べた外国私法基準説又は内国私法基準説の一方のみを採用するものではなく、両者の見解を踏まえた上でいわばこれを統合した判断方法を定立したものということが可能である。

18 瑕疵ある法律行為等の課税上の取扱い

特別土地保有税「経過的事実」事件・最判平成14年12月17日判時1812号76頁

Ⅰ　はじめに

　🔟から課税要件事実の認定に関する問題を検討してきたが、本稿では、その問題の1つとして、**瑕疵ある法律行為等の課税上の取扱いの問題**を取り上げることにする。これは、私法上の法律行為に瑕疵があるとき、その瑕疵に対する私法的評価ないしその効力如何が、課税要件事実の認定において考慮されるべきか否か、また、どのように考慮されるべきかという問題である（拙著『税法基本講義〔第7版〕』（弘文堂・2021年）【61】参照）。

　この問題は、古くから、ドイツにおける経済的観察法に相当する**実質主義**ないし**実質課税の原則**に関連する問題として、議論されてきた（清永敬次『租税回避の研究』（ミネルヴァ書房・1995年／復刻版2015年）71頁、368頁参照）。例えば、税制調査会『国税通則法の制定に関する答申（税制調査会第二次答申）』（昭和36年7月）4頁は下記のとおり「実質課税の原則」規定の創設を答申し、同答申の『説明（答申別冊）』（以下『昭和36年答申別冊』という）22-24頁で「実質課税の原則に関連する問題」の1つとして「無効な法律行為又は取り消しうべき法律行為等と課税」を検討している。

> 　税法の解釈及び課税要件事実の判断については、各税法の目的に従い、租税負担の公平を図るよう、それらの経済的意義及び実質に即して行なうものとするという趣旨の原則規定を設けるものとする。

　国税通則法制定に当たっては、この「実質課税の原則」規定の創設は見送られたが（志場喜德郎ほか共編『国税通則法精解〔令和4年改訂・17版〕』（大蔵財務協会・2022年）26頁参照）、ただ、『昭和36年答申別冊』24頁で「流通税の場合」

に関して示された次の見解（下線筆者）は、その後の判例に大きな影響を与えたように思われる。

　　有価証券取引税、印紙税等の流通税については、たんに手続上の問題だけではなく、実体上の問題がおこつている。

　　すなわち、法律行為について取消し等があれば、もとの法律行為は初めからなかつたものとされるから、それに伴つて、さきに納付されたこれら流通税についても課税の更正を行ない納付税額の返還を行なうべきであるという意見もあろうが、これらの租税が強度に形式を尊重するという特殊性をもち、その税率も軽く定められていること及び流通税が流通そのものを課税客体とすることに鑑み、この場合においても課税をあえて更正しないことが妥当であると考えられる。しかも、いちいち取消しうべき行為であつたことを税務官庁に証明して課税の更正手続をとらしめること等は実際的ではないということも考慮しなければならない。

　　それゆえわれわれは、一般的にこれらについては、課税処分を更正しないとすることがかえつて望ましく、ただ、取消しによつて旧に復する際再び流通税を課することは酷に失するから、そのときは租税を課さない扱いとすることが適当であると考えるが、なお、それぞれの税目別に、法の目的や執行方法等を個別的に検討して合理的な解決を図るべきであると考える。

　本稿では、瑕疵ある法律行為等の課税上の取扱いの問題に関して、土地の売買契約が詐害行為として取り消された場合における当該契約に基づく土地の取得及び所有に対する特別土地保有税の課税に係る更正の請求の拒否通知の取消しを認めなかった最判平成14年12月17日判時1812号76頁（以下「詐害行為取消最判」という）を検討することにするが、その検討に入る前に、同判決が「経過的事実」の概念を用いて展開した議論（「経過的事実」論）について、先例をみておくことにする。

Ⅱ 流通税における「経過的事実」論

1 「経過的事実」論と法的形式主義

　流通税の課税客体（課税対象・課税物件）について「経過的事実」論を最初に採用したのは、最判昭和48年11月2日集民110号399頁・裁判所ウェブサイトである（同日付の最判集民110号385頁・裁判所ウェブサイトも同旨。ただし、「経過的事実に則して」を「経過的事実に即して」と表記している）。これは、土地の売買契約の解除に基づく売主の所有権の回復が不動産取得税の課税客体としての「不動産の取得」に該当するかどうかについて、次のとおり判示して（下線筆者）、これを肯定した（以下「契約解除最判」という）。

> 　不動産取得税は、いわゆる<u>流通税</u>の一種であり、<u>不動産の取得者が当該不動産により取得しあるいは将来取得するであろう利益に着目して課せられるものではなく、不動産の移転という事実自体に着目して課せられるのをその本質とするもの</u>であることに照らすと、地方税法73条の2第1項にいう「不動産の取得」とは、<u>所有権の得喪に関する法律効果の側面からではなく、その経過的事実に則してとらえた不動産所有権取得の事実</u>をいうものと解するのが相当である。売買契約の解除に基づく売主の所有権の回復も、その経過的事実に則してこれをみれば、<u>それが合意によるものであると解除権の行使によるものであるとにかかわらず</u>、一旦買主に移転した所有権が再び売主に移転したものというべきであり、したがつて、右にいう「不動産の取得」にあたると解すべきである。このことは、地方税法（昭和45年法律第24号による改正前のもの）73条の7第12号の2が、契約解除により不動産を取得する場合は原則として同法73条の2第1項にいう「不動産の取得」にあたることを前提としたうえで、とくに「日本住宅公団又は地方住宅供給公社がその譲渡した不動産を当該不動産に係る譲渡契約の解除……により取得する場合における当該不動産の取得」だけを非課税としていることからも裏付けられる。

　次に、最判昭和48年11月16日民集27巻10号1333頁は、「経過的事実」という概念こそ用いていないが、契約解除最判では「その〔所有権の得喪という〕経

過的事実に則してとらえられた」とされる「**不動産の移転の事実**」自体に着目し、次のとおり判示して（下線筆者）、譲渡担保による不動産所有権の取得が不動産取得税の課税客体としての「不動産の取得」に該当することを認めた（以下「譲渡担保最判」という）。

　不動産取得税は、いわゆる流通税に属し、<u>不動産の移転の事実自体に着目して課せられるものであつて、不動産の取得者がその不動産を使用・収益・処分することにより得られるであろう利益に着目して課せられるものではないこと</u>に照らすと、地方税法73条の2第1項にいう「不動産の取得」とは、<u>不動産の取得者が実質的に完全な内容の所有権を取得するか否かには関係なく、所有権移転の形式による不動産の取得のすべての場合を含むもの</u>と解するのが相当であり、譲渡担保についても、それが所有権移転の形式による以上、担保権者が右不動産に対する権利を行使するにつき実質的に制約をうけるとしても、それは不動産の取得にあたるものと解すべきである。このことは、地方税法が73条の2第1項において、原則的に、一切の不動産の取得に対する課税を規定したうえで、とくに73条の3以下において、例外的に非課税とすべき場合を規定しながら、譲渡担保による不動産の取得については非課税規定を設けていなかつたこと、および前記地方税法の改正規定においては、譲渡担保による不動産の取得も73条の2第1項により課税の対象となることを前提としたうえで、とくに73条の27の2において納税義務を免除しあるいは徴収の猶予をする場合を定めていることとも符合する。

　契約解除最判も譲渡担保最判も、『昭和36年答申別冊』が説く「強度に形式を尊重する」（第1実線下線部）という不動産取得税（流通税）の「特殊性」を考慮し、「不動産の移転の事実」に着目し、これを不動産取得税の課税客体としての「不動産の取得」の本質とみるものと解される。

　「不動産の取得」は、契約解除最判によれば、「所有権の得喪に関する法律効果の側面」から捉えられるものではないとされるが、そうすると、その本質である「不動産の移転の事実」も、譲渡担保最判のいう「実質的に完全な内容の所有権」すなわち使用・収益・処分の全ての権能を含む完全な所有権の移転の事実を意味するものではないことは明らかである。つまり、「不動産の移転の

事実」は、譲渡担保最判の第一審・控訴審判決が判示する「単に法律的、形式的見地においてのみならず、経済的、実質的、観点においても、不動産所有権のあらゆる権能の移転を伴う完全な所有権の取得」（東京地判昭和39年7月18日民集27巻10号1351頁）ないし「不動産所有権のあらゆる権能が全面的恒久的に移転する意味での完全実質的な所有権の取得」（東京高判昭和43年5月29日民集27巻10号1364頁）の事実ではないのである。

　これらの下級審判決の考え方については、「租税法における経済的観察法ないし実質主義の考え方によったもの」（越山安久「判解」最判解民事篇（昭和48年度）263頁、272頁）と解説されているが、厳密にいえば、**法的実質主義**の考え方によったものというべきであろう。**経済的実質主義**と対置される法的実質主義の意義に関して、筆者は、「『法的実質』と『経済的実質』を全く異質なものとは考えるべきでない」とした上で、「『法的実質』とは、法形式の枠内で把握される経済的実質をいい（……）、『経済的実質』とは、法形式の枠にとらわれることなく専ら経済的観点から把握される経済的実質（いわば『ナマの経済的実質』）をいうのである」と考えている（前掲拙著【57】）。

　法的実質主義のこのような理解を前提にすると、契約解除最判も譲渡担保最判も、確かに、「不動産の取得」を、法的実質主義によって認定される「不動産の移転の事実」を把握する要件としては理解していないと解される。ただ、「法的実質主義では、私法上の法律関係が真実であるということは、それが仮装でないということを意味する」（前掲拙著【74】）が、上記最判をそのように理解するとしても、上記最判が「不動産の取得」を仮装による「不動産の移転の事実」までをも把握する要件として理解しているとはいえない。

　そうすると、上記最判は、法的実質主義によって認定される「不動産の移転の事実」でも仮装による「不動産の移転の事実」でもない社会経済生活上の「不動産の移転の事実」が、「不動産の取得」要件に該当すると判断したものと解される。契約解除最判は、そのような社会経済生活上の「不動産の移転の事実」を「経過的事実」と呼んだものと解される。つまり、「経過的事実」とは、社会経済生活上の「不動産の移転の事実」のうち、法的実質（法形式の枠内で把握される経済的実質）を伴う「実質的に完全な内容の所有権」の移転の事実でも、仮装（経済的実質の点はもちろん法形式の点でも「無」の存在）による所有

権の移転でもない、いわば両者の中間にある、法形式の点では実在する「不動産の移転の事実」をいうものと解される。

　このような理解によれば、「経過的事実」論は、課税要件事実の認定について、経済的実質主義では勿論ないが法的実質主義でもないいわば**法的形式主義**ともいうべき考え方に基づくものといえよう。法的形式主義は、『昭和36年答申別冊』が説く「強度に形式を尊重する」（第1実線下線部）という不動産取得税（流通税）の「特殊性」に適合した考え方であると考えられる。

2　復旧的移転と形成的移転

　以上に関連して、『昭和36年答申別冊』で述べられていることで1点気になるのは、その前記引用文中の第2破線下線部と契約解除最判との関係である。その破線下線部では、取り消し得べき法律行為の取消しによる所有権移転が問題にされ、契約解除最判では、「それが合意によるものであると解除権の行使によるものであるとにかかわらず」契約解除に基づく所有権移転が問題にされている。

　これを私法的観点からみると、前者は、「取消しの効果として従前の所有者に不動産が復帰するときは、本来の所有権が確認されるにすぎ［ない］」（前川尚美ほか『現代地方自治全集19　地方税〔各論Ⅰ〕』（ぎょうせい・1978年）391頁）ことから、「**復旧的移転**」ということができるのに対して、後者は、「解除契約［＝合意解除］についていえば、当該不動産を再売買したのと全く効果は同じ」であるほか「［約定解除及び債務履行による］解除は、既にいつたんは確定的に有効に成立した契約を、その履行段階における瑕疵による不利益を回避又は回復するためになされるものである」（以上は石田直裕「地方税法逐条解説（連載）不動産取得税（第2回）」地方税30巻11号（1979年）63頁、73頁）ことから、「**形成的移転**」ということができる。

　『昭和36年答申別冊』の前記引用文の第2破線下線部と契約解除最判との関係については、私法的観点からは、復旧的移転には課税しないが形成的移転には課税するとして理解することも可能であろうが、両者とも「流通税」の課税を問題にしていることからすると、流通税の性格の観点からも、両者の違いを理解しておくことも必要であろう。

　流通税とは、「権利の取得・移転をはじめとする各種の経済取引またはその表現たる行為に担税力を認めて課される租税」（金子宏『租税法〔第24版〕』（弘文堂・2021年）868頁）をいうが、そこでいう「担税力」は、経済取引・行為に伴って金銭の授受が行われることを前提として、自由意思による自己資金の支払可能性から間接的に推定される経済的給付能力・支払能力を意味するものと考えられる（今村隆「判批」ジュリスト1262号（2004年）173頁、174頁も参照）。そうすると、形成的移転について担税力を認めて課税をすることに問題はないとしても、復旧的移転については、従前の所有者による金銭の支払も自己資金の支払ではなく借入金元本の返済と同じ効果をもつ以上、これに担税力を認めて課税することはできないと考えられる。このように、流通税の性格の観点からも、前記両者の違いを理解することができる。

Ⅲ　詐害行為取消しと「経過的事実」論

　さて、本稿の本題すなわち瑕疵ある法律行為等の課税上の取扱いの問題に入ることにしよう。この問題について、『昭和36年答申別冊』の前記引用文では、瑕疵ある法律行為の取消しの私法上の効果（遡及的消滅効）を流通税の課税上は考慮しない旨の見解が述べられていた。

　課税実務も基本的にはこの見解を採用してきた。すなわち、課税実務は、無効の場合と取消しの場合を区別し、「契約が虚偽表示、要素の錯誤等によって無効となった場合は、不動産の移転行為そのものが実質法上なかったこととされる結果、不動産取得税の課税客体である不動産の取得も存在しない。」（前川ほか・前掲書390頁）として不動産取得税の課税をしないものとするのに対して、「契約が意思表示の瑕疵、詐害行為等により取り消された場合は、当該取消しにより、所有権取得の効果は遡及的に消滅することになるが、税法の観点からは、たとえ一時的にではあっても、買主等が所有権を取得したという事実は消えない。」（同391頁）として不動産取得税の課税をするものとしてきたのである。この見解は、内容的には、「経過的事実」論に基づくものであると解される。

　もっとも、課税実務には、『昭和36年答申別冊』の前記引用文の第1破線下線部の「意見」も根強かったように思われる。課税実務関係者の中には、取消

しの場合を「①意思表示の瑕疵による取消」と「②特別な取消権による取消」とに区分し、前者については、上記の「意見」と同様、「取消が行われれば、その時点で無効の場合と同じになり、取消が行われる前に不動産取得税が賦課されていれば、その賦課処分を取り消し、既に納付された税額は還付しなければならない。」（石田・前掲「逐条解説」70頁）と説き、他方、後者については、「これらの［詐害行為取消権、書面によらない贈与の取消、夫婦間の契約の取消等の］特別な取消権は、①の意思表示の瑕疵に基づく取消と異なり、債務者の一般財産の保全のためやそれぞれの契約の特殊性に基づき認められているものであり、それらの取消がなされるまでは、当初の契約により完全に所有権は移転しているものである。従つて、取消がなされても当初の所有権の移転については当然課税すべきものである」（同71-72頁）と説く者もいたのである。

これに対して、学説では、「所有権移転の基因となる行為に無効又は取消原因たる瑕疵があって、無効が確定し又は取消された場合には、『取得』の効果が失われるという説が有力である。」（碓井光明「不動産取得税における『不動産』及びその『取得』の意義（三）」自治研究65巻9号（1989年）13頁、20頁）といわれていた。

以上のような議論状況の下で、詐害行為取消最判は、土地の売買契約が詐害行為として取り消された場合における当該契約に基づく土地の取得について、次のとおり判示して（下線筆者）、「経過的事実」論により、特別土地保有税の課税を維持した。

特別土地保有税は、土地又はその取得に対し、当該土地の所有者又は取得者に課されるものであるところ、土地の取得に対するものは、いわゆる流通税に属し、土地の移転の事実自体に着目して課されるものであり、土地に対するものは、いわゆる財産税に属し、取得に引き続いて土地を所有している事実自体に着目して課されるものであって、いずれも土地の取得者又は所有者がその土地を使用、収益、処分することにより得られるであろう利益に着目して課されるものではない。以上によれば、地方税法585条1項にいう土地の取得とは、所有権の移転の形式により土地を取得するすべての場合を含み、取得の原因となった法律行為が取消し、解除等により覆されたかどうかにかかわりなく、その経

過的事実に則してとらえた土地所有権取得の事実をいうものと解するのが相当であり、土地の所有についても同様に解するのが相当である。本件においては、土地の取得原因である売買契約が詐害行為として取り消されているところ、詐害行為取消しの効果は相対的であって、取消訴訟の当事者間においてのみ当該売買契約を無効とするにとどまり、売主と買主との間では当該売買契約は依然として有効に存在する上、取消しがされたということによって、当該土地の所有権が買主に移転し買主が当該土地を取得に引き続いて所有していた経過的事実そのものがなくなるものではない。したがって、土地の取得の原因となった行為が詐害行為として取り消されたことは、当該土地の取得及びその所有に対して課された特別土地保有税の課税要件を失わせることになるものではないというべきである。

　この判決は、「取得の原因となった法律行為が取消し、解除等により覆されたかどうかにかかわりなく」と説示していることからすると、「経過的事実」論を詐害行為取消の場合においてだけでなく広く取消しの場合や解除の場合においても展開するものであり、従来の議論状況を総括し、瑕疵ある法律行為等の課税上の取扱いの問題について最高裁の立場を明確にしたものと評価することができよう。

　なお、詐害行為取消最判は、特別土地保有税のうち土地（の所有）に対するものを「財産税」と性格づけながら、流通税における「経過的事実」論の適用について「土地の所有についても同様に解するのが相当である」と判示しているが、これは「経過的事実」論の射程を超える判断であり妥当でないと考えられる。

Ⅳ　おわりに

　本稿では、流通税の領域において展開されてきた「経過的事実」論の意義及び射程について、主に判例分析を通じて、それが流通税の課税要件事実の認定に関する法的形式主義に基づくものであることを明らかにした。

　「経過的事実」論については、その事実の不明確さ等が批判されることがあ

るが（碓井・前掲論文18-19頁、今村・前掲「判批」174頁、山田二郎「判批」判例自治239号（2003年）112頁、115頁等参照）、ただ、そのような批判は、第一次的には、立法者が不動産取得税や特別土地保有税（取得分）について、流通税の観念を前提として、その課税客体を不動産・土地の「取得」として定めた際の立法裁量に向けられるべきである。

　立法者はその裁量の範囲内で、それらの税の課税根拠となる担税力を、理論的には経済的概念である担税力の指標として適切とは言い難い「権利の取得・移転をはじめとする各種の経済取引またはその表現たる行為」（金子・前掲書868頁）に、認めたが故に、行政や裁判所は、それらの税の課税上、「強度に形式を尊重するという特殊性」（『昭和36年答申別冊』の前記引用文の第1実線下線部）を考慮した事実認定基準を設定しなければならなかったのであるが、それが、他の税目にはみられないような、所有権移転の形式に着目した経過的事実を認定基準とするものに帰結したのである。

課税要件事実の認定における
「疑わしきは納税者の利益に」
明文の規定がない場合における推計課税の許容性

I　はじめに

　10では、「**納税者に有利な類推解釈**」との関連において「**疑わしきは納税者
の利益に（in dubio contra fiscum）**」が**税法の解釈原理**として認められるかど
うかを検討したが、本稿では、課税要件事実の認定において「疑わしきは納税
者の利益に」が**事実認定原理**として認められるかどうか、認められるとして法
的に何らかの制約ないし修正を受けることはないのかを検討する。
　まず、この問題に関して筆者の知る限りで最も詳細に検討していると思われ
る次の見解（中川一郎編『税法学体系〔全訂増補〕』（ぎょうせい・1977年）89-90頁
［中川一郎執筆］。下線筆者。以下「見解A」という）をみておこう。

　税法の解釈につき、in dubio pro fisco を否定することの積極的表示の意味で、
in dubio contra fiscum を解釈原理として採用したが、要件事実の認定について
は、事情が異なる。<u>解釈については、in dubio は皆無ではないが、極めて少な
い。これに反して、要件事実の認定については、真実の事実を探求するのであ
るから、in dubio に該当しない場合が少ないであろう。</u>何が真実の事実であるか
は、多くの場合に、in dubio である。証拠によつて in dubio でなくなる。<u>裁判
における事実認定</u>は、公知の事実以外は、すべて証拠によつて判断されるので
あるから、証拠がなければ、当事者の主張事実は認められない。しかし、<u>税務
行政の段階においては、行政事件訴訟法も、民事訴訟法も適用されないから、
証拠による事実認定は、一応法的に義務づけられていない。そこで課税標準の
調査にあたつては、往々にして証拠によらず、調査官の良識により課税要件に
該当するように要件事実の認定がなされる。かかる場合に、in dubio contra
fiscum が登場してくるのである。</u>すなわち、疑わしい場合には、納税義務者の

利益に要件事実を認定しなければならないのである。疑わしい場合とは、証拠のない場合である。証拠がないのにもかかわらず、課税要件に該当するように要件事実を認定することは、in dubio contra fiscum に反するのである。したがつてかかる認定事実に基づく課税処分は、租税法律主義に反する違法処分であるといわなければならない。in dubio contra fiscum は、税法の解釈の場合よりも、要件事実の認定の場合に活動するのである。

　要件事実の認定について、in dubio pro fisco を主張する者は皆無であろうが、われわれのように in dubio contra fiscum を認める者も極めて少ないであろう。しかし、証拠がないのに、「租税負担の公平」「公共福祉」によつて、要件事実の認定はできまい。in dubio pro fisco を否定する限り、当然に in dubio contra fiscum に従つて要件事実を認定しなければならないのであつて、第三の原理などあり得ようはずがない。

　この見解Ａでは「要件事実の認定について、……in dubio contra fiscum を認める者も極めて少ない」と述べられているが、確かに、この問題を意識的に取り上げ論ずる者（清永敬次『税法〔新装版〕』（ミネルヴァ書房・2013年）37頁、拙著『税法基本講義〔第 7 版〕』（弘文堂・2021年）【63】参照）は今日では少ないとはいえ、しかし、「疑わしきは納税者の利益に」を税法の解釈原理として認めない論者（金子宏『租税法〔第24版〕』（弘文堂・2021年）125頁参照）でも、次のとおり（同149頁。下線筆者。以下「見解Ｂ」という）、これを事実認定原理としては認めていることは、注目すべきである。

　租税法は侵害規範であるから、刑事法の領域で、犯罪構成要件事実の認定について、「疑わしきは被告人の利益に」という原則が妥当するのと同様に、課税要件事実の認定については、「疑わしきは納税者の利益に」という原則が妥当する、と考えてよいであろう。もっとも、課税要件事実の認定にあたっては、それに必要な直接資料の入手が困難なことが少なくない。しかし、直接資料が得られないことを理由に課税を放棄することは、租税公平主義（この場合は、法の執行段階における）に反し妥当でないため、所得税法および法人税法は、そのような場合には、各種の間接資料を用いて推計によって課税することを認め

ている（所税156条、法税131条）。その限りで、「疑わしきは納税者の利益に」
という原則は、修正を受けている。

　この見解Ｂについてもう１つ注目すべきは、「疑わしきは納税者の利益に」
という事実認定原理が**推計課税**（所税156条、法税131条）との関係で修正を受
けるとしている点である。ただ、この点については、見解Ａも同様の立場に立
つものと考えられる。というのも、見解Ａも、「税務行政の段階」において課
税庁は、推計課税を認める明文の規定があれば、直接資料から得られる証拠が
なくても、その規定に基づき、間接資料から得られる証拠によって要件事実を
認定し課税することができるし課税しなければならない、という点については
異を唱えるものではないと解されるからである。
　なお、ここで注意しておかなければならないのは、見解Ｂが推計課税によっ
て修正されるとする「疑わしきは納税者の利益に」にいう「疑わしい場合」は、
課税要件事実を**直接的証拠資料**（要件事実、間接事実等の事実を証明する証拠を
直接的に示す資料）によって認定することができない場合という意味での「疑
わしい場合」であって、見解Ａのいう「証拠のない場合」という意味での「疑
わしい場合」一般を意味するものではない、ということである。推計課税は、
課税要件事実を**間接的証拠資料**（要件事実、間接事実等の事実を証明する証拠を
間接的に示す資料）によって認定して課税するものであり、「証拠がない場合」
に課税要件事実を認定して課税するものではないのである。

Ⅱ　明文の規定のない場合における推計課税の許容性とその修正

　さて、問題は、推計課税を認める明文の規定がない場合である。この問題に
ついては、①そのような場合に推計課税が許容されるかどうかという問題と②
許容されるとして、そのような推計課税は「疑わしきは納税者の利益に」とい
う事実認定原理とどのような関係にあると考えるべきかという問題に分けて検
討することにする。
　まず、前記①の問題については、推計課税を定める明文の規定がなかった昭
和25年度改正前の所得税法の下での事件に関する判断であるが、最判昭和39年

11月13日訟月11巻2号312頁は次のとおり判示し（下線筆者）、明文の規定のない場合における推計課税の許容性を「当然の事理」として認めた。

> ［昭和23年度及び同24年度］当時の所得税法9条1項9号の規定は、所得税の課税標準となるべき所得額が、いわゆる事業等所得についてはどのような数額であるべきかを定めたものにすぎず、同号に従つて決定せらるべき所得額がどれほどになるかを、つねに実額調査の方法によつてのみ決定しなければならないことまでを定めたものと解することはできない。所得税法が、信頼しうる調査資料を欠くために実額調査のできない場合に、適当な合理的な推計の方法をもつて所得額を算定することを禁止するものでないことは、納税義務者の所得を捕捉するのに十分な資料がないだけで課税を見合わせることの許されないことからいつても、当然の事理であり、このことは、昭和25年に至って同法46条の2（現行45条3項）に所得推計の規定が置かれてはじめて可能となつたわけではない。かように、法律の定める課税標準の決定につき、時の法律においても許容する推計方法を採用したことに対し、憲法84条に違反すると論ずるのは、違憲に名をかりて所得税法の解釈適用を非難するものにほかならない。

また、特別地方消費税（平成12年3月末廃止）に関する事件において、神戸地判平成9年3月24日行集48巻3号188頁は次のとおり判示し（下線筆者）、明文の規定のない場合における推計課税の許容性を「課税負担の公平の見地」から認めた。

> 特別地方消費税は、地方税法113条1項に基づき、飲食店、バー等における遊興、飲食及び宿泊等の利用行為に対し、その利用料金を課税標準としてその利用者に課される税であるところ、同法には、所得税法156条及び法人税法131条のような推計課税をすることができる旨の規定はない。
> しかし、納税義務者の申告した課税標準額等を実額として採用することができず、他にこれらの実額を直接把握するための十分な資料もない場合に、納税義務者に対する課税を見合わせることは、課税負担の公平の見地から許されない。したがって、課税庁は、地方税法による課税においても、推計課税をすることが許されるというべきである。

　これらの判断によれば、推計課税規定の基本的性格は確認規定ということになろう。すなわち、「本条〔＝所税156条〕の意義は、推計課税を創設的に認めたものではなく、青色申告者に対する推計課税を禁止したところにある。」（武田昌輔監修『DHCコンメンタール所得税法』（第一法規・加除式）7035頁）といえよう。

　しかし、推計課税が「租税負担の公平の見地」から「当然の事理」として認められるべきものであるとしても、租税法律主義が支配する税法の分野では、租税負担の公平は租税法律を通じて実現されなければならず、租税法律を離れて実現されてはならないこと（という意味での「**含み公平観**」については前掲拙著【21】【81】参照）からすると、推計課税については、これを定める明文の規定がやはり必要であると考えられる。

　これを別の観点からいえば、課税要件事実を直接的証拠資料によって認定することができない場合という意味での「疑わしい場合」につき租税負担の公平の見地から推計課税を認めるかどうかは、租税法律主義の下では、立法者が判断すべき問題であるにもかかわらず、それを「調査官の良識」（見解A）に委ねると、推計課税が「租税行政の自己防衛の手段」（南博方『租税争訟の理論と実際〔増補版〕』（弘文堂・1980年）103頁）である以上、「国庫収入を早期に確保し、税務そのものを防衛するために」（同104頁）、「往々にして証拠によらず、調査官の良識により課税要件に該当するように要件事実の認定がなされ」（見解A）、その結果、租税法律主義（合法性の原則）の下での**厳格な事実認定の要請**（前掲拙著【41】参照）が潜脱されるおそれがあると考えられるのである。

　そこで、そのような「疑わしい場合」については、推計課税の実質的根拠である「租税負担の公平の見地」と厳格な事実認定の要請との調整原理として、「疑わしきは納税者の利益に」という事実認定原理が妥当すると考えられる。つまり、明文の規定のない場合における推計課税は、「疑わしきは納税者の利益に」の限度で、その許容性が認められる、換言すれば、「疑わしきは納税者の利益に」によって修正を受けると考えられるのである（**納税者に有利な推計課税**）。これが、前記②の問題についての筆者の考え方である。

Ⅲ 納税者に有利な推計課税

　納税者に有利な推計課税に関しては、推計による仕入税額控除の可否が議論されることがあるが、学説の中には、次のとおりこれを肯定する見解がある（清永・前掲書190頁。以下「見解Ｃ」という。これを支持するものとして田中治『田中治　税法著作集　第４巻　租税実体法の諸相と論点─相続税、消費税、地方税』（清文社・2021年）289頁［初出・2010年］参照）。

　仕入税額控除は、当該課税期間の課税仕入れ等の税額の控除に係る帳簿及び請求書等を保存しない場合には、これを適用することができない（消30条７項ないし９項）。この場合、取引に係る帳簿・請求書等が備わっていない等のため、課税標準である課税資産の譲渡等の対価の額が推計により計算されるときは、課税仕入れに係る支払対価についても推計を行い、それに基づく仕入税額控除が許されるものと思われる。

　これに対して、裁判例においては推計による仕入税額控除を認められていない。例えば、神戸地判平成26年７月29日税資264号順号12511は、最判平成16年12月16日民集58巻９号2458頁の次の判示（ⓐ。下線筆者）を引用し、これを前提にして次のとおり判示している（ⓑ）。

【ⓐ】
　法30条７項は、法58条の場合と同様に、当該課税期間の課税仕入れ等の税額の控除に係る帳簿又は請求書等が<u>税務職員による検査</u>の対象となり得ることを前提にしているものであり、事業者が、国内において行った課税仕入れに関し、法30条８項１号所定の事項が記載されている帳簿を保存している場合又は同条９項１号所定の書類で同号所定の事項が記載されている請求書等を保存している場合において、<u>税務職員がそのいずれかを検査することにより課税仕入れの事実を調査することが可能であるときに限り、同条１項を適用することができる</u>ことを明らかにするものであると解される。……。

法30条7項の規定の反面として、事業者が上記帳簿又は請求書等を保存していない場合には同条1項が適用されないことになるが、このような法的不利益が特に定められたのは、資産の譲渡等が連鎖的に行われる中で、広く、かつ、薄く資産の譲渡等に課税するという消費税により適正な税収を確保するには、上記帳簿又は請求書等という確実な資料を保存させることが必要不可欠であると判断されたためであると考えられる。

【ⓑ】

所得税と消費税とは異なる法律によって課される租税である。そして、消費税法の適用においては、法30条7項に当たる場合、同条1項は適用されないこととなるのであって、同条1項の適用を前提とする仕入税額控除の推計を問題とする余地はない。原告は、推計による仕入税額控除の根拠として、簡易課税制度（法37）を挙げるが、同制度は、一定の要件を満たした事業者が選択した場合に初めて適用されるものであり、同制度の存在から、法30条7項に当たる場合に推計による仕入税額控除ができると解することはできない。

このように、見解Cと上掲神戸地判とは結論の点では明らかに異なる。ただ、両者は、以下のとおり、その説くところを特に「主体」に着目して読むと、そもそも議論のレベルを異にしているように思われる。すなわち、見解Cは推計による仕入税額控除を租税実体法のレベルで問題にしているのに対して、上掲神戸地判は租税手続法のレベルで問題にしている（はずである）と解される。

仕入税額控除は、税法の体系上、課税要件法の領域に属する措置ではないが、消費税の課税標準である課税資産の譲渡等の対価の額（消税28条1項）に税率（同29条）を適用して算出される税額（成立した納税義務の金額）から控除されるという意味で**納税義務の成立と連動する特殊な形態の免除**（拙著【95】参照）であるから、租税実体法の領域に属する措置ではある。見解Cは、仕入税額控除を適用する主体に言及せず推計による仕入税額控除について論じていることからすると、推計による仕入税額控除を納税義務者と国との実体的権利義務関係のレベル（租税実体法のレベル）で問題にしていると解される。

これに対して、前掲神戸地判が前提とする前掲最判は、消費税法30条7項を「税務職員による検査」に関する**事実認定規範**（事実認定に関する行為規範）と

して捉え、課税庁は「帳簿又は請求書等」という直接的証拠資料を用いて仕入税額控除の適用のための事実認定を行わなければならないとしたものと解されるが、そうすると、前掲神戸地判はそのような租税手続法のレベルで、課税庁が課税仕入れに係る支払対価の額の推計により仕入税額控除を行うことを認めなかった（はずである）と解されるのである。もっとも、前掲判示ⓑの書きぶりを読むと、推計による仕入税額控除を租税実体法のレベルで認めないかのように思われるかもしれないが、その判示の前提として引用されている前掲最判と併せ読むと、上述のように解することができるように思われるのである。

このように検討してくると、推計による仕入税額控除は、消費税法30条7項による事実認定資料の限定により租税手続法のレベルでは許容されないが、租税実体法のレベルでは許容されると考えられるので、課税処分取消訴訟等の訴訟においては納税者には仕入税額控除に係るいわば「**推計反証**」が認められると解される。

Ⅳ　おわりに

以上、本稿では、事実認定原理としての「疑わしきは納税者の利益に」について検討した。以上の検討を踏まえ、その中で取り上げた見解Ａ、見解Ｂ及び見解Ｃをもう一度整理しておくと、以下のように整理することができよう。

見解Ａは、「疑わしきは納税者の利益に」を一般的に論じこれを支持するものであるが、特に「税務行政の段階」におけるこの原理の意義ないし役割を重視するものであるように思われる。

見解Ｂは、見解Ａと基本的に同じ立場に立つが、（明文の規定のある場合の）推計課税による修正を説いていることからすると、その限りでは、租税手続法のレベルにおけるこの原理の妥当性を否定していると解される。

見解Ｃは、推計による仕入税額控除を租税実体法のレベルで認めているが、ただ、「課税標準である課税資産の譲渡等の対価の額が推計により計算されるときは」という条件の下で認めていることからすると、消費税の課税上は事実認定原理を「疑わしきは納税者の利益に」に限定しているわけではなく、租税実体法のレベルでは、納税者にとって有利であるかどうかにかかわらず、直接

的証拠資料を用いた事実認定だけでなく間接的証拠資料を用いた事実認定をも許容するものと解される。

　以上の整理を踏まえ私見を述べておくと、税務行政による事実認定については「疑わしきは納税者の利益に」が、推計課税を認める明文の規定がある場合を除き、妥当する。また、裁判所による事実認定については、直接的証拠資料がなくても間接的証拠資料から得られた証拠がある場合には、それに基づく事実認定の結果は、納税者にとって有利であるかどうかにかかわらず、認められる。

　もっとも、「証拠のない場合」という意味での「疑わしい場合」につき、見解Aは「疑わしきは納税者の利益に」を事実認定原理として説くが、しかし、その場合には裁判所は事実認定をすることができないだけのことであり、しかも「証拠のない場合」は納税者が自己に有利な事実を主張する場合にもあり得るのであるから、その場合には「疑わしきは納税者の利益に」という事実認定原理は成り立たないと考えられる。

　なお、上記に関連して付言しておくと、見解Aのいう「疑わしい場合」としての「証拠のない場合」は、その3つ前の文章で「往々にして証拠によらず」と述べられていることからすると、「証拠によらない場合（直接的証拠資料の調査だけでなく推計課税においては間接的証拠資料の調査をも十分に尽くしていない場合を含む）」を意味しているのではないかと思われる。

20 租税回避の意義と類型

未処理欠損金額引継規定濫用［ヤフー］事件・最判平
成28年2月29日民集70巻2号242頁

I はじめに

　本稿から**25**まで租税回避問題に関する判例を拙著『税法基本講義〔第7版〕』（弘文堂・2021年）【66】ないし【79】に即して取り上げ検討することにしよう。ただ、既に2018年8月から2020年12月まで50回にわたって Profession Journal 誌で公開した連載・谷口教授と学ぶ「税法の基礎理論」（とりわけ第20回ないし第41回。拙著『税法の基礎理論』（清文社・2021年）第3章収録）でも租税回避判例を検討したので、そこでの検討との重複をできるだけ避けるよう検討の観点の設定の仕方や取り上げる判例に留意することにしたい。

　本稿では、租税回避の意義と類型（前掲拙著『税法基本講義』【66】参照）に関して、未処理欠損金額引継規定濫用［ヤフー］事件・最判平成28年2月29日民集70巻2号242頁（以下「本判決」という）を検討する。本判決の判示のうち本稿で検討するのは、次の判示である（下線・太字筆者）。

　組織再編成は、その形態や方法が複雑かつ多様であるため、これを利用する巧妙な租税回避行為が行われやすく、<u>租税回避の手段</u>として濫用されるおそれがあることから、法132条の2は、税負担の公平を維持するため、組織再編成において法人税の負担を不当に減少させる結果となると認められる行為又は計算が行われた場合に、それを正常な行為又は計算に引き直して法人税の更正又は決定を行う権限を税務署長に認めたものと解され、組織再編成に係る租税回避を包括的に防止する規定として設けられたものである。このような同条の趣旨及び目的からすれば、同条にいう「法人税の負担を不当に減少させる結果となると認められるもの」とは、法人の行為又は計算が組織再編成に関する税制（以下「組織再編税制」という。）に係る各規定を<u>租税回避の手段</u>として濫用するこ

とにより法人税の負担を減少させるものであることをいうと解すべきであり、その濫用の有無の判断に当たっては、①当該法人の行為又は計算が、通常は想定されない組織再編成の手順や方法に基づいたり、実態とは乖離した形式を作出したりするなど、不自然なものであるかどうか、②税負担の減少以外にそのような行為又は計算を行うことの合理的な理由となる事業目的その他の事由が存在するかどうか等の事情を考慮した上で、当該行為又は計算が、組織再編成を利用して税負担を減少させることを意図したものであって、組織再編税制に係る各規定の本来の趣旨及び目的から逸脱する態様でその適用を受けるもの又は免れるものと認められるか否かという観点から判断するのが相当である。

　租税回避は、そもそも、実定税法上の概念ではなく、税法の解釈適用に関して学説上形成されてきた、**実定税法の基礎にある基礎理論上の概念**である（租税回避論の沿革については、前掲拙著『税法の基礎理論』第3章第6節参照）。したがって、本判決が法人税法132条の2の解釈適用に関する判断を示すものである以上、上記の判示が、租税回避の意義や類型を示すことを少なくとも直接の目的とするものでないことは確かである。ただ、そこで使用されている租税回避の概念は、以下で述べるように、租税回避をめぐる学説の議論を的確に踏まえたものであると解される。

Ⅱ　租税回避の意義

　租税回避は、これを包括的に定義すれば、「課税要件の充足を避け納税義務の成立を阻止することによる、租税負担の適法だが不当な軽減または排除」（前掲拙著『税法基本講義』【66】（イ））として定義することができよう（**租税回避の包括的定義**）。これを租税回避の定義に関するアプローチの観点からみると、課税要件の充足回避という**租税回避の結果**を基本的要素として租税回避を定義する**課税要件アプローチ**を採用したものといえよう（前掲拙著『税法基本講義』【66】（イ）参照。このアプローチによる定義を採用する見解については拙著『税法創造論』（清文社・2022年）253頁注(6)［初出・2017年］参照。また、租税回避が**結果概念**であることの意味については、前掲拙著『税法の基礎理論』第3章第4節Ⅲ

参照)。

　これに対して、租税回避の定義に関するもう1つのアプローチとして、**租税回避の手段**としての行為の異常性・人為性・濫用該当性等の態様を基本的要素として租税回避を定義する**行為態様アプローチ**がある（前掲拙著『税法基本講義』【66】（イ）参照。このアプローチによる定義を採用する見解については前掲拙著『税法創造論』253頁注(7)［初出・2017年］参照。また、租税回避が**行為概念**であることの意味については、前掲拙著『税法の基礎理論』第3章第4節Ⅱ参照）。行為態様アプローチによる定義は、次の見解（清永敬次『税法〔新装版〕』（ミネルヴァ書房・2013年）42頁。下線筆者）が説くように、課税要件アプローチによる包括的定義の「多くの場合」をカバーするものである（課税要件アプローチと行為態様アプローチとが異質で相互排他的なアプローチでなく、着眼点を異にする相互補完的なアプローチであることについては、前掲拙著『税法創造論』256頁［初出・2017年］参照）。

　ここで租税回避（tax avoidance, Steuerumgehung）というのは、課税要件の充足を避けることによる租税負担の不当な軽減又は排除をいう。<u>多くの場合、税法上通常のものと考えられている法形式（取引形式）を納税者が選択せず、これとは異なる法形式を選択することによって通常の法形式を選択した場合と基本的には同一の経済的効果ないし法的効果（以下、単に「経済的効果」という。）を達成しながら、通常の法形式に結びつけられている租税上の負担を軽減又は排除するという形をとる。</u>

　本判決は、「<u>組織再編成</u>は、その形態や方法が複雑かつ多様であるため、これを利用する巧妙な租税回避行為が行われやすく、<u>租税回避の手段</u>として<u>濫用</u>されるおそれがある」（下線筆者）とするが、ここでは、「組織再編成」という納税者の行為が「租税回避の手段」として「濫用」されるとされていることからすると、本判決は租税回避の意義について行為態様アプローチを採用したものと解される。

Ⅲ 租税回避の類型

　ところで、本判決は前記の判示の中で「租税回避の手段」という文言を２箇所で使用している。１箇所目の「租税回避の手段」は、「組織再編成」（より厳密にいえば、これに係る私法上の形成可能性）であり、２箇所目の「租税回避の手段」は、「組織再編税制に係る各規定」であるが、本判決は、以下で述べるように、「租税回避の手段」の観点から、租税回避の２つの類型について説示していると解される（前掲拙著『税法基本講義』【66】（ハ）参照）。

　まず、１箇所目の「租税回避の手段」に関して本判決は「組織再編成は……租税回避の手段として濫用されるおそれがある」と説示するが、ここでいう「濫用」は、組織再編成に係る私法上の形成可能性の濫用を意味すると解される。つまり、ここでは、租税回避の類型として**私法上の形成可能性の濫用による租税回避**が説示されていると解されるのである。

　次に、２箇所目の「租税回避の手段」に関して本判決は「法人の行為又は計算が組織再編成に関する税制（以下「組織再編税制」という）に係る各規定を租税回避の手段として濫用する」と説示するが、ここでいう「濫用」は、組織再編税制に係る各規定（具体的には資産の簿価や未処理欠損金額の引継ぎに係る課税減免規定）の濫用を意味する。つまり、ここでは、租税回避の類型として**税法上の課税減免規定の濫用による租税回避**が説示されているのである。

　租税回避をこのように２つの類型に区分する見解は学説にもみられる。例えば、金子宏教授は、次のとおり、租税回避を定義した上で租税回避を２つの類型に区分しておられる（同『租税法〔第24版〕』（弘文堂・2021年）133-134頁。下線筆者）。

　租税法の定める課税要件は、各種の私的経済取引ないし私的経済活動を定型化したものであるが、私的自治の原則ないし契約自由の原則の支配している私法の世界では、人は、一定の経済的目的ないし成果を達成しようとする場合に、強行規定に反しない限り自己に最も有利になるように、法的形成を行うことができる。租税回避（tax avoidance, Steuerumgehung）とは、このような、<u>私法</u>

上の形成可能性を異常または変則的な（「不自然」という言葉は、主観的判断の幅が広く、不明確度が大きいため、避けておきたい）態様で利用すること（濫用）によって、税負担の軽減または排除を図る行為のことである。

租税回避には、2つの類型がある。1つは、合理的または正当な理由がないのに、通常用いられていない法形式を選択することによって、通常用いられる法形式に対応する税負担の軽減または排除を図る行為である。……。

もう1つは、租税減免規定の趣旨・目的に反するにもかかわらず、私法上の形成可能性を利用して、自己の取引をそれを充足するように仕組み、もって税負担の軽減または排除を図る行為である。

この取引の2つの類型は、いずれも、私法上の形成可能性を濫用（abuse; Missbrauch）することによって税負担の軽減・排除を図る行為である。

　上記の引用文では、金子教授も本判決と同じく、租税回避の定義については行為態様アプローチを採用していると解されるが、ただ、租税回避の類型については、本判決と異なり、いずれの類型についても「租税回避の手段」を私法上の形成可能性として捉えておられる。この点については、金子教授が「租税減免規定の趣旨・目的に反するにもかかわらず、私法上の形成可能性を利用して、自己の取引をそれを充足するように仕組み」と述べておられることからすると、金子教授は、税法上の課税減免規定の濫用による租税回避という類型については、本判決と異なり、課税減免規定を租税回避の手段として濫用するという点ではなく、その場合において当該課税減免規定の要件を充足するための手段として私法上の形成可能性を濫用するという点に着目しておられると解される。換言すれば、本判決は、**租税回避の直接的手段**に着目しているのに対して、金子教授は**租税回避の間接的手段**に着目しておられるといってもよいであろう（前掲拙著『税法の基礎理論』第3章第3節Ⅲ参照）。

　このような着目点の違いは、本判決の判示する「その濫用の有無の判断」枠組みを理解する上で重要な意味をもつように思われる。すなわち、税法上の課税減免規定の濫用による租税回避について、本判決の判示する①②等の「事情」（間接事実）は、**その租税回避の間接的手段（ヤフー事件では組織再編成に係る私法上の形成可能性）に即して**認定されるべきものであり、その「事情を考

慮した上で」「判断するのが相当である」とされる「観点」の中で説示された事実（**要件事実**）は、**その租税回避の直接的手段（ヤフー事件では法税57条２項・３項及び同令112条７項５号の各課税減免規定）に即して**認定されるべきものである、と理解することができるように思われるが、そのような理解に基づき、上記の判断枠組みを「**間接事実から要件事実を推認する事実判断の構造**」（伊藤滋夫『事実認定の基礎〔改訂版〕』（有斐閣・2020年）71頁）の中に組み込み展開していくのが妥当であろう（本判決の判断枠組みに関する私見について詳しくは、前掲拙著『税法の基礎理論』第２章第３節、前掲拙著『税法創造論』303-308頁［初出・2017年］等参照）。

IV おわりに

本稿では、本判決を素材として、租税回避の意義と類型について検討した。

本判決は、組織再編成に係る行為計算の否認規定（法税132条の２）の適用に関する判断枠組みを示したが、本判決は、その判断枠組みが、後で別稿で検討するデット・プッシュ・ダウン（debt push down）借入利息損金算入否認［ユニバーサルミュージック］事件・最判令和４年４月21日民集76巻４号480頁で、（否認の対象とされた租税回避の類型の違いを別にすれば）基本的には、同族会社の行為計算否認規定（法税132条）の適用に関する判断枠組みとして採用されたと解される点（**個別分野別不当性要件の統一的解釈**。前掲拙著『税法基本講義』【71】参照）においてだけでなく、税法の基礎理論上の概念としての租税回避についてその意義（行為態様アプローチによる定義）と類型（税法上の課税減免規定の濫用による租税回避）をベースにして、従来の学説上の議論をも的確に踏まえて、その判断枠組みを構築したと解される点においても、高く評価されるべきものである。それらの点においてわが国の租税回避論の到達点を示した判決といってよかろう。

21 租税回避の法的評価とリベラルな租税回避観

住所国外移転［武富士］事件・最判平成23年2月18日 訟月50巻3号864頁

Ⅰ　はじめに

　20では租税回避の意義と類型について検討したが、これに関連して本稿では その法的評価（拙著『税法の基礎理論』（清文社・2021年）第3章第5節参照）に ついて検討することにしよう。筆者は租税回避の法的評価を、課税要件アプ ローチによる租税回避の包括的定義（**20**Ⅱ参照）の中に、「課税要件の充足を避 け納税義務の成立を阻止することによる、租税負担の適法だが不当な軽減また は排除」（拙著『税法基本講義〔第7版〕』（弘文堂・2021年）【66】）という形で採 り入れ、その定義を示している。

　租税回避はこのように「**適法**」と「**不当**」という異なる法的評価を受けるべ きものであるが、本稿では主として租税回避の適法性について検討することと し、租税回避の不当性については、租税回避の適法性との関係で言及するにと どめ、それ自体の検討は、今後、実定税法上の租税回避否認規定（同族会社の 行為計算否認規定等）の否認要件のうちいわゆる不当性要件に関する判例分析 を通じて、行うことにしたい。租税回避の不当性は、後の**Ⅲ**で述べるように、 専ら租税立法において考慮し具体化・実現すべきものと考えるからである。

Ⅱ　租税回避の適法性―課税要件アプローチからの論理的帰結―

　租税回避については、「合法か違法かがあいまいな灰色領域を指す概念」（増 井良啓『租税法入門〔第2版〕』（有斐閣・2018年）51頁）といわれることもあるが、 我が国における租税回避研究の第一人者である清永敬次教授は次のように述べ ておられる（同『税法〔新装版〕』（ミネルヴァ書房・2013年）42頁。下線筆者）。

> 　なお、租税回避というとき、一般に、ややもすると、租税回避行為は許されない行為であると考えられがちであるが、これを禁止するための規定がない場合には、租税回避であるからといってこれが税法上否認されることはないのであるから、租税回避行為はその限りで<u>税法上承認されている行為</u>にほかならないと考えるべきものである。

　清永教授のこの見解は租税回避の適法性を認めるものと解されるが（田中治『田中治　税法著作集　第5巻　租税手続法の諸相と論点』（清文社・2021年）700頁［初出・2013年］も同旨）、それは「**租税回避の試み**（Steuerumgehungsversuch）」と「**真の租税回避**（echte Steuerumgehung）」とを区別するドイツ租税回避論に関する研究に基づくものではないかと推察される。

　ドイツの租税回避論では、夙に、課税要件（Steuertatbestand）の観念を前提にして、「真の租税回避は、まさに、解釈の技法が役に立たなくなり始めるところから、始まる。」（*Hensel*, Zur Dogmatik des Begriffs "Steuerumgehung", in Bonner Festgabe für Zitelmann, 1923, 244.）といわれてきたが、清永教授はドイツの租税回避論の研究を通じて、課税要件規定の定め方及び解釈並びに課税要件事実の認定との関連で租税回避の成否について次のとおり述べておられる（同『租税回避の研究』（ミネルヴァ書房・1995年／復刻版2015年）111-113頁。なお、租税回避論の沿革については、前掲拙著『税法の基礎理論』第3章第6節参照）。

> （7）　租税回避は、このように、課税要件の充足が生じないことによってももたらされるから、課税要件の定め方によって、租税回避の発生を阻止することができる。従来の課税要件の定め方では租税回避は生じ得るが、改正後の課税要件規定の下では課税要件の充足が生じ、租税回避は生じないということになる。したがって、租税回避の発生は、課税要件規定の規定の仕方によって左右されることになる。
> 　また、租税回避の成否は、課税要件規定の解釈が重要な意味を持つ。課税要件規定のある解釈によれば、課税要件の充足がないとされ、別の解釈によるときは、その充足があるとされることがあり得るからである。……。

《中略》

　このように、一定の解釈がなされた課税要件の非充足がみられるとき
に、初めて租税回避が存在するのであるから、「真の租税回避は、正に、
解釈技術が働きを失い始めるところに生ずる」（ヘンゼル、42-244）とい
われ、また「〔租税調整法〕6条〔＝現行租税基本法42条に相当する租税
回避否認規定〕は、解釈によっても課税要件の充足が確定され得ない場
合に初めて、適用される」（ワリス、51－§6　StAnpG　1a）というこ
とになる。
（8）　他方、租税回避は、要件事実の判断を通じて、課税要件を充足する事
実が存在するとされるときも、生じない。この場合も、課税要件の非充
足は存しないからである。

　ここでは、租税負担を軽減・排除しようとする私人の試み（租税回避の試み）
が、課税要件に該当するか否かによって、租税回避の成否が決定されることが
説かれているのであるが、そこでいう租税回避は、課税要件アプローチによっ
て定義されるものである。この定義によれば、租税回避の試みが課税要件に該
当すればその試みは失敗し、租税回避が成立しないのに対して、租税回避の試
みが課税要件に該当しなければその試みは成功し、租税回避が成立する、とい
うことが帰結される（前掲拙著『税法基本講義』【67】、前掲拙著『税法の基礎理
論』第3章第4節Ⅲ参照）。

　そうすると、課税要件に基づく課税が適法である以上、課税要件の充足回避
によって成立する租税回避も適法であるから、租税回避の適法性は、課税要件
アプローチからの論理的帰結であるということができよう（前掲拙著『税法の
基礎理論』第3章第5節Ⅱ1参照）。

Ⅲ　租税回避の不当性の影響「遮断」とリベラルな租税回避観

　ただ、それでも、前述のように、租税回避について「合法か違法かがあいま
いな灰色領域を指す概念」というような見方がされるのは、租税回避の不当性
が租税回避に対する「適法」という法的評価に影響を与えこれを動揺させてい

るからであるように思われる。このような影響が生ずるのは、租税回避の不当性が**租税正義の要請**である**租税負担の公平の観念**に反することを意味する以上（前掲拙著『税法基本講義』【67】のほか【21】も参照）、無理からぬことであるようにも思われる。このことは、住所国外移転［武富士］事件・最判平成23年 2 月18日訟月50巻 3 号864頁における須藤正彦裁判官の補足意見の中の次の説示（下線筆者）にも、端的に表れているように思われる。

> 　既に述べたように、本件贈与の実質は、日本国籍かつ国内住所を有する A らが、内国法人たる本件会社の株式の支配を、日本国籍を有し、かつ国内に住所を有していたが暫定的に国外に滞在した上告人に、無償で移転したという図式のものである。一般的な法形式で直截に本件会社株式を贈与すれば課税されるのに、本件贈与税回避スキームを用い、オランダ法人を器とし、同スキームが成るまでに暫定的に住所を香港に移しておくという人為的な組合せを実施すれば課税されないというのは、親子間での財産支配の無償の移転という意味において両者で経済的実質に有意な差異がないと思われることに照らすと、<u>著しい不公平感</u>を免れない。国外に暫定的に滞在しただけといってよい日本国籍の上告人は、無償で1653億円もの莫大な経済的価値を親から承継し、しかもその経済的価値は実質的に本件会社の国内での無数の消費者を相手方とする金銭消費貸借契約上の利息収入によって稼得した巨額の富の化体したものともいえるから、最適な担税力が備わっているということもでき、<u>我が国における富の再分配などの要請の観点</u>からしても、なおさらその感を深くする。<u>一般的な法感情の観点から結論だけをみる限りでは、違和感も生じないではない。</u>

　では、租税回避に対する法的評価は、租税回避の不当性のそのような影響に押し流されてもやむを得ないと諦観しておくべきであろうか。否、そうではない。租税に関する憲法上の基本原則である租税法律主義の下では、むしろ、租税回避の不当性のそのような影響は、租税回避の法的評価において適法性を堅持するよう「遮断」すべきである。須藤補足意見も、上記の説示に「しかし」で接続して次のとおり説示しているところである（下線筆者）。

> 　しかし、そうであるからといって、個別否認規定がないにもかかわらず、この

租税回避スキームを否認することには、やはり大きな困難を覚えざるを得ない。けだし、憲法30条は、国民は法律の定めるところによってのみ納税の義務を負うと規定し、同法84条は、課税の要件は法律に定められなければならないことを規定する。納税は国民に義務を課するものであるところからして、この租税法律主義の下で課税要件は明確なものでなければならず、これを規定する条文は厳格な解釈が要求されるのである。明確な根拠が認められないのに、安易に拡張解釈、類推解釈、権利濫用法理の適用などの特別の法解釈や特別の事実認定を行って、租税回避の否認をして課税することは許されないというべきである。そして、厳格な法条の解釈が求められる以上、解釈論にはおのずから限界があり、法解釈によっては不当な結論が不可避であるならば、立法によって解決を図るのが筋であって（現に、その後、平成12年の租税特別措置法の改正によって立法で決着が付けられた。）、裁判所としては、立法の領域にまで踏み込むことはできない。後年の新たな立法を遡及して適用して不利な義務を課すことも許されない。結局、租税法律主義という憲法上の要請の下、法廷意見の結論は、一般的な法感情の観点からは少なからざる違和感も生じないではないけれども、やむを得ないところである。

　以上の須藤補足意見は、「贈与税回避を可能にする状況を整えるためにあえて国外に長期の滞在をするという行為が課税実務上想定されていなかった事態であり、このような方法による贈与税回避を容認することが適当でないというのであれば、法の解釈では限界があるので、そのような事態に対応できるような立法によって対処すべきものである。」という法廷意見を支持し補足するものであり、至極妥当なものである。この点について、次の見解（田中・前掲書700頁）は正鵠を射たものである。

　本件納税者は、平成12年度の税制改正前の相続税の仕組みの下で、日本国内から香港に住所を移し、本件贈与に関して、制限納税義務者としての取扱いを受けることを企図した。問題は、この事実に対する法的評価である。

　この点、控訴理由書の考え方は、このような納税者の行為が正義に反し、租税の形で莫大な財産の一部を社会に還元することを拒否する不当な行為であるとするもののようである。

　確かに、そのような考え方の基礎には、法の抜け穴をねらって税負担の軽減を図ることに対する嫌悪感やそのあざとさに対する反感があると思われる。また、そのような行為が後に立法により抑制されるとした場合でも、後追い立法までの間に、一定の租税負担が軽減され続けることに対する苛立ちの感情もあるかもしれない。

　しかしながら、そのような感情には共感できるところがあるものの、道徳論、感情論としてはともかく、そのような感覚を根拠に、直ちに、あるいは包括的に租税回避行為を禁止し、抑制することは相当ではない。またその延長線上で、解釈原理として、公平負担の原則から、納税者が選択した取引又は行為を事後において税法上当然に否定しうるというのであれば、それは租税法律主義の原則を大きく損なうこととなる。

　以上で述べてきたように、租税回避は租税負担の不公平に帰結するものである以上、「不当」という法的評価を受けるのは論理必然的でありその是正・排除は税法の任務であるが、ただ、それは租税立法者の任務であって、税法の解釈適用者（税務官庁や裁判官）の任務ではない。

　税務官庁や裁判官は、租税回避の法的評価において租税回避の不当性は認めつつもその是正・排除は三権分立制の下で立法者の任務とし、かつ、それが「適法」という法的評価を動揺させ、場合によっては押し流してしまうことにならないよう、適法性の堅持を旨として税法の解釈適用を行わなければならない。殊に裁判官は、「租税負担の公平・租税正義の実現」という大義名分でもって、租税回避の不当性に対する非難の矛先を納税者に向けるべきではなく、文理解釈（前掲拙著『税法基本講義』【44】参照）に基づく厳格な解釈適用を旨としなければならない。このように租税回避の適法性を重視する租税回避観を筆者は「**リベラルな租税回避観**」と呼んでいる（同【68】）。

IV　おわりに

　本稿では、租税回避の法的評価に関連して、税法の解釈適用において租税回避の適法性を重視するリベラルな租税回避観に立脚したものと解される判例と

して、前掲住所国外移転［武富士］事件・最判を取り上げ若干の検討を行った。

この判決は、前掲須藤補足意見が「特別の事実認定」として想定していると解されるいわゆる**事実認定による否認論**に関しても注目されたものであるので、最後に、事実認定による否認論について従来述べてきたところ（前掲拙著『税法基本講義』【73】～【75】、拙著『租税回避論』（清文社・2014年）第3章第2節［初出・2011年］、前掲拙著『税法の基礎理論』第2章第13節参照）を、**15**での検討を補足する意味も込めて、若干敷衍しておきたい。

前掲住所国外移転［武富士］事件で問題になった事実認定は住所の認定であるが、そもそも、税法における事実認定には、①住所の認定のような事実状態や事実行為の探知だけでなく、②法律行為・契約の解釈（私法上の法律構成）、③公正妥当な会計処理（法税22条4項）の結果の確認、④財産の評価、も含まれる。これらにおいて認定されるべき**課税要件事実**とは、課税要件に包摂されるべき事実をいい、それは、課税要件を組成する法律要件要素（**課税要件要素**）に高められ抽象化された類型的事実（法的概念としての**法律事実**）ではなく、課税要件要素としての類型的事実に該当する個々の具体的事実（税法の適用・税法的評価を受ける前のいわゆる「**ナマの事実**」）を意味する事実的概念として、解すべきものである（以上について前掲拙著『税法基本講義』【56】参照。なお、上記④の財産評価については、一定の取引を想定して行われることから「事実」の認定ではないように思われるかもしれないが、しかし、財産の価値それ自体は、その評価の手段として用いられる取引の有無にかかわらず、そのときどきにおいて事実として認識の対象となる）。

つまり、ここでは事実認定は、課税要件への包摂とりわけその際の法的評価と切り離した限りでの事実認定（一般には、山木戸克己『民事訴訟法論集』（有斐閣・1990年）54頁［初出・1976年］にいう「要件事実へのあてはめ、法的評価と切り離した限りでの事実認定」）をいうのである。特に前記②ないし④については、一定の法的評価が付着するようにみる向きもあるかもしれないが、しかし、それらの法的評価のうち税法的評価は、事実認定それ自体ではなく、租税法律主義の下では、これから切り離して行うべき包摂の際の法的評価であり、しかもその税法的評価それ自体は、課税要件法の解釈によって定立された規範の内容の問題として別途その当否を検討すべきものである、という点に注意すべきで

ある（**租税法律主義の下における事実認定と税法的評価との峻別・遮断**）。

その点を曖昧にして包摂の際の法的評価をいわば先取りして事実認定固有の問題として目的論的に行うような「事実認定」は**目的論的事実認定**というべきものであり、**事実認定における経済的実質主義**と同じく、租税法律主義の下では許容すべきではない（拙著『税法創造論』（清文社・2022年）220-223頁［初出・2015年］、特に前記④の財産評価に関しては**15Ⅲ** 3 参照）。

税法の適用上課税要件事実の認定のレベルで、租税回避の法的評価において不当性が適法性を押し流し、もって不当性（租税負担の不公平）の観点から租税回避の試みを否認するのは、まさに、目的論的事実認定の手法を用いる事実認定による否認論の説くところであり、前掲住所国外移転［武富士］事件・最判がこれを否定したのは妥当である。

22 個別分野別不当性要件の統一的解釈

ヤフー事件最判とユニバーサルミュージック事件最判

Ⅰ はじめに

20では、未処理欠損金額引継規定濫用［ヤフー］事件・最判平成28年2月29日民集70巻2号242頁（以下「ヤフー事件最判」という）を「租税回避の意義と類型」に関して検討したが、本稿では、組織再編成に係る行為計算否認規定（法税132条の2）の**不当性要件**についてヤフー事件最判が採用した判断枠組みと基本的には同じものと解される判断枠組みを、デット・プッシュ・ダウン（debt push down）借入利息損金算入否認［ユニバーサルミュージック］事件・最判令和4年4月21日民集76巻4号480頁（以下「ユニバーサルミュージック事件最判」という）が同族会社の行為計算否認規定（法税132条1項）の不当性要件について採用したものとする理解（**個別分野別不当性要件の統一的解釈**。拙著『税法基本講義〔第7版〕』（弘文堂・2021年）【71】参照）の下に、両最判の判断枠組みを比較検討することにする。

なお、法人税法132条1項及び132条の2の定める「法人税の負担を不当に減少させる結果となると認められるもの」という要件は、「不当減少要件」（田中治「判批」税研224号（2022年）92頁）あるいは「不当減少性要件」（太田洋＝増田貴都「判批」国際税務42巻7号（2022年）72頁、太田洋＝伊藤剛志共編著『企業取引と税務否認の実務〔第2版〕』（大蔵財務協会・2022年）22頁［太田・増田執筆］、35頁［同]）と呼ばれることもあるが、筆者は、従来から、上記の要件を「**不当性要件**」と「**負担減少結果要件**」に区分し、前者は、「不当に」という不確定法概念（前掲拙著【33】参照）に対する税法的評価を内容とする**規範的要件**であるのに対して、後者は、「通常用いられる、すなわち、正常な」行為計算によって生ずる法人税負担と「通常用いられない、すなわち、異常な」行為計算によって生ずる法人税負担との**結果比較要件**であると理解した上で、そのよ

うな用語法によっている（拙著『税法創造論』（清文社・2022年）295-308頁［初出・2017年］参照）。

また、「**判断枠組み**」という語は、必ずしも一致した理解の下で用いられているとは限らないように思われるが、筆者はこの語を、**規定ないし要件の解釈によって定立した規範を当該事案に適用するために行う判断の準則**という意味で用いることにしている。

Ⅱ ヤフー事件最判とユニバーサルミュージック事件最判の判断枠組み

まず、組織再編成に係る行為計算否認規定（法税132条の2）の不当性要件について、ヤフー事件最判は次のとおり判示したが（下線・【ⓐ】【ⓑ】【ⓒ】筆者）、それは下線部ⓐⓑⓒから成る判断枠組みを示したものと解される。

> 組織再編成は、その形態や方法が複雑かつ多様であるため、これを利用する巧妙な租税回避行為が行われやすく、租税回避の手段として濫用されるおそれがあることから、法132条の2は、税負担の公平を維持するため、組織再編成において法人税の負担を不当に減少させる結果となると認められる行為又は計算が行われた場合に、それを正常な行為又は計算に引き直して法人税の更正又は決定を行う権限を税務署長に認めたものと解され、組織再編成に係る租税回避を包括的に防止する規定として設けられたものである。このような同条の趣旨及び目的からすれば、【ⓐ】同条にいう「法人税の負担を不当に減少させる結果となると認められるもの」とは、法人の行為又は計算が組織再編成に関する税制（以下「組織再編税制」という。）に係る各規定を租税回避の手段として濫用することにより法人税の負担を減少させるものであることをいうと解すべきであり、【ⓑ】その濫用の有無の判断に当たっては、①当該法人の行為又は計算が、通常は想定されない組織再編成の手順や方法に基づいたり、実態とは乖離した形式を作出したりするなど、不自然なものであるかどうか、②税負担の減少以外にそのような行為又は計算を行うことの合理的な理由となる事業目的その他の事由が存在するかどうか等の事情を考慮した上で、【ⓒ】当該行為又は計算が、組織再編成を利用して税負担を減少させることを意図したものであって、組織再編税制

に係る各規定の本来の趣旨及び目的から逸脱する態様でその適用を受けるもの又は免れるものと認められるか否かという観点から判断するのが相当である。

　次に、同族会社の行為計算否認規定（法税132条1項）の不当性要件について、ユニバーサルミュージック事件最判は次のとおり判示したが（下線・【㋐】【㋑】筆者）、それは下線部㋐㋑から成る判断枠組みを示したものと解される。

3(1)　法人税法132条1項は、同項各号に掲げる法人である同族会社等においては、その意思決定が少数の株主等の意図により左右され、法人税の負担を不当に減少させる結果となる行為又は計算が行われやすいことから、税負担の公平を維持するため、そのような行為又は計算が行われた場合に、これを正常な行為又は計算に引き直して法人税の更正又は決定をする権限を税務署長に認めたものである。このような同項の趣旨及び内容に鑑みると、【㋐】同項にいう「これを容認した場合には法人税の負担を不当に減少させる結果となると認められるもの」とは、同族会社等の行為又は計算のうち、経済的かつ実質的な見地において不自然、不合理なもの、すなわち経済的合理性を欠くものであって、法人税の負担を減少させる結果となるものをいうと解するのが相当である。

(2)　同族会社等による金銭の借入れが上記の経済的合理性を欠くものか否かについては、当該借入れの目的や融資条件等の諸事情を総合的に考慮して判断すべきものであるところ、本件借入れのように、ある企業グループにおける組織再編成に係る一連の取引の一環として、当該企業グループに属する同族会社等が当該企業グループに属する他の会社等から金銭の借入れを行った場合において、当該一連の取引全体が経済的合理性を欠くときは、当該借入れは、上記諸事情のうち、その目的、すなわち当該借入れによって資金需要が満たされることで達せられる目的において不合理と評価されることとなる。そして、【㋑】当該一連の取引全体が経済的合理性を欠くものか否かの検討に当たっては、①当該一連の取引が、通常は想定されない手順や方法に基づいたり、実態とはかい離した形式を作出したりするなど、不自然なものであるかどうか、②税負担の減少以外にそのような組織再編

成を行うことの合理的な理由となる事業目的その他の事由が存在するかどうか等の事情を考慮するのが相当である。

Ⅲ　租税回避の類型論・手段論・否認論の観点からの比較検討

1　不当性要件に関する2つの規範

　不当性要件について、ヤフー事件最判は下線部ⓐで、ユニバーサルミュージック事件最判は下線部㋐で、それぞれ当該規定（法税132条の2、132条1項）の**趣旨解釈**によって、その意味内容（規範）を明らかにしている。なお、筆者は、規定の趣旨・目的を参酌して行う解釈を**目的論的解釈**と呼び（前掲拙著『税法基本講義』【45】参照）、これを趣旨解釈と基本的に同じ意味に理解しているが（金子宏「租税法解釈論序説―若干の最高裁判決を通して見た租税法の解釈のあり方」同ほか編『租税法と市場』（有斐閣・2014年）3頁、9頁以下における「趣旨解釈」も同様の理解に基づく用語法であると解される）、不当性要件の解釈に当たって、ヤフー事件最判が法人税法132条の2の「趣旨及び目的からすれば」と説示しているのと異なり、ユニバーサルミュージック事件最判が法人税法132条1項の「趣旨及び内容に鑑みると」（下線筆者）と説示していることから、ここでは趣旨解釈という用語を用いることにした。それは、目的規定と趣旨規定との（一応の）区別に関して後者を、「法律の内容を要約したもので、制定の目的よりも、その法律で定める内容そのものの方に重点がある」（坂本光「目的規定と趣旨規定／法律のラウンジ〔78〕」立法と調査282号（2008年）69頁）との理解の下で使用する用語法があることを考慮し、そのようなニュアンスを込めるためにそのようにしたものである。

　ヤフー事件最判とユニバーサルミュージック事件最判はこのようにそれぞれ不当性要件の解釈によって規範を定立しているが、下線部ⓐで定立された規範は**制度濫用基準**と呼ばれ、下線部㋐で定立された規範は**経済的合理性基準**と呼ばれる（拙著『税法の基礎理論』（清文社・2021年）第2章第3節Ⅲ参照）。これらの規範は、一般化すれば、租税回避の類型別に定立された否認規範であるといえよう。すなわち、制度濫用基準は**税法上の課税減免規定の濫用による租税回**

避に関する否認規範であり、経済的合理性基準は**私法上の形成可能性の濫用による租税回避**に関する否認規範であるといえよう（租税回避の類型論については **20 Ⅲ** 参照）。

2　私法上の形成可能性の濫用による租税回避と経済的合理性基準

　租税回避について、伝統的には、主として私法上の形成可能性の濫用による租税回避という類型が、租税回避の定義に関連して、論じられてきた。例えば、金子宏教授は我が国の税法の代表的体系書『租税法』（弘文堂）の初版（1976年）以来第21版（2016年）まで租税回避の定義について基本的に次のような解説（次の引用は第21版125頁。下線筆者。初版では105頁参照）をしておられた。

> 　租税法の定める課税要件は、各種の私的経済活動ないし私的経済現象を定型化したものであり、これらの経済活動ないし経済現象は第一次的には私法の規律するところであるが、私的自治の原則ないし契約自由の原則の支配している私法の世界においては、当事者は、一定の経済的目的を達成しあるいは経済的成果を実現しようとする場合に、どのような法形式を用いるかについて選択の余地を有することが少なくない。このような私法上の選択可能性を利用し、<u>私的経済取引プロパーの見地からは合理的理由がないのに、通常用いられない法形式を選択すること</u>によって、結果的には意図した経済的目的ないし経済的成果を実現しながら、通常用いられる法形式に対応する課税要件の充足を免れ、もって税負担を減少させあるいは排除することを、租税回避（tax avoidance, Steuerumgehung）という。

　この解説は、租税回避の定義について「**課税要件アプローチと行為態様アプローチとの相互補完による定義**」を示したものと解されるが、第22版（2017年）では次のとおり（126-127頁。下線筆者。第24版（2021年）では133-134頁）「**行為態様アプローチによる定義**」に依拠した解説の仕方に変更された（租税回避の定義アプローチについては **20 Ⅱ** 参照）。

> 　租税法の定める課税要件は、各種の私的経済取引ないし私的経済活動を定型化したものであるが、私的自治の原則ないし契約自由の原則の支配している私

> 法の世界では、人は、一定の経済的目的ないし成果を達成しようとする場合に、強行規定に反しない限り自己に最も有利になるように、法的形成を行うことができる。租税回避（tax avoidance, Steuerumgehung）とは、このような、<u>私法上の形成可能性を異常または変則的な</u>（「不自然」という言葉は、主観的判断の幅が広く、不明確度が大きいため、避けておきたい）<u>態様で利用すること（濫用）</u>によって、税負担の軽減または排除を図る行為のことである。

　このような解説の仕方の変更（筆者は解説内容の変更ではないと理解している）は、第22版で上記の定義の直後に租税回避の「類型」に関する次の解説（127頁。下線筆者。第24版では134頁参照）を挿入するために、行われたものと解される。というのも、租税回避の「類型」に関する次の解説は、行為態様アプローチによる定義と同じく、租税回避の「手段」に着目するものであるからである（前掲拙著『税法の基礎理論』第2章第3節Ⅱ参照）。

> 　租税回避には、2つの類型がある。1つは、<u>合理的または正当な理由がないのに、通常用いられない法形式を選択すること</u>によって、通常用いられる法形式に対応する税負担の軽減または排除を図る行為である。……。
> 　もう1つは、租税減免規定の趣旨・目的に反するにもかかわらず、私法上の形成可能性を利用して、自己の取引をそれを充足するように仕組み、もって税負担の軽減または排除を図る行為である。
> 　いずれも、<u>私法上の形成可能性を濫用（abuse; Missbrauch）すること</u>によって税負担の軽減・排除を図る行為である。

　以上で引用した金子教授の各解説の中の下線部、すなわち、「私的経済取引プロパーの見地からは合理的理由がないのに、通常用いられない法形式を選択すること」（初版〜第21版）、「私法上の形成可能性を異常または変則的な態様で利用すること（濫用）」（第22版〜第24版）及び「合理的または正当な理由がないのに、通常用いられない法形式を選択すること」（同）はいずれも、表現の違いはあれ、最後の引用中の下線部にいう「私法上の形成可能性を濫用（abuse; Missbrauch）すること」すなわち**私法上の形成可能性の濫用**を意味するもので

ある。

　私法上の形成可能性は私的自治の原則ないし契約自由の原則の下で認められるものであることから、私法上の形成可能性の濫用は、私法上の形成（各種の経済取引等）に「私的経済取引プロパーの見地からは合理的理由がない」（初版〜第21版下線部）ことと言い換えることができようが、そのことはまさしく経済的合理性基準の内容である**経済的合理性の欠如**を意味するのである。

　要するに、私法上の形成可能性の濫用による租税回避は、私法上の形成に関する経済的合理性の欠如（経済的合理性基準）を定める明文の規定に基づき否認されることになるのであるが、そのような明文の否認規定のうち我が国で長い歴史をもつ同族会社の行為計算否認規定が定める不当性要件について、判例及び学説がその意味内容を経済的合理性基準として形成し展開してきたことは、我が国における租税回避論の到達点を示すものとして高く評価すべきである（判例及び学説における経済的合理性基準の形成・展開については、前掲拙著『税法の基礎理論』第3章第14節参照）。

3　税法上の課税減免規定の濫用による租税回避と制度濫用基準

　ところで、金子教授は、前記の最後の引用箇所の中で、租税回避のもう1つの類型として「租税減免規定の趣旨・目的に反するにもかかわらず、私法上の形成可能性を利用して、自己の取引をそれを充足するように仕組み、もって税負担の軽減・排除を図る行為」を挙げ、これも私法上の形成可能性の濫用によるものと解説しておられる。この解説はヤフー事件とりわけ同最判を契機として追加されたものと推察されるが、同最判とは租税回避の「手段」の捉え方を異にする（前掲拙著『税法の基礎理論』第3章第3節Ⅲ参照）。

　ヤフー事件最判は、制度濫用基準を説示するに当たって、「組織再編税制に係る各規定」（具体的には資産の簿価や未処理欠損金額の引継ぎに係る課税減免規定）を租税回避の「手段」として捉えているのに対して、金子教授の上記解説は、それらの規定を充足するために利用される私法上の形成可能性を租税回避の「手段」として捉えている。つまり、ヤフー事件最判は租税回避の「**直接的手段**」に着目しているのに対して、金子教授の上記解説は租税回避の「**間接的手段**」に着目しているのである（**20**|**Ⅲ**参照）。

　租税回避の手段論の観点からのこのような比較検討を確認した上で租税回避の否認論の観点からの比較検討に移ると、税法上の課税減免規定の濫用による租税回避の否認については、租税回避の「手段」に関する上記のいずれの捉え方に基づいても、法律構成をすることが可能である。すなわち、税法上の課税減免規定の濫用による租税回避の否認に関するアプローチには、**直接的手段否認アプローチ**と**間接的手段否認アプローチ**があり、後者は「間接的手段を否認した結果として直接的手段が否認される」という二段階の法律構成を採る点に着目すると**二段階構成否認アプローチ**と呼ぶこともできよう（前掲拙著『税法の基礎理論』第3章第9節Ⅲ参照）。ここで注意すべきは、いずれのアプローチによって否認規定を解釈するにしても、その要件事実は否認の（直接的）対象となる「手段」に即して記述されるということである（この点については後の**4**参照）。

　金子教授は、租税回避の否認について次のとおり述べておられること（第22版128頁。第24版では135頁）からすると、税法上の課税減免規定の濫用による租税回避の否認については間接的手段否認アプローチ（二段階構成否認アプローチ）を採用する立場に立っておられるものと解される。

> 　租税回避があった場合に、当事者が用いた法形式を租税法上は無視し、通常用いられる法形式に対応する課税要件が充足されたものとして取り扱うこと（減免規定については、その適用を否定すること）を、租税回避行為の否認と呼ぶ。

　ヤフー事件最判も、確かに、次の判示のうち法人税法132条の2の趣旨（内容）に関する部分（筆者による下線部）からすると、間接的手段否認アプローチを採用するものと解することができそうであるが、それはその前の部分でいう「租税回避の手段」が「組織再編成」（前述の租税回避の手段論に即していえば組織再編成に係る私法上の形成可能性）であることを前提とした理解である。

> 　組織再編成は、その形態や方法が複雑かつ多様であるため、これを利用する巧妙な租税回避行為が行われやすく、租税回避の手段として濫用されるおそれがあることから、<u>法132条の2は、税負担の公平を維持するため、組織再編成に</u>

おいて法人税の負担を不当に減少させる結果となると認められる行為又は計算が行われた場合に、それを正常な行為又は計算に引き直して法人税の更正又は決定を行う権限を税務署長に認めたものと解され、組織再編成に係る租税回避を包括的に防止する規定として設けられたものである。

　しかし、ヤフー事件最判は、上記判示に続けて下線部ⓐで制度濫用基準を規範として定立するに当たっては、「租税回避の手段」が「組織再編税制に係る各規定」であることを前提にして不当性要件の解釈を行っていることからすると、税法上の課税減免規定の濫用による租税回避の否認について直接的手段否認アプローチを採用したものと解するのが相当である。

　そうであるからこそ、ヤフー事件最判は、「組織再編税制に係る各規定を租税回避の手段として濫用すること」による租税回避（組織再編成の分野における税法上の課税減免規定の濫用による租税回避）の否認要件としての不当性要件について、制度濫用基準という規範を定立した上で、その要件事実として下線部ⓒを判示したものと解されるのである。この点については、次の**4**で引き続き検討することにする。

4　濫用要件（制度濫用基準）の要件事実と間接事実

　ヤフー事件最判の判示のうち下線部ⓒは、制度濫用基準にいう「濫用」の有無の判断に当たっては、「当該行為又は計算が、組織再編成を利用して税負担を減少させることを意図したものであって、組織再編税制に係る各規定の本来の趣旨及び目的から逸脱する態様でその適用を受けるもの又は免れるものと認められるか否かという観点から判断する」とするが、これは、制度濫用基準という規範を含む不当性要件（以下では「**濫用要件**」という）について、これを「濫用」に対する税法的評価を含む要件（規範的要件）とみて、その**要件事実**を示したものと解される（前掲拙著『税法の基礎理論』第2章第3節Ⅲ参照）。

　下線部ⓒは、これを分節すると、前半は「**租税回避の意図**」を、後半は「**趣旨目的からの逸脱**」をそれぞれ説示したものであるが（徳地淳＝林史高「判解」最判解民事篇（平成28年度）84頁、110頁）、租税回避の意図については、下線部ⓒの説示から明らかなように組織再編成という間接的手段に即して記述されて

おり（このことの意味については後の 6 で更に検討する）、「客観的な事情から租
税回避の意図があると認められれば足りると考えられ（……）、前述［＝下線
部ⓑ］の①及び②の考慮事情において、法人の行為・計算が不自然であり、か
つ、そのような行為・計算を行うことの合理的な理由となる事業目的等が存在
しない場合には、上記の租税回避の意図の存在を推認し得るのが通常であると
解されよう。」（同111頁。下線筆者）と解説されている。

　この解説は、租税回避の意図が要件事実であり、下線部ⓑの①及び②の考慮
事情が**間接事実**であるとの理解を前提とするものであると解される。ここで、
租税回避の意図を濫用要件の要件事実とする理解は、次の解説（德地＝林・前
掲「判解」110-111頁。下線筆者）から読み取ることができる。

　なお、本判決が、「制度の濫用」の要素として……租税回避の意図を要求して
いる点については、法132条 1 項の不当性要件の解釈において、租税回避の意図
は必要ないというのが通説とされていることとの関係で、その当否につき議論
があり得ると考えられる。しかし、本判決［＝ヤフー事件最判］は、法132条 1
項における上記解釈の当否はさておき、法132条の 2 は前述のような立法趣旨の
下で設けられた規定であることから、制度の濫用という概念を中心に解釈すべ
きであり、制度の濫用と評価するために行為者に一定の主観的要素が必要であ
るとの常識的な考え方を基礎として、租税回避の意図を要求したものと考えら
れる。

　この解説によれば、ヤフー事件最判は租税回避の意図を「制度の濫用と評価
するために」要求したものと考えられていることから、租税回避の意図は、濫
用要件という規範的要件の**評価根拠事実**としてその要件事実となると理解する
ことができる。評価根拠事実とは、規範的要件において「規範的評価を成立さ
せるためには、その成立を根拠づける具体的事実が必要である」（司法研修所編
『増補　民事訴訟における要件事実　第一巻』（法曹会・1986年）30頁）が、そのよ
うな事実をいい、それが規範的要件の要件事実とされる（同31頁参照）。

　そうすると、前記の解説において「法人の行為・計算が不自然であり、かつ、
そのような行為・計算を行うことの合理的な理由となる事業目的等が存在しな

い場合には、上記の租税回避の意図の存在を推認し得るのが通常である」と解されるところの、下線部ⓑの①及び②の考慮事情は、租税回避の意図という評価根拠事実（要件事実）の主観的要素（**主観的要件事実**）に係る間接事実ということになると考えられるのである。

　下線部ⓒの前半で説示されている租税回避の意図は、このように下線部ⓑの①及び②の考慮事情から推認によって認定されるが、これだけで濫用要件の要件事実が認定されたことにはならず、これに加えて、趣旨目的からの逸脱（下線部ⓒの後半）が認定されて初めて、濫用要件の要件事実が完全に認定されることになる。趣旨目的からの逸脱は、租税回避の意図が**濫用の主観的要素**であるのに対して、**濫用の客観的要素**ということができようが、この点はともかく、租税回避の意図と同じく濫用要件の評価根拠事実（要件事実）である。趣旨目的からの逸脱は、ヤフー事件最判が法人税法132条の「趣旨及び目的」を示している以上、これに照らして客観的に認定し得る事実（**客観的要件事実**）である。

　ヤフー事件最判に関する以上の検討をまとめると、要するに、同最判は、法人税法132条の２の趣旨解釈によって不当性要件について下線部ⓐで制度濫用基準という規範を定立した上で、下線部ⓒで濫用要件（制度濫用基準という規範を含む不当性要件）の評価根拠事実（要件事実）を示し、そのうち租税回避の意図という主観的要件事実を下線部ⓑの①及び②の考慮事情という間接事実から推認し、かつ、趣旨目的からの逸脱という客観的要件事実の認定と合わせて、濫用要件の要件事実を認定する、という判断枠組みを示したものと解される。

5　不当性要件（経済的合理性基準）の要件事実と間接事実

　これに対して、ユニバーサルミュージック事件最判は、法人税法132条１項の趣旨解釈によって不当性要件について下線部㋐で経済的合理性基準という規範を定立し、下線部㋑でヤフー事件最判の下線部ⓑの①及び②の考慮事情と基本的に同じ考慮事情を判示している。

　ここで両最判を比較してまず注目されるのは、ユニバーサルミュージック事件最判にはヤフー事件最判の下線部ⓒに相当する判示がみられないということである。その理由は、両最判が定立した規範の違いにあると考えられる。つまり、下線部ⓒは、前述のとおり、濫用要件という規範的要件の評価根拠事実

（要件事実）を判示したものと解されるが、ユニバーサルミュージック事件最判は不当性要件という規範的要件について経済的合理性基準を規範として定立し、そこから経済的合理性の欠如という事実を評価根拠事実（要件事実）として導き出すことができるが故に、ヤフー事件最判の下線部ⓒのような判示を必要としなかったと考えられるのである（経済的合理性の欠如を不当性要件の評価根拠事実とする理解については、前掲拙著『税法の基礎理論』第2章第3節Ⅲ、前掲拙著『税法創造論』345-355頁〔初出・2016年〕参照）。

　このことを判決文に即してみると、ヤフー事件最判は下線部ⓑの①及び②の考慮事情に関する説示をするに当たって、その前に「その濫用の有無の判断に当たっては」と述べ、そこで「（組織再編税制に係る各規定の）濫用」という、税法的評価を内容とする**評価概念**を用いたので、下線部ⓒでその評価を成立させるための具体的事実（評価根拠事実）を説示し、これを要件事実として示す必要があったのに対して、ユニバーサルミュージック事件最判は下線部ⓓの①及び②の考慮事情に関する説示をするに当たって、その前に「当該一連の取引全体が経済的合理性を欠くものか否かの検討に当たっては」と述べ、そこで「当該一連の取引全体」の「経済的合理性」という、税法の適用・税法的評価を受ける前の（すなわちナマの）**事実概念**を用いたので、経済的合理性基準から直ちに経済的合理性の欠如という事実を評価根拠事実（要件事実）として導き出すことができたと考えられる。

　このように考えると、下線部のⓓの①及び②の考慮事情は、経済的合理性の欠如という要件事実に係る間接事実として位置づけられることになろうが、そうすると、次のような疑問が生ずる。すなわち、ヤフー事件最判とユニバーサルミュージック事件最判とでは一見すると不当性要件に係る規範及び要件事実が異なるように思われるにもかかわらず、その間接事実はなぜ下線部ⓑの①及び②と下線部ⓓの①及び②のとおり基本的に同じ考慮事情となるのか、という疑問が生ずるのである。この疑問を解消するために、次の**6**で、もう一度出発点に立ち返り、両最判が不当性要件の解釈によって定立した規範（制度濫用基準と経済的合理性基準）の関係について検討することとする。

6 制度濫用基準と経済的合理性基準との関係

　ヤフー事件最判が制度濫用基準の要件事実として下線部ⓒの中で説示した事実は、確かに、一見すると、経済的合理性基準の要件事実である経済的合理性の欠如とは関係のない事実であるように思われるかもしれない。

　しかし、組織再編税制は、「近年、わが国企業の経営環境が急速に変化する中で、企業の競争力を確保し、企業活力が十分発揮できるよう、商法等において柔軟な企業組織再編成を可能にするための法制等の整備が進められてきている。」（税制調査会「会社分割・合併等の企業組織再編成に係る税制の基本的考え方」（平成12年10月3日）第一（1））ことを受けて、税制上も一定の組織再編成を**経済的合理性のある行為**として承認し、その承認のための適格要件を充足する組織再編成（**適格組織再編成**）について資産の譲渡損益の課税繰延べ、欠損金の引継ぎ等の措置を講じたものと考えられる。

　したがって、下線部ⓒの後半で説示された「組織再編税制に係る各規定の本来の趣旨及び目的から逸脱する態様」の行為は、内容的には、**経済的合理性のない行為**を意味すると解される。つまり、適格要件は、組織再編成について税制の観点から「経済的合理性のある行為」と「経済的合理性のない行為」とを切り分けるための要件であるということができるのである。

　要するに、下線部ⓒの中で説示された事実は、前述のとおり、濫用要件の要件事実であるが、この事実は、私人の実際の経済生活における多種多様な経済活動のうち組織再編成という活動の場面における経済的合理性を前提にして、そのような経済的合理性の欠如を示す事実であると解されるのである（前掲拙著『税法の基礎理論』第2章第3節Ⅲ参照）。

　そうすると、制度濫用基準は、**経済的合理性基準の一場合**ないし**組織再編成の分野における経済的合理性基準の現れ**であるといってよかろう。これを経済的合理性の欠如という要件事実の観点から表現すれば、経済的合理性基準は、経済的合理性というナマの事実概念（前記5参照）を前提として、ナマの経済的合理性の欠如を内容とする規範であるのに対して、制度濫用基準は、ナマの経済的合理性をそのままではなく組織再編税制の趣旨・目的の「フィルター」を通して法定した各規定（組織再編税制に係る各規定）の濫用を内容とする規範であるといえよう。

ナマの経済的合理性は、税法の適用・税法的評価を受ける前のいわば税法外在的概念であることから、前者を**税法外在的経済的合理性基準**と呼ぶとすれば、後者はナマの経済的合理性を政策的に課税要件の中に取り込み要件化したもの（**経済的合理性の内在化立法**）であるから、これを**税法内在的経済的合理性基準**と呼び、両者を合わせて**広義の経済的合理性基準**と呼ぶことができよう（前掲拙著『税法基本講義』【71】、前掲拙著『税法の基礎理論』第2章第3節【後記】参照）。

制度濫用基準と経済的合理性基準との関係を以上のように理解するに当たって、両者を媒介・連結する論理は、ヤフー事件最判の下線部©の中で説示された要件事実のうち租税回避の意図という主観的要素（主観的要件事実）が、租税回避の手段のうち組織再編成という間接的手段に即して説示されている点（前記4参照）に、見出すことができるように思われる。というのも、その間接的手段は、既に前記3でみた租税回避の手段論に即していえば、組織再編成に係る私法上の形成可能性であるが、私法上の形成可能性の濫用は、既に前記2でみたように、経済的合理性基準の内容である経済的合理性の欠如を意味するからである。つまり、制度濫用基準と経済的合理性基準とは、ヤフー事件最判の下線部©の前半で説示された租税回避の意図（「組織再編成を利用して税負担を減少させることを意図したもの」）によって、媒介・連結されていると考えられるのである。

Ⅳ　おわりに

以上を要するに、ヤフー事件最判及びユニバーサルミュージック事件最判によって、組織再編成の分野と同族会社の分野において、租税回避の否認要件としての不当性要件は、広義の経済的合理性基準の枠内で統一的に解釈され（個別分野別不当性要件の統一的解釈）、それぞれの規範（制度濫用基準と経済的合理性基準）の適用のために基本的には同じ内容の判断枠組みが形成されたといってよかろう。

租税回避の類型については、既に述べたように（前記Ⅲ2参照）、伝統的には、主として私法上の形成可能性の濫用による租税回避が論じられてきたが、判例における個別分野別不当性要件の統一的解釈に基づく判断枠組みの形成過程に

おいては、税法上の課税減免規定の濫用による租税回避に関する最高裁の判断がヤフー事件最判において先行した。このことは、近時の租税立法における経済的合理性の内在化立法の増加による**課税要件法の「変質」**を受けて**租税回避の「変容」**が徐々に明らかになり実際上問題化してきたこと（前掲拙著『税法創造論』273-277頁［初出・2017年］参照）による面もあろうが、ただ、ヤフー事件最判も、同族会社の行為計算の否認規定に関する判例及び学説における経済的合理性基準の形成・展開（前掲拙著『税法の基礎理論』第3章第14節参照）を踏まえたものであると解されること（同第2章第3節Ⅲ参照）からすると、ユニバーサルミュージック事件最判がヤフー事件最判の判断枠組みと基本的には同じ内容のものと解される判断枠組みを採用したことも、その形成・展開の延長線上に位置づけられよう。

　もっとも、ユニバーサルミュージック事件最判が定立した経済的合理性基準については、同事件に関する地裁や高裁の判断（その検討については、前掲拙著『税法の基礎理論』第3章第16節〜同章第20節参照）を踏まえると、従来の判例における経済的合理性基準と比べて新たな観点から検討することができるように思われる。その検討は、別の機会に、「経営判断原則と租税法判断—租税回避否認要件に係る経済的合理性基準の研究—」（仮題）と題する論文において行うことにする。

23 租税回避の個別的否認規定と個別分野別一般的否認規定との適用関係

ヤフー事件最判による「重畳的」適用とTPR事件東京高判による制定法踰越的法創造

I　はじめに

22では異なる個別分野別一般的否認規定（法税132条1項と132条の2）の不当性要件について統一的解釈（**個別分野別不当性要件の統一的解釈**）に基づく検討を行ったが、本稿では個別分野別一般的否認規定について個別的否認規定との適用関係を検討する。

その検討の素材としては、法人税法（平成22年法律第6号による改正前のもの）57条3項と132条の2との適用関係に関する未処理欠損金額引継規定濫用［ヤフー］事件・最判平成28年2月29日民集70巻2号242頁（以下「ヤフー事件最判」という）と同［TPR］事件・東京高判令和元年12月11日訟月66巻5号593頁（以下「TPR事件東京高判」という）を取り上げることにする。なお、TPR事件東京高判は、原審・東京地判令和元年6月27日訟月66巻5号521頁をほぼそのまま引用し控訴審における当事者の主張に対する判断を付加するにとどまるものであるから、以下では、引用部分については「原判決引用」と付記することにする。

法人税法57条3項と132条の2との適用関係については、TPR事件東京高判に関するある評釈の中で次の見解が示されている（平川雄士「TPR事件判決とPGM事件裁決の批判的検討―法人税法57条2項の趣旨の理解は正しいのか―」週刊税務通信3720号（2022年）15頁、18-19頁）。

> 判示(2)の法57条（個別規定）と法132条の2の関係についても、ヤフー・IDCF事件の各下級審判決で判示された点であり、やはり特段真新しい点はない。この判示(2)は、「法人税法57条3項は、同条2項による未処理欠損金額の承継の否認とその例外の要件を全て書き尽くしたものであり、特定資本関係5年

超要件を充たす適格合併には一般的否認規定を適用しない趣旨を明確にしたものである」旨の納税者の主張に対する応答としての判示であるが、同主張は、要は、法132条の2の実体判断、つまり「組織再編税制に係る各規定の本来の趣旨及び目的から」の「逸脱」ひいては「組織再編税制に係る各規定」の「租税回避の手段として」の「濫用」の有無という実体判断に立ち入るまでもなく、法57条3項の個別否認規定に抵触しない限り、そもそもの「入口」段階において法132条の2を適用する余地はないという主張であるものと解される。ヤフー・IDCF事件の各下級審においては、同事件がリーディングケースであったことから、同様の主張が行われていたところであり、同事件の各下級審判決は同主張を排斥している。判示(2)もかかる立場を踏襲したものといえる。このように、司法の立場は、法57条3項等の組織再編税制の個別否認規定に抵触しない場合であっても、なお法132条の2を適用し「得る」、つまり同条の実体判断を行い得るということで固まっているといえる。このため、今後の法132条の2の事案においては、納税者としては、判示(2)に係る主張を主戦場とすることは得策とは言い難いことになろう。すなわち、本論で論ずるように、上記の実体判断の点を主戦場とするほうが相対的に「筋がよい」主張となるように思われる。

　確かに、TPR事件東京高判は法人税法132条の2について上記見解にいう「入口」段階で止まらず「実体判断」に立ち入ってその適用を肯定し、これに対する上告受理申立てを最高裁は不受理と決定したが（週刊税務通信3662号（2021年）8頁参照）、そうである以上、同条の適用に当たっては、上記見解の説くように、「入口」段階ではなく「実体判断」段階が「主戦場」となるということが「司法の立場」として固まっているといえるかもしれない。

　しかしながら、そのように結論づけるのは早計ではないかと思われる。その前に次のような疑問の解明が必要であるように思われるからである。すなわち、TPR事件における法人税法132条の2の適用上「入口」要件ともいうべき**特定資本関係5年超要件**は、ヤフー事件ではそもそも問題になっておらず、同法57条3項が同要件不充足を前提として定める**みなし共同事業要件**のうち**特定役員引継要件**の充足の有無が、いきなり、同法132条の2の「実体判断」段階で争われたが、両事件の事案の違いを前提とするこのような要件判断の違いは、同条の適用において意味をもたないのであろうか。

　換言すれば、ヤフー事件最判が判示した**制度濫用基準**（**22Ⅲ**参照）は、「組織再編税制に係る各規定」の「租税回避の手段として」の「濫用」の有無を法人税法132条の2の判断基準とするものであるが、そこでいう「組織再編税制に係る各規定」には同法57条3項の定める特定資本関係5年超要件の規定も含まれるところ、ヤフー事件においてはそもそも同要件が充足されていない事案であったが故に同要件規定の「濫用」は問題にならなかったのに対して、TPR事件においては同要件が充足されている事案であったが故に、同要件の充足が同要件規定の「濫用」として同法132条の2によって否認されない限り、同法57条3項の定めるみなし共同事業要件（のうち**事業継続要件**）規定の濫用の有無という「実体判断」には、同項の規定の文理からしてもその構造からしても、立ち入ることはできないはずであるが、それにもかかわらず、TPR事件東京高判はヤフー事件最判を「平成28年最判」として参照しながら次のとおり（下線筆者）判示したのはなぜであろうか。

　控訴人は、本判決第2・3(1)（控訴人の主張）アのとおり、本件合併のような合併は、法人税法132条の2が適用される類型とはいえないとし、同イのとおり、法人税法57条3項は、同条2項による未処理欠損金額の承継の否認とその例外の要件を全て書き尽くしたものであり、特定資本関係5年超要件を充たす適格合併には一般的否認規定を適用しない趣旨を明確にしたものであるなどと主張する。

　しかしながら、本判決で付加訂正の上引用する原判決（以下「原判決」という。）が第5・2(1)で判示するとおり、法人税法132条の2の文言上、組織再編成に係る特定の行為又は計算を否認の対象から除外する定めはないこと、同条が、租税再編成が、その形態や方法が複雑かつ多様であるため、これを利用する巧妙な租税回避行為が行われやすく、租税回避の手段として濫用されるおそれがあることから、税負担の公平を維持するため、組織再編成において法人税の負担を不当に減少させる結果となると認められる行為又は計算が行われた場合に、それを正常な行為又は計算に引き直して法人税の更正又は決定を行う権限を税務署長に認めたものであり、組織再編成に係る租税回避を包括的に防止する規定として設けられたものと解されること（<u>平成28年最判参照</u>）からする

> と、本件合併のような合併について、およそ法人税法132条の2の適用がないと
> する控訴人の主張は理由がない。

　以上のような疑問について検討するに当たって、まず、次の**Ⅱ**で法人税法57
条3項と132条の2との適用関係に関するヤフー事件最判の考え方を明らかに
し整理しておこう。
　なお、本稿の検討は、基本的には、拙著『税法の基礎理論』（清文社・2021
年）第3章第12節で既に検討したところをベースにし、その後の検討も加味し
つつ、行うものである。

Ⅱ　法人税法57条3項と132条の2との「重畳的」適用

　ヤフー事件最判は、法人税法132条の2の解釈により定立した制度濫用基準
への事案の当てはめに関する判示の中で、「租税回避の手段として濫用」され
る「組織再編税制に係る各規定」として、次のとおり（下線筆者）、①法人税
法57条2項、②同条3項及び③同法施行令112条7項5号の各規定を挙げてい
る。

> 　以上［＝前記事実関係等に関する判断］を総合すると、本件副社長就任は、
> 組織再編成を利用して税負担を減少させることを意図したものであって、適格
> 合併における未処理欠損金額の引継ぎを定める<u>法57条2項</u>、みなし共同事業要
> 件に該当しない適格合併につき同項の例外を定める<u>同条3項</u>及び特定役員引継
> 要件を定める<u>施行令112条7項5号</u>の本来の趣旨及び目的を逸脱する態様でその
> 適用を受けるもの又は免れるものと認められるというべきである。
> 　そうすると、本件副社長就任は、<u>組織再編税制に係る上記各規定</u>を<u>租税回避</u>
> <u>の手段</u>として濫用することにより法人税の負担を減少させるものとして、法132
> 条の2にいう「法人税の負担を不当に減少させる結果となると認められるもの」
> に当たると解するのが相当である。

　この判示から明らかなように、②法人税法57条3項は①同条2項の例外規定

（適用除外規定）であるが、③同法施行令112条7項5号（の定める特定役員引継要件を含むみなし共同事業要件を定める同項）は、次の判示（下線筆者）から明らかなように、②同法57条3項の例外規定（適用除外規定）とされている。

組織再編成に伴う未処理欠損金額の取扱いについても、基本的に、移転資産等の譲渡損益に係る取扱いに合わせて従前の課税関係を継続させることとするか否かを決めることとされており、適格合併が行われた場合につき、被合併法人の前7年内事業年度において生じた未処理欠損金額は、それぞれ当該未処理欠損金額の生じた前7年内事業年度の開始の日の属する合併法人の各事業年度において生じた欠損金額とみなすものとして（<u>法57条2項</u>）、その引継ぎが認められるものとされている。

　もっとも、適格合併には、大別して、企業グループ内の適格合併（法2条12号の8イ及びロ。本件合併もこれに含まれる。）と共同事業を営むための適格合併（同号ハ）があるところ、企業グループ内の適格合併については、共同事業を営むための適格合併よりも要件が緩和されているため、その未処理欠損金額の引継ぎを無制限に認めると、例えば、大規模な法人が未処理欠損金額を有するグループ外の小規模な法人を買収し完全子会社として取り込んだ上で、当該法人との適格合併を行うことにより、当該法人の未処理欠損金額が不当に利用されるなどのおそれがある。そこで、そのような租税回避行為を防止するため、<u>法57条3項</u>において、<u>企業グループ内の適格合併が行われた事業年度開始の日の5年前の日以後に特定資本関係が発生している場合［＝特定資本関係5年超要件不充足の場合］については、「当該適格合併等が共同で事業を営むための適格合併等として政令で定めるもの」（みなし共同事業要件）に該当する場合を除き</u>、特定資本関係が生じた日の属する事業年度前の各事業年度において生じた欠損金額等を引き継ぐことができないものとされている。

　要するに、未処理欠損金額引継ぎに関する「組織再編税制に係る各規定」は、①法人税法57条2項について②同条3項が例外規定（適用除外規定）として定められ、②同条3項については③同法施行令112条7項5号が例外規定（適用除外規定）として定められる、という規定構造を形成しているのである。

　これを規定内容の観点からみると、①法人税法57条2項は被合併法人等の未

処理欠損金額の引継ぎを定める課税減免規定であり、②同条３項は①の濫用による租税回避の否認規定であり、③同法施行令112条７項５号は特定資本関係５年超要件不充足の場合における①の濫用による租税回避の否認規定であるといえよう。

　②法人税法57条３項と③同法施行令112条７項５号は、このように、結論的には、同じく①同法57条２項の濫用による租税回避の否認規定であるといえようが、しかし、論理構成の点では、否認の意味を異にする。この点についてヤフー事件最判に即して次のとおり敷衍しておこう。

　税法上の課税減免規定の濫用による租税回避の場合において濫用される「課税減免規定」には、ヤフー事件に即していえば、未処理欠損金額の引継ぎを認める①法人税法57条２項（以下「**本来的課税減免規定**」という）が該当するほか、同規定の濫用による租税回避を否認する②同条３項について適用除外要件を定める③同法施行令112条７項５号も該当する。というのも、その適用除外要件は、いわば「**否認緩和要件**」として、本来的課税減免規定の濫用による租税回避が否認される場合に比べて、「課税減免」の効果をもたらすからである。その意味で、そのような「課税減免」の効果をもたらす適用除外要件（否認緩和要件）を定める③同法施行令112条７項５号は、「**派生的課税減免規定**」ということができよう。要するに、ヤフー事件最判は、**税法上の本来的課税減免規定の濫用による租税回避**それ自体を否認したのではなく、**税法上の派生的課税減免規定の濫用による租税回避**を否認したのである。

　税法上の派生的課税減免規定の濫用による租税回避に対する法人税法132条の２の適用を筆者は、②同法57条３項との**「重畳的」適用**と呼んできた（拙著『税法創造論』（清文社・2022年）236頁［初出・2015年］参照）。そのような呼称は、「個別防止規定の潜脱」に関して述べられている、法人税法57条３項と132条の２との次のような適用関係（斉木秀憲「組織再編に係る行為計算否認規定の適用について」税務大学校論叢73号（2012年）１頁、78-79頁。下線筆者）を念頭に置いたものである。

　当該個別規定［＝法人税法57条３項］の適用により制限を受けた未処理欠損金については、本規定［＝同法132条の２］を適用する余地はないものと考えられ

るが、制限を行わないとする、いわば緩和要件であるみなし共同事業要件については、これを形式的に該当させることなどにより、当該制限を回避する場合は、重複して制限を行うことにはならないため、本規定を適用できるものと考えられる。

Ⅲ　制定法踰越的法創造に基づく法人税法132条の2の適用

1　TPR事件東京高判の租税回避手段論

　ヤフー事件では、特定資本関係5年超要件が充足されていないことは事実関係から明らかであり当事者間でも争われていなかったので、最高裁は②法人税法57条3項の定める要件のうち特定資本関係5年超要件についてその濫用の有無を判断することなく、いきなり、③同法施行令112条7項5号の特定役員引継要件についてその濫用の有無を判断したものと解される。これに対して、TPR事件では、逆に、特定資本関係5年超要件が充足されていることについて当事者間に争いがなく、裁判所もそのことを前提として法人税法132条の2の適用について判断しこれを肯定した。

　ここで注目されるのは、ヤフー事件最判が「租税回避の手段として濫用」される「組織再編税制に係る規定」の1つとして②法人税法57条3項を挙げており、かつ、TPR事件東京高判がヤフー事件最判を参照しているところ、それにもかかわらず、同東京高判が同法132条の2の適用を判断するに当たって、②同法57条3項の定める特定資本関係5年超要件規定の濫用の有無について判断しなかったことである。このことを換言すれば、特定資本関係5年超要件規定も派生的課税減免規定の1つであるから、ヤフー事件最判の考え方に従うならば、特定資本関係5年超要件規定の濫用による租税回避に対しても法人税法132条の2を「重畳的に」適用することを検討すべきであったところ、TPR事件東京高判はその検討をしなかったのである。

　この点について、TPR事件東京高判がその検討をしなかった理由は、②法人税法57条3項に関する次の判示（原判決引用。下線筆者）から、読み取ることができるように思われる。

> 法人税法57条3項は、一定期間内に特定資本関係を有することとなった法人間で組織再編成が行われた場合、共同で事業を営むための適格合併等として政令で定めるものに該当する場合を除き、特定資本関係が生じた日の属する事業年度前に生じた欠損金額等の引継ぎを制限する旨定めており、このような同項の規定の構造に鑑みても、同項は、未処理欠損金額を有するグループ外の法人をいったんグループ内の法人に取り込んだ上でグループ内の他の法人と組織再編成を行うといったグループ外の法人が有する未処理欠損金額を利用した租税回避行為を防止するために設けられた規定であって、<u>未処理欠損金額を利用したあらゆる租税回避行為をあらかじめ想定して網羅的に定めたものとはいい難く</u>、実際にも、特定資本関係5年超要件を満たす適格合併等であっても、法人税の負担を不当に減少させる結果となると認められる行為又は計算が行われる場合が想定されないとはいい難い。そうすると、同項は、むしろ、典型的な租税回避行為としてあらかじめ想定されるものを対象として定めた具体的な否認規定にすぎないものと理解するのが自然である。

　この判示は、②法人税法57条3項について「未処理欠損金額を利用したあらゆる租税回避行為をあらかじめ想定して網羅的に定めたものとはいい難く」と述べているところに端的に表現されているように、租税回避の類型（**20Ⅲ**参照）のうち税法（組織再編税制）上の課税減免規定の濫用による租税回避について、「租税回避の手段」として組織再編成に係る私法上の形成可能性を想定したものと解される。このことは、法人税法132条の2に関するTPR事件東京高判の次の判示（原判決引用。下線筆者。前記**Ⅰ**で引用した判示も参照）に相呼応したものと解される。

> 法人税法132条の2は、組織再編成が、その形態や方法が複雑かつ多様であるため、これを利用して巧妙な租税回避行為が行われやすく、<u>租税回避の手段として濫用されるおそれがあることから、税負担の公平を維持するため、組織再編成において法人税の負担を不当に減少させる結果となると認められる行為又は計算が行われた場合に、それを正常な行為又は計算に引き直して法人税の更正又は決定を行う権限を税務署長に認めたものと解され、組織再編成に係る租税

回避を包括的に防止する規定として設けられたものと解される（<u>平成28年最判</u>
<u>参照</u>）。このように、組織再編成に係る租税回避について、これを包括的に防止
するための一般的否認規定が設けられているのは、組織再編成の形態や方法が
複雑、多様であり、立法の際に、組織再編成を利用したあらゆる租税回避行為
をあらかじめ想定した上で、個別的な否認規定を網羅的に設けることは、事柄
の性質上困難であることによるものと解される。

　　この判示にいう「租税回避の手段」は、ヤフー事件最判が法人税法132条の
2の「趣旨及び目的」に関する判示の中で述べた「租税回避の手段」と同じく、
組織再編成に係る私法上の形成可能性を意味すると解されるが、しかし、ヤ
フー事件最判が不当性要件について定立した制度濫用基準に関する判示の中で
述べた「租税回避の手段」、すなわち、「組織再編税制に係る各規定」は意味し
ない（ヤフー事件最判における2種類の「租税回避の手段」については**20 I**の引用
判示参照）。つまり、税法上の課税減免規定の濫用による租税回避に関する筆
者の租税回避手段論の用語法（**22 III** 3参照）によれば、TPR事件東京高判の前
記判示やヤフー事件最判の前者の「租税回避の手段」は、**租税回避の間接的手**
段であり、ヤフー事件最判の後者の「租税回避の手段」は、**租税回避の直接的**
手段である。

　　以上の整理によれば、TPR事件東京高判は、②法人税法57条3項と132条の
2との適用関係について判断するに当たって、ヤフー事件最判とは異なる「租
税回避の手段」を想定して検討を行ったことになる。そうであるからこそ、ヤ
フー事件最判の考え方に従うならば、「租税回避の手段」（直接的手段）として
の特定資本関係5年超要件規定の濫用に対して法人税法132条の2を「重畳的
に」適用することを検討すべきであったところ、TPR事件東京高判はその検
討をしなかったと考えられるのである。

2　TPR事件東京高判の制定法踰越的法創造

　　もし仮にTPR事件東京高判が法人税法132条の2の適用（「重畳的」適用）を
検討する前に、②法人税法57条3項のうち特定資本関係5年超要件規定の濫用
の有無を判断しようとしていたとすれば、本件合併が「形式的には」特定資本

関係5年超要件を充足するものの、特定資本関係5年超という「実質」を備えているとはいえないかどうかを判断しなければならなかったであろうが、しかし、そのようにはいえない場合は短期の超過期間を人為的に作出する場合等ないわけではないものの、TPR事件東京高判はそのような判断を介在させないまま、直ちに、②法人税法57条3項の定めるみなし共同事業要件（のうち事業継続要件）規定の濫用の有無に関する判断に立ち入ったのである。

その際、TPR事件東京高判は「同条［＝法人税法57条］3項が特定資本関係5年以下の組織再編成と5年超の組織再編成を区別して規定しているからといって、特定資本関係5年超の組織再編成について一般的否認規定の適用が排除されているとはいえない」（原判決引用）と判示したが、この論法によれば、同東京高判は、法人税法132条の2の適用に当たって、特定資本関係5年超要件の充足の有無にかかわらず、すなわち要するに同要件を無視して、制度濫用基準により（法文上は特定資本関係5年以内の組織再編成について定められた）みなし共同事業要件規定の濫用の有無を判断したことになろう。

このことは、特定資本関係5年超の組織再編成についてみなし共同事業要件を法創造により創設したことを意味するが、そのことの根本的な問題は、そのような法創造（**司法的立法**）が租税法律主義の下で許容されるかどうかである。この問題を検討するに当たって、まず、②法人税法57条3項の制定の経緯及び趣旨をみておこう。

組織再編税制の立案段階では、「合併の場合には、租税回避行為を防止するための措置を講じた上、被合併法人の繰越欠損金を引き継ぐことが適当である。」（税制調査会「会社分割・合併等の企業組織再編成に係る税制の基本的考え方」（平成12年10月3日）の（別紙）一　法人税における諸制度の基本的な取扱い〔繰越欠損金〕（1））という基本的考え方が確認された後も、当初は、「やはり租税回避防止というものを考えると、グループ内再編という怪しげなことが行われやすいこと」（阿部泰久「改正の経緯と残された課題」江頭憲治郎＝中里実編『企業組織と租税法』（別冊商事法務252号・2002年）88頁）から、「共同で行うときには繰越欠損金を引き継ぐが、グループ内でやるときはだめだ」（同頁）という考え方が出されていたものの、共同事業による合併とグループ内再編とで「順序が違うと扱いが違う」（同89頁）という「実務的に非常に困ること」（同88頁）が

明らかになったことから、次のような議論（同89頁。下線筆者）がなされ、みなし共同事業要件が定められることになった。

> ……。まず合併をしてしまえばよいのに、先に持株会社をつくってしまったら、企業グループということになってしまって、そのなかでの再編については繰越欠損金は認められないというのは、あまりにもむごいではないか。これをどうしようかという議論が、10月の下旬頃から始められました。
>
> 一つの考え方は、企業グループ内の再編を同時にやったらどうか。同じタイミングで共同事業と企業グループ内の再編成をやったときには、これは認めてもよいのではないかということです。そうであれば、同じタイミングというものを少し何かでつないで、<u>タイムラグ</u>を認めてくれてもよいのではないか、と主張されて出てきたのが、「みなし共同事業」という考え方です。
>
> 基本的にこの考え方は、企業グループ内の再編であっても、そのグループを形成してから、その各単体法人というか、各構成メンバーの姿形にあまり大きな変化がない場合は、その後のグループ内の再編成との間を一種のタイムトンネルでつないで、〔共同事業による合併と〕同じように考えようということです。

以上の経緯を経て定められた②法人税法57条3項について、「未処理欠損金額の引継ぎ等に係る制限措置を講ずる趣旨」は、「<u>一定期間内に資本関係を有することとなった法人間で組織再編成が行われた場合に、その繰越欠損金等について制限を行うもの</u>」であり、「企業グループ内の組織再編成については、共同で事業を営むための組織再編成に比べて適格組織再編成に該当するための要件が緩和されていることから、例えば、繰越欠損金等を有するグループ外の法人を一旦グループ内の法人に取り込んだ上で、グループ内の他の法人と組織再編成を行うこととすれば、容易に繰越欠損金等を利用することも可能となってしまうこと等が勘案されたもの」であると解説されている（中尾睦美ほか『平成13年版　改正税法のすべて』（大蔵財務協会・2001年）199頁。下線筆者）。

要するに、法人税法57条3項は、グループ内再編による繰越欠損金の引継ぎの制限のために、まず、「タイムラグ」ないし「一定期間」として「5年」という期間を設定し特定資本関係5年超要件を規定し、「5年超」であれば未処理欠損金額の引継ぎを認め（武田昌輔監修『DHC コンメンタール法人税法』（第

一法規・加除式）3461の３頁も参照）、次に、「５年以内」であればみなし共同事業要件を充たす場合にのみ未処理欠損金額の引継ぎを認める、という二段階の構造を実定法化したものであり、同項の文言・法文はそのような構造を正確に表現していると考えられる。

　以上の考察に基づき TPR 事件東京高判の根本問題を総括すると、特定資本関係５年超の組織再編成についてみなし共同事業要件を創設するという法創造（司法的立法）は、「制定法の元々の構想では定められていなかった新たな法制度を創設」する**制定法踰越的法創造**（Gesetzesübersteigende Rechtsfortbildung. *K. Larenz*, Methodenlehre der Rechtswissenschaft, ６. Aufl., Berlin 1991, 413）であるといえよう。これは、制定法の「構想に反した不完全さ（planwidrige Unvollständigkeit）」である制定法の欠缺(Gesetzeslücke)を補充する**制定法内在的法創造**(Gesetzesimmanente Rechtsfortbildung. S. *K. Larenz*, oben, 370ff.）とは異なり、租税法律主義の下で許容される余地はないと考えられる（制定法内在的法創造が許容される余地については、前掲拙著『税法創造論』119頁以下、特に132頁以下［初出・2021年］、拙著『税法基本講義〔第７版〕』（弘文堂・2021年）【46】【49】参照）。

Ⅳ　おわりに

　本稿では、TPR 事件東京高判の根本問題を、法人税法57条３項に関する制定法踰越的法創造に基づく同法132条の２の適用に認めたが、その問題の原因は、同東京高判がヤフー事件最判における両規定の「重畳的」適用の考え方を正解していなかったことにあるように思われる。

　そのことについては、TPR 事件東京高判が引用する原判決を対象として、前掲拙著『税法の基礎理論』第３章第12節Ⅲ（その見出しは「TPR 事件東京地判にみられる誤解・不可解」）で述べたので繰り返さないが、ここでは、そのこと（「誤解・不可解」）に影響を与えたのではないかと思われる、同東京高判による法人税法57条３項の性格づけについて簡単に整理しておくことにする。同東京高判は同項を「個別的な否認規定」（原判決引用）として性格づけているが、そのような性格づけが、以下に述べるように、同項と132条の２との関係に関する正確な理解を妨げているように思われる。

　法人税法57条３項は、確かに、租税回避の直接的手段が組織再編税制に係る本来的課税減免規定（同条２項）に限定・特定されているという意味では、「個別的否認規定」といえるが、しかし、租税回避の間接的手段の観点からみると、納税者が本来的課税減免規定の適用を受けるために行使する、組織再編税制に係る私法上の形成可能性を限定・特定せずそれらを一般的に否認する規定であるという意味では、組織再編成という個別分野における「一般的否認規定」というべきである。

　もし仮に TPR 事件東京高判が法人税法57条３項を上記の前者の意味で「個別的否認規定」と性格づけていたとすれば、同項の適用をヤフー事件最判による同法132条の２との「重畳的」適用に整合的に接合することができたであろうが、しかし、実際には、同法57条３項を租税回避の間接的手段の観点からみながら、それにもかかわらず「個別的否認規定」と性格づけた上で、同法132条の２との適用関係について判断したところにも、その判断の混乱（「誤解・不可解」）の原因があるように思われる。

　これに関連して法人税法132条の２の性格づけについて付言しておくと、この規定は一般には個別分野別の「一般的否認規定」と性格づけられているところ、これは租税回避の間接的手段の観点からの性格づけであって、租税回避の直接的手段の観点からは「個別的否認規定」と性格づけられるべきである。というのも、この規定では、租税回避の直接的手段が組織再編税制に係る派生的課税減免規定（本来的課税減免規定の濫用否認規定に係る適用除外要件規定＝否認緩和要件規定）に限定・特定されているからである。

　最後に、本稿における検討に関連して次の２つの点を指摘しておく。

　１つには、法人税法57条３項との関係でヤフー事件最判が認めた同法132条の２の「重畳的」適用に相当するような考え方は、ドイツ税法においても租税回避の一般的否認規定（租税基本法42条）を「個別租税法律（特別法）上の濫用否認規定の濫用」について適用するという形で議論されている。そのような議論については、前掲拙著『税法の基礎理論』第３章第13節を参照されたい。

　もう１つには、TPR 事件東京高判は、法人税法57条３項に関する制定法踰越的法創造によって、同事件の「入口」段階で特定資本関係５年超要件を無視し、同要件充足の場合についてもみなし共同事業要件を創設したと解されるが、

さらにその「実体判断」の段階でも、「組織再編税制は、組織再編成により資産が事業単位で移転し、組織再編成後も移転した事業が継続することを<u>想定しているものと解される。</u>」（下線筆者。原判決引用判示も同旨）と判示し、完全支配関係にある法人間の適格合併についても事業継続要件を創設したと解される。このような制定法踰越的法創造はいずれにせよ租税法律主義の下では許容されないと考えるところであるが、この点については、次の見解（吉村政穂「繰越欠損金の引継ぎと組織再編成に係る行為計算否認規定の適用」税務事例研究177号（2020年）1頁、13-14頁。下線筆者）は傾聴に値する妥当な内容のほか、租税回避の一般的否認規定の適用における裁判官による法創造に関して更なる検討を要する課題も含んでいるように思われる。

　以上見てきた通り、組織再編税制導入時の理念に基づいた趣旨・目的の理解は、（当時の制定法の構造はもちろんとして）その後の改正を経た現行法から導かれる理解との間に緊張関係を生じさせるものとなっている。<u>一般的否認規定の適用には、規定の文言上は要件を充足する取引でありながらも、当該規定の趣旨・目的に反するというロジックによって効果発生を認めない、すなわち個別規定を書き換える権限が裁判所（ないし課税庁）に与えられるという性格を認めることができる。</u>

　このような構造を前提にしたとき、裁判所にはいかなる役割が期待されることになるか。もし立法府の代弁者として、<u>立法によって語られなかった部分の補充</u>が期待されるのだとすれば、裁判所による否認（書き換え）は、個別規定と相互補完的に機能（tandem approach）することが意識されるべきだと考える。裁判所が実際の個別規定の改正等を軽視し、立法当初における発想に拘泥することとなれば、<u>個別規定または条文構造から読み取れる客観的な立法者意思</u>とはかえって衝突する危険性が強くなることに留意すべきだろう。

　現在の状況は納税者の予測可能性を害するものとして懸念されるとともに、慎重を期す納税者は、その危険性を認識した上で組織再編成の租税法上の取扱いについて検討をしなければならないことも事実である。その際には、明文で定められた要件のみならず、事業の継続という観点を考慮する必要がある。

租税回避の否認と租税法律主義

土地相互売買［岩瀬］事件・東京高判平成11年6月21
日訟月47巻1号184頁

I　はじめに

　本連載では、⒈の冒頭で述べたとおり、基本的には拙著『税法基本講義』
（弘文堂。当時は第6版［2018年］、現在は第7版［2021年］）における叙述の順に、
税法に関する基本判例を取り上げ検討することにしているが、⒛以後ここ4回
は租税回避に関する基本判例を取り上げて検討してきた。本稿では、租税回避
をめぐる基本的かつ重要な論点の1つであるその否認に関する明文の規定の要
否（この問題については前掲拙著【72】参照）について、判例の立場を検討する
ことにする。

　上記の論点について、かつては、**否認規定不要説**の立場に立つ裁判例がみら
れた。例えば、大阪高判昭和39年9月24日訟月10巻11号1597頁は次のとおり判
示していた（下線筆者。以下「昭和39年大阪高判」という）。

法人税法は益金の概念について、法人税法上別段の定めあるもののほか、私法
上の概念を前提としているものと解すべきであるけれども、この点については
自ら法人税法の目的による制限のあることは認めなければならない。すなわち、
例えば私法上無効又は取消しうべき行為であつても、その行為に伴つて経済的
効果が発生している場合にはその収益につき課税することは何等妨げなきもの
と解すべきであるし、私法上許された法形式を濫用することにより租税負担を
不当に回避し又は軽減することが企図されている場合には本来の実情に適合す
べき法形式に引直してその結果に基いて課税しうることも認められなければな
らない。

　これはいわゆる**実質主義**ないし**実質課税の原則**に基づき否認規定不要説を説

くものと解されるが（拙著『税法の基礎理論』（清文社・2021年）第3章第1節Ⅲ参照）、このような考え方は学説においても次のとおり説かれていた（田中二郎『租税法〔第3版〕』（有斐閣・1990年）89頁。下線筆者。なお、初版［1968年］では字句が若干異なる箇所があるが85頁参照）。

> 　租税法は、全体として、人民の公平な負担を建前としつつ、一定の租税収入を確保することを企図しているのであるから、租税法の具体的執行に当たっても、公平負担の見地から、租税回避行為を禁止し、特定の者が不当に租税負担を免れることのないよう防止する必要がある。租税法上、いわゆる実質課税の原則をうたい、同族会社の行為計算の否認その他租税回避行為の禁止に関する規定を設けて、この趣旨を明示しているものがあるが、これらの規定も、租税の公平負担を建前とする租税法の解釈上、規定の有無にかかわらず、当然に認められるべき原則を明らかにした一種の宣言的な規定とみるべきであろう。すなわち、租税の公平負担という見地からすれば、課税の対象となる課税物件の実現及び帰属に関し、その形式又は名義に囚われることなく、その経済的実質に着目し、現実に担税力を有するものと認められる者に対して課税するのが当然の原則でなければならない（……）。

　しかし、実質課税の原則は税制調査会「国税通則法の制定に関する答申（税制調査会第二次答申）」（昭和36年7月）4頁で国税通則法における制度化の方針が示されたものの結局その制度化は見送られ（大蔵省主税局「国税通則法の制定について」税法学132号（1961年）27頁、28頁参照）、その後、税法の解釈適用においても租税法律主義を重視する傾向が強まってくるに伴って、実質課税の原則それ自体として議論されることは徐々に少なくなってきたが（拙著『税法創造論』（清文社・2022年）215-216頁［初出・2015年］参照）、それとともに同原則に基づく否認規定不要説も影を潜めていった。

Ⅱ　租税法律主義による否認規定不要説の克服

　さて、話を再び前記の昭和39年大阪高判に戻し、それ以降の裁判例の展開を概観しておこう。その展開は、次の見解（中川一郎編『税法学体系総論〔第6

版]』（三晃社・1974年）128-129頁［中川一郎執筆］。太字原文・下線筆者）におい
て簡潔にまとめられているので、少し長くなるがその部分をそのまま引用して
おくことにする。

> **大阪高裁、昭39・9・24**（租判 A112三）は、わが国においても租税回避［の成
> 立及び否認］の認められる場合があると判示している。判示全体からすれば、
> 「法人税法の目的」とか、「租税負担の公平」が根拠になつているが、法律の規
> 定ではないこれらの文言によつて租税回避を認め、税務官庁に否認権を与える
> ことは、租税法律主義に反するものといわなければならない。その後も、**神戸**
> **地裁、昭45・7・7**（シュトイエル110号 1 頁以下、中川評釈）は、同じく「租
> 税負担の公平」を根拠に租税回避を認め、**東京地裁、昭46・3・30**（シュトイ
> エル111号 1 頁以下、中川評釈）は、同族会社ではなく、非同族会社について、
> 租税回避に該当する場合には、その行為・計算の否認権を税務署長に認めてい
> る。これらの判決の基礎となつている考え方は、BFH［＝ドイツ連邦財政裁判
> 所（Bundesfinanzhof）］の判例の発展に逆行するものであり、<u>実定法規上の根
> 拠なしに税務署長に否認権を認めるものであり、租税法律主義に反することは
> 明白である。</u>この点、**名古屋高裁、昭46・6・30**（シュトイエル114号 1 頁以
> 下、中川評釈）は、後述の如く、同族会社についてさえ、「すべての貸付先に画
> 一の利率をもつて融資するのでなければ租税回避行為に当るというべきもので
> はない。」と判示していることは注目に値いする。恐らく今後は、租税回避につ
> いて明文を有しないわが国においては、いかに被告税務署長側が租税回避の成
> 立を主張しても、裁判所はその成立を認めないであろう。果せるかな、前掲、
> 東京地裁、昭46・3・30の控訴審判決である**東京高裁、昭47・4・25**（シュト
> イエル123号47頁以下）は、「同族会社の行為計算の否認（法人税法132条、所得
> 税法157条、相続税法64条）のほか一般的に租税回避の否認を認める規定のない
> わが税法においては租税法律主義の原則から租税回避行為を否認して、通常の
> 取引形式を選択しこれに課税することは許されないところというべきである。」
> と判示した（評釈、中川・シュトイエル124号 1 頁以下）［。］<u>おそらく今後もこ
> の判示に反する判決が依然としてなされるであろうが、反面同旨の判決も積重
> ねられるであろう。もちろんやがては、この東京高裁判決に定着するであろう
> が、それには年月を要するであろう。</u>

この見解はまさに「達見」というべきものであり、特に上記引用の最後の下線部で説いたところは、20年近い年月を経て、下級審レベルではあるが、土地相互売買［岩瀬］事件・東京高判平成11年6月21日訟月47巻1号184頁（以下「岩瀬事件東京高判」という）によって実現されたといえよう。この判決は、次のとおり判示し（下線筆者）、租税法律主義を重視し否認規定不要説を克服し、**否認規定必要説**の立場を示したが、これが前記の論点に関する「一応の到達点」となったと考えられるのである（前掲拙著『税法の基礎理論』第3章第10節Ⅲ参照）。

> 　本件取引のような取引においては、むしろ補足金付交換契約の法形式が用いられるのが通常であるものとも考えられるところであり、現に、本件取引においても、当初の交渉の過程においては、交換契約の形式を取ることが予定されていたことが認められるところである（……）。しかしながら、最終的には本件取引の法形式として売買契約の法形式が採用されるに至ったことは前記のとおりであり、そうすると、<u>いわゆる租税法律主義の下においては、法律の根拠なしに、当事者の選択した法形式を通常用いられる法形式に引き直し、それに対応する課税要件が充足されたものとして取り扱う権限が課税庁に認められているものではない</u>から、本件譲渡資産及び本件取得資産の各別の売買契約とその各売買代金の相殺という法形式を採用して行われた本件取引を、本件譲渡資産と本件取得資産との補足金付交換契約という法形式に引き直して、この法形式に対応した課税処分を行うことが許されないことは明かである。

　なお、前記の見解において否認規定不要説の克服の先駆けとなった裁判例として引用されている東京高裁昭和47年4月25日判決の翌年に刊行された教科書の中で次の見解が示されたことも注目される（清永敬次『税法〔初版〕』［ミネルヴァ書房・1973年］49–50頁。下線筆者。なお、《　》内は新版（全訂）（1990年）45頁での加筆部分である。また、若干の表記の修正はあるが新装版（2013年）では43頁参照）。

> 　このような租税回避が行なわれた場合に、納税者が選択した法形式ではなく通常の法形式を基礎として課税を行なうことを、租税回避の否認という。税法

は、当然のこととして、納税者が選択した法形式、実際に行なわれた取引形式を基礎として課税関係を形成せしめるものであるから、租税回避の否認はこのような原則に対する例外の場合をなす。租税回避を否認することによりなされる課税は、実際に行なわれた法形成からはなれた法形成、換言すれば想定された通常の法形式に基づく課税である。従って、このような例外的な、想定された法取引に基づく課税は、租税法律主義の建前からいって、当然そのための法律上の根拠があってはじめてこれをなすことができるといわなければならない。《また、租税回避の否認は、上述のように課税要件規定によるときとは異なる取扱いをすることであり、これはとりもなおさず従来の課税要件規定にはない新たな課税要件を作りだすこと（……）を意味し、したがって、租税法律主義の建前から、そのための明文の規定が必要である、といえよう。》

Ⅲ　租税法律主義による否認規定必要説の確立

1　私法上の法律構成による否認論

　岩瀬事件東京高判は高裁判決であるが故に、これが示した否認規定必要説の立場は前記の論点に関する「一応の到達点」にとどまるといわざるを得ないが、同東京高判は別の観点からみると、否認規定必要説を確立したものといってもよいように思われる。その別の観点というのは、否認規定不要説と否認規定必要説との対立のいわば「間隙」を縫って1990年代に唱えられるようになった**私法上の法律構成による否認論**を否定することによって、後に最高裁が同否認論を含め広く**事実認定による否認論**に対して慎重ないし否定的な態度をとること（拙著『租税回避論』（清文社・2014年）210-215頁［初出・2011年］参照）に道筋を示した、というような観点である。

　私法上の法律構成による否認論の主唱者によると、「租税回避行為の否認の方法を類型化すると、①租税法上の実質主義による否認、②私法上の法律構成による否認、③個別否認規定による否認の三つの類型に分けることができよう。」（今村隆『租税回避と濫用法理─租税回避の基礎的研究─』（大蔵財務協会・2015年）60頁［初出・1999年］）とされるが、否認規定不要説と否認規定必要説

は上記の「否認の三類型」（同56頁）のうち①を認めるか否かをめぐって対立してきたところ、私法上の法律構成による否認論は、その対立の射程外にある考え方として唱えられたものであり、その内容は次のとおりである（同57-58頁。下線筆者）。

課税要件事実の認定は、外観や形式に従ってでなく、真実の法律関係に即して認定がなされなければならないが、その結果、当事者が用いた法形式が否定されることがあり、このような場合も当事者が用いた法形式を否定するという意味で「否認」と呼ぶこともできよう。このような私法上の法律構成による否認は、税法固有のものではなく、私法上の事実認定あるいは契約解釈の方法によるものであり、このような認定方法が許されるのは当然のことである。このような認定方法が可能であることは、通説でもある。

　要するに、私法上の法律構成による否認は、「私法上の事実認定あるいは契約解釈の方法によるもの」であり、「税法固有のもの」ではないので、そのための租税法律の明文の規定は必要ないと説かれたのである。上記の引用文中にいう「通説」は、次のとおり説いていた（今村・前掲書57頁脚注8では金子宏『租税法〔第7版〕』（弘文堂・1999年）130-131頁。下線筆者。なお、最新版（第24版・2021年）では148-149頁参照）。

　租税法の適用にあたっては、課税要件事実（Steuertatbestandsachverhalt）の認定が必要である。他の法分野におけると同様に、租税法においても、要件事実の認定に必要な事実関係や法律関係の「外観と実体」ないし「形式と実質」がくいちがっている場合には、外観や形式に従ってではなく、実体や実質に従って、それらを判断し認定しなければならない（もっとも外観ないし形式に即して課税することとされている場合は別である。地税343条2項参照）。……。ただし、このことは、要件事実の認定に必要な法律関係についていえば、表面的に存在するように見える法律関係に即してではなく、真実に存在する法律関係に即して要件事実の認定がされるべきことを意味するに止まり、真実に存在する法律関係からはなれて、その経済的成果なり目的なりに即して法律要件の存

否を判断することを許容するものではないことに注意する必要がある（相互売買ではなく交換です[ママ]ると認定した例として、東京地判平成10年5月13日判時1656号72頁）。いわゆる「実質課税の原則」は、以上のような意味に理解し、用いられるべきであると考える。

この引用文の2つ目の下線部の前半（「……に止まり」まで）で述べられている考え方は**法的実質主義**、後半で述べられている考え方は**経済的実質主義**と呼ばれることがあるが（前掲拙著『税法基本講義』【57】参照）、私法上の法律構成による否認論では、これは法的実質主義に属する考え方であり、「他の法分野におけると同様に、租税法においても」、地方税法343条2項（台帳課税主義）のような特段の規定がある場合は格別、そうでなければ「当然のこと」（今村・前掲書58頁）として許容されると説かれたのである。

ただ、私法上の法律構成による否認論の説くところを更に読み進めていくと、次のとおり説かれている（今村・前掲書100頁［初出・2000年］。下線筆者）。

このように租税回避行為の場合であっても、民法上の事実認定の方法と異なるところはない。

しかしながら、課税要件事実を認定するに当たり、対象となる契約関係において、当事者に租税回避目的がある場合には、当事者が選択した法形式が真実の法律関係であるか否かを判断するに当たっての重要な間接事実になろう。その意味では、課税要件事実の認定に当たり、租税回避行為であることが意味をもつといえよう。しかし、租税回避行為であることが意味をもつといっても、あくまでも契約の成立の有無の認定あるいは契約の法的性質決定に当たり意味をもつということであり、そうすると、……東京高裁平成11年6月21日判決の事案［＝土地相互売買［岩瀬］事件］で問題となった租税回避目的の存在が問題となろう。

ここで、租税回避目的というのは、当事者の主観的な意思あるいは目的のことであるが、当事者の内心の意思は、当事者にしか分からないのではないかとの疑問をもたれる方もいるかもしれないが、ここで主観的な意思あるいは目的といっているのは、契約の内容、当事者の供述あるいは種々の間接事実によっ

て客観的に認定される主観的な意思あるいは目的を意味している。

　この説示によれば、私法上の法律構成による否認論は、**要件事実論**を租税回避に係る課税要件事実の認定の場面に応用して、課税要件事実に係る真実の法律関係を主要事実（要件事実）として捉えた上で租税回避目的を、当事者がその目的で選択した法形式が真実の法律関係と異なることを強く推認させる重要な間接事実と捉える、租税回避事案における「契約の法的性質決定に当たっての裁判上のルール」（今村・前掲書98頁）であると解される。

　このように主要事実の捉え方だけからすると、私法上の法律構成による否認論は、課税要件事実の認定基準とされる「実体」ないし「実質」を私法上の真実の法律関係とする法的実質主義の単なる言い換えにすぎず、特に問題のある考え方でないようにも思われる。しかし、法的実質主義では、私法上の法律関係が真実であるということは、それが仮想でないということを意味するにとどまる（べきである）。租税回避事案においては、仮装行為（前掲拙著『税法基本講義』【62】）の場合と異なり、租税回避目的に相応する真実の法律関係が形成される以上、租税回避目的を、その目的で形成された法律関係が仮装であること（法的実質主義からいえば、真実でないこと）の重要な間接事実とすることはできない。したがって、私法上の法律構成による否認論を法的実質主義の単なる言い換えとみることはできないであろう。

　このように間接事実をも視野に入れ訴訟における事実認定に関する「間接事実から要件事実を推認する判断の構造」（伊藤滋夫『事実認定の基礎―裁判官による事実判断の構造―〔改訂版〕』（有斐閣・2020年）71頁）に照らしてみると、私法上の法律構成による否認論は、租税回避目的を、当事者の選択した法形式が真実の法律関係と異なることの重要な間接事実と捉える以上、裁判官が租税回避目的に対する一定の税法的評価を念頭に置きながら、これを訴訟における課税要件事実の認定（ここでは契約解釈）に反映させる考え方（**租税回避目的混入論**）をも含んでいると解される。

　しかし、そのような税法的評価は、租税法律主義の下では、事実認定それ自体とは切り離して、課税要件法（の解釈によって定立された規範）への包摂（当てはめ）の際に行うべきものである（**租税法律主義の下における事実認定と税法**

的評価との峻別・遮断)。その点を曖昧にして包摂の際の税法的評価をいわば先取りして事実認定固有の問題として税法的評価に従って目的論的に行うような「事実認定」は、**目的論的事実認定**というべきものであり、**事実認定における経済的実質主義**と同じく、租税法律主義の下では、そのような事実認定を認める明文の規定がない限り、許容されない。

　以上を要するに、私法上の法律構成による否認論は、要件事実論の観点からみれば、その主唱者が説く「否認の三類型」のうち「①租税法上の実質主義による否認」を認める否認規定不要説と実質的には同じ考え方に帰結する裁判上のルールというべきものであり、また、従来からの議論の枠組みをも踏まえて表現すれば、「**訴訟法のレベルにおける法的実質主義の衣を着た経済的実質主義**」といってもよかろう（以上の私見について詳しくは、前掲拙著『租税回避論』35-43頁［初出・2004年］、128-130頁［初出・2005年］、同『税法創造論』220-223頁［初出・2015年］、340-345頁［初出・2016年］、前掲拙著『税法基本講義』【73】～【75】、前掲拙著『税法の基礎理論』第2章第12節、**21**Ⅳ等参照。なお、私法上の法律構成による否認論の主唱者による「法的実質主義と経済的実質主義の区別」については、今村・前掲書105-107頁参照)。

2　岩瀬事件東京高判の意義

　私法上の法律構成による否認論に対する以上の私見からすると、岩瀬事件東京高判は、前記1の冒頭で述べたように同否認論を否定した点で、高く評価されるべきものである。この点について、まず、岩瀬事件の原審・東京地判平成10年5月13日訟月47巻1号199頁の判断からみておくと、この判決は次のとおり判示した。

　契約の内容は契約当事者の自由に決し得るところであるが、契約の真実の内容は、当該契約における当事者の合理的意思、経過、前提事情等を総合して解釈すべきものである。
　ところで、既に認定した本件取引の経過に照らせば、亡Ａらにとって、本件譲渡資産を合計7億3313万円で譲渡する売買契約はそれ自体で亡Ａらの経済目的を達成させるものではなく、代替土地の取得と建物の建築費用等を賄える経

済的利益を得て初めて、契約の目的を達成するものであったこと、他方、Bにとっても、本件取得資産の売買契約はそれ自体で意味があるものではなく、右売買契約によって亡Aらに代替土地を提供し、本件譲渡資産を取得することにこそ経済目的があったのであり、本件取得資産の代価は本件譲渡資産の譲渡代金額から亡Aらが希望した経済的利益を考慮して逆算されたものであることからすれば、本件取引は本件取得資産及び本件差金と本件譲渡資産とを相互の対価とする不可分の権利移転合意、すなわち、Bにおいて本件取得資産及び本件差金を、亡Aらにおいて本件譲渡資産を相互に相手方に移転することを内容とする交換（民法586条）であったというべきである。

　この判示が私法上の法律構成による否認論を採用したものであるかどうかについては議論のあるところであるが（今村・前掲書65-66頁［初出・2000年］、金子・前掲書131頁［前記1の引用文］、前掲拙著『租税回避論』128頁［初出・2005年］参照）、ともかく、本件取引をこれと異なり「交換」ではなく「売買」として性質決定した岩瀬事件東京高判については、現在では、私法上の法律構成による否認を認めなかった裁判例という理解が定着しているといってよく、筆者自身も次のとおり評価しているところである（拙稿「判批」中里実ほか編『租税判例百選〔第7版〕』（別冊ジュリスト253号・2021年）38頁、39頁）。

　本判決は、租税回避の否認につき明文の法律上の根拠を要求する租税法律主義の要請（……）を訴訟法のレベルで潜脱することに対して、歯止めをかけたところに、その意義があることになろう。

　そうすると、岩瀬事件東京高判は、前記1の冒頭で述べたように、後に最高裁が私法上の法律構成による否認論を含め広く事実認定による否認論に対して慎重ないし否定的な態度をとることに道筋を示したという意味で、否認規定必要説の立場を確立したものといってもよかろう。

Ⅳ おわりに

　租税回避の否認に関する明文の規定の要否について、かつては、実質主義の立場から否認規定不要説が説かれ、これを支持する裁判例もみられたが、租税法律主義が重視されるようになってきたのに伴って否認規定必要説を支持する傾向が裁判例でも強まってきたところ、その過程で両説の対立の「間隙」を縫って、実質的には経済的実質主義の系譜に属する私法上の法律構成による否認論が唱えられたものの、岩瀬事件東京高判は同否認論を否定し、広く事実認定による否認論に対する最高裁判例の慎重ないし否定的な態度に道筋を示したと考えるところである。

　そのような最高裁判例の1つである住所国外移転［武富士］事件・最判平成23年2月18日訟月50巻3号864頁は次のとおり判示しているが（下線筆者）、これは否認規定必要説を前提とする判断を示したものと解される（須藤正彦裁判官の補足意見については**21**Ⅲ参照）。

　　原審は、上告人が贈与税回避を可能にする状況を整えるために香港に出国するものであることを認識し、本件期間を通じて国内での滞在日数が多くなりすぎないよう滞在日数を調整していたことをもって、住所の判断に当たって香港と国内における各滞在日数の多寡を主要な要素として考慮することを否定する理由として説示するが、前記のとおり、一定の場所が住所に当たるか否かは、客観的に生活の本拠たる実体を具備しているか否かによって決すべきものであり、主観的に贈与税回避の目的があったとしても、客観的な生活の実体が消滅するものではないから、上記の目的の下に各滞在日数を調整していたことをもって、現に香港での滞在日数が本件期間中の約3分の2（国内での滞在日数の約2.5倍）に及んでいる上告人について前記事実関係等の下で本件香港居宅に生活の本拠たる実体があることを否定する理由とすることはできない。このことは、法が民法上の概念である「住所」を用いて課税要件を定めているため、本件の争点が上記「住所」概念の解釈適用の問題となることから導かれる帰結であるといわざるを得ず、他方、<u>贈与税回避を可能にする状況を整えるためにあえて</u>

国外に長期の滞在をするという行為が課税実務上想定されていなかった事態であり、このような方法による贈与税回避を容認することが適当でないというのであれば、法の解釈では限界があるので、そのような事態に対応できるような立法によって対処すべきものである。そして、この点については、現に平成12年法律第13号によって所要の立法的措置が講じられているところである。

　最後に、租税法律主義を重視する筆者の立場から付言すると、最高裁が正面から否認規定必要説の立場を認める判断を示すことを強く望むものである。

事実認定による否認論をめぐる判例の動向

「租税法上の一般原則としての平等原則」は事実認定に
よる否認論を正当化することができるか

I　はじめに

　24では、租税回避の否認に関して租税法律主義の下で否認規定必要説が確立
されてきたとの理解を述べたが、その際に、否認規定必要説の確立において重
要な役割を果たしたものと解される土地相互売買［岩瀬］事件・東京高判平成
11年6月21日訟月47巻1号184頁が、後に最高裁が**私法上の法律構成による否
認論**を含め広く**事実認定による否認論**に対して慎重ないし否定的な態度をとる
ことに道筋を示したとの理解も述べたところである（**III**2参照）。

　ただ、**15**においては、財産評価基本通達総則6項事件・最判令和4年4月19
日民集76巻4号411頁（以下「令和4年最判」という）を目的論的事実認定の側
から検討しその検討を通じて、同最判が財産評価に係る事実認定による否認を
「租税法上の一般原則としての平等原則」によって正当化したものであるとの
理解を述べた上で、最高裁において財産評価についても事実認定による否認論
に関する従来の否定的な立場に軌道修正すべき旨を述べた（**III**3参照）。とはい
え、それで令和4年最判という難解な判決について検討し尽くしたとは思われ
ず、その後も検討を重ね、その一部を公表したが（**21IV**参照）、改めて本格的に
検討し直しその成果を公表しようと考えてきたところである。

　そこで、事実認定による否認論に関する判例の従来の否定的な立場について
は既に検討したところ（拙著『租税回避論』（清文社・2014年）210–215頁［初出・
2011年］のほかに、拙著『税法の基礎理論』（清文社・2021年）第2章第13節、拙著
『税法基本講義〔第7版〕』（弘文堂・2021年）【75】）を参照していただくとして、
本稿では、令和4年最判の判断過程及び判断内容をもう一度整理し直し、事実
認定による否認論において措定・適用される「裁判規範としての租税回避否認
規定」（上掲拙著【74】参照）の側から**15**における検討を見直し再構成した上で、

「租税法上の一般原則としての平等原則」によって事実認定による否認論を正当化することは租税法律主義の下では許容されないことを明らかにすることにする（**Ⅲ**）。その検討に入る前に、次の**Ⅱ**で、財産評価が事実認定であること及びそのことの法的意味を確認しておくことにしよう。

Ⅱ　財産評価と事実認定

1　財産評価の法的性格

15では、財産評価を事実認定として性格づけることを前提にして令和4年最判を検討したが、財産評価のそのような性格づけは筆者だけでなく（前掲拙著『税法基本講義』【56】参照）、他の論者によっても説かれるところである。例えば下記の如くである（①碓井光明「相続財産評価方法と租税法律主義」税経通信45巻15号（1990年）9頁、②岩﨑政明「財産評価通達の意義と役割」ジュリスト1004号（1992年）27頁、29頁、③金子宏『租税法理論の形成と解明　下巻』（有斐閣・2010年）368頁［初出・2000年］、④増井良啓「租税法の形成における実験―国税庁通達の機能をめぐる一考察」中山信弘＝中里実編『政府規制とソフトロー〔ソフトロー研究叢書第3巻〕』（有斐閣・2008年）185頁、194頁）。

【①】

　租税法律主義によれば、租税に関する事項、ことに課税要件に関する事項は、法律で定めなければならない。相続財産の評価は、前述のように、課税要件事実の認定であるから、その準則としての法規範は、課税要件事実への接近方法の規範という意味において、課税要件法と租税手続法との複合領域であるといってよい。したがって、評価に関する基本的事項は、法律で定めることが望ましい。……。

《中略》

　ただし、ここで意識的に「望ましい」という表現を用いたのは、財産評価が事実認定にかかわる事項である以上、法律で定めなかったとしても、ただちに違憲という評価を受けるものではないということを示したかったからである。

【②】

　ある財産がいくらの経済的価値を有しているかを測定することは、基本的には事実認定に係る問題である。したがって、その財産の時価を求めるための準則を法律の規定をもって定めなかったからといって、直ちに違憲という結論が導かれるわけではない。そのためか、従来、財産課税における財産評価の準則は、ほとんど通達という行政庁の内部規範をもって定められてきており、それゆえ法的拘束力を有するものでない。

【③】

　相続財産の評価は、その財産の交換価値がいくらであるかの「事実認定」の作用である。したがって、評価通達は、解釈通達ではなく、「適用通達」ないし「認定通達」の性質をもっている。事実の認定は、事案ごとに個別に行われるべき作用であるから、一括処理にはもともとなじまない。しかし、前述のような理由〔＝時価の把握の困難性に伴う、納税者の予測可能性の保障、税務行政による一貫した公平な評価の確保及び評価事務の迅速な処理〕から、評価通達を設けることの必要性は、承認されなければならない。

【④】

　〔法律に書いてあることを通達が解釈適用するというよりは、むしろほとんどのことが通達に書いてある〕第2の例は、事実認定のやり方を定める場合である。典型例は、財産評価通達である。租税法律を適用する上で、しばしば、財産の時価がいくらであるかを認定する必要が生ずる。しかし、とりわけ公開市場において相場が形成されていない場合、土地や株式の時価がいくらであるかを認定することは、きわめて難しい。これについて、国税庁は、「財産評価基本通達」を発しており、それは、相続財産を評価する場合の実務上の基準として、大きな役割を果たしている。こうして、法律の規定には「時価」としか書いておらず、その「時価」をどのように認定するかという肝心のところが、通達を読まないと分からないことがしばしばである。

　いずれにせよ、財産評価の法的性格を事実認定として捉える考え方は、**法的三段論法に基づく法的判断の構造**から論理必然的に導き出すことができる、といってよかろう。

このように財産評価の法的性格を事実認定として捉えると、令和4年最判の争点を「財産評価基本通達総則6項の適用問題」として議論するのはミスリーディングであるように思われる。というのも、財産評価が事実認定であり財産評価基本通達がその方法等を定めるもの（上記③の見解では「適用通達」ないし「認定通達」）である以上、同通達の定めにより難い場合（いわゆる「特別の事情」がある場合）に異なる方法等を採用することは、財産評価という事実認定の合理性を担保するために当然必要なことであり、同通達総則6項はそのことを確認しているにすぎないからである。つまり、同通達総則6項は、国税庁長官の指示に係る部分以外は、税務行政の外部にいる納税者や裁判所にとっても事実認定のあり方として当然のことを確認しているにすぎないのである。このような意味で、令和4年最判が判決理由の中で同通達総則6項に言及しなかったのは正当である（そもそも評価通達それ自体について「国民に対し直接の法的効力を有するというべき根拠は見当たらない。」と判示している）。

　なお、法的三段論法に基づく法的判断という場合における「法的判断」という言葉は、「民事裁判は、事実の確定および法に依拠した判断という作業によって構成されるものであ［る］」（広中俊雄『新版民法綱要　第一巻　総論』（創文社・2006年）42頁）といわれる場合の**「法に依拠した判断」**（法的判断をこの意味で理解するものとして広渡清吾「法的判断と政策形成―『法律』と『法』の間―」法社会学63号（2005年）15頁、16頁参照）よりも広く、「事実の確定」を含む法の適用過程全体を通じて行われる判断という意味で、用いているが（筆者は前者を**「狭義の法的判断」**といい、後者を**「広義の法的判断」**ということにしている）、ただ、「事実の確定」と区別して用いる上記の用語法も、次の2の検討との関係では有益な示唆を与えてくれるように思われる。

2　租税法律主義の下における事実認定と税法的評価（狭義の税法的判断）との峻別・遮断

　財産評価に関する前記のような性格づけを前提にして、次に問題にすべきは、事実認定と認定事実（認定される事実）に対する狭義の法的判断との関係をどのように考えるかである。この関係については一般に次のように考えられている（亀本洋『法的思考』（有斐閣・2006年）383頁［初出・1999年］。下線・傍点筆者）。

　ルール準則的思考の基礎には、いわゆる判決三段論法を裁判における法適用の基本枠組とした上で、大前提としての法のルールを、小前提としての事件の事実に適用するという周知の発想がある。もちろん、この立場においても、適用すべきルールの発見と事実の認定とがつねに容易であるとは考えられておらず、方法論上の考察の重点はむしろ、そのようなことが容易でない事件、ハード・ケースに向けられている。……。

　ルール準拠的思考におけるハード・ケース処理をめぐる方法上の問題は、判決三段論法の構造に対応して、一つには、<u>当該事件に適用されるべきルールの選択、およびルールの内容の解釈とその正当化というルールにかかわる問題群</u>と、もう一つには、<u>事実認定のやり方とその正当化にかかわる問題群</u>とに一応分けられる。しかし、<u>この両者は密接不可分であり、認定される事実は「なまの事実」でも素人からみた事実でもなく、あくまで、ルールに直接・間接に反映されている法的な観点から「構成される」事実である</u>と考えられている。法的な事実認定においては、法的に重要でない事実は捨象される。そして、何が法的に重要な事実であるかは、法的なルールで使用されている概念、あるいは法的なルールの当然の前提となっている概念や考え方によって定まってくる。……。

　ただし、「事実認定の事実判断性」の観点からは事実認定について次の指摘がされている（山木戸克己『民事訴訟法論集』（有斐閣・1990年）54頁［初出・1976年］。下線筆者）。

　事実の認定は、特定の紛争解決のために、裁判官が法適用の前提としての事実の存否を判断することであり、事実判断である。しかし事実認定が<u>純然たる事実判断</u>であるか、それとも政策的価値判断を含んでいるか、は問題である。事実認定において裁判官の価値観・政策的考慮等が影響することは事実として認めなければならないが、<u>要件事実への当てはめ、法的評価と切り離した限りでの事実認定</u>については、その影響が排除されることを理念とすべきであろう。いずれにしても、この点もまた裁判論ないし事実認定論において看過しえない問題であることは明らかである。

　これらの見解からすると、事実認定と法的な観点からの法的評価とは密接不

可分の関係にあるが、「法的評価と切り離した限りでの事実認定」においては、「純然たる事実判断」を理念型として想定した上で、これを行うべきことになろう。このことは、租税法律主義の下での事実認定については特に強く要請されると考えられる。

それは、租税法律主義の下では、課税要件事実の認定において行われる種々の法的評価（契約解釈、会社法会計等）のうち税法的評価については、税法上の明文の規定に基づいてこれを行うことが要請されるからである。そうでなければ、租税法律主義は、税法の適用の実際において、事実認定を通じて、その存在意義を喪失することになろう。

要するに、租税法律主義の下では、事実認定と認定事実に対する税法的評価との関係について、後者は、課税要件法の解釈によって定立された規範に認定事実を当てはめる際に当該規範に照らして行うべきものとして、前者とは峻別し遮断すべきであると考えるところである（**21 Ⅳ**参照）。つまり、後者は、税法における狭義の法的判断すなわち**狭義の税法的判断**として、法的三段論法では**当てはめ（包摂）**の段階に位置づけられるべき判断である（この点に関して有益な示唆を与えてくれるドイツ税法の研究として、岩﨑政明「租税法における経済的観察法—ドイツにおける成立と発展—」筑波法政5号（1982年）30頁、67-69頁等参照）。

なお、筆者は上記のような考え方に基づいて、「**ナマの事実**」という言葉を、税法の適用・税法的評価を受ける前の事実という意味で用い、これには①事実状態や事実行為の探知だけでなく、②法律行為・契約の解釈、③公正妥当な会計処理（法税22条4項）の結果の確認、及び④財産評価も含まれるとの理解を示してきた（前掲拙著『税法基本講義』【56】参照）。

Ⅲ 「租税法上の一般原則としての平等原則」と事実認定による否認論の正当化

1 令和4年最判の判断過程及び判断内容

さて、ここで令和4年最判の判断過程をみておこう。詳しくは**15**における検討を参照していただくことにして、以下では、その骨子のみを述べておくことにする。

　令和4年最判は、相続税法22条の適用について、「租税法上の一般原則としての平等原則」との関係で、「相続税の課税価格に算入される財産の価額について、<u>評価通達の定める方法による画一的な評価を行うことが実質的な租税負担の公平に反するというべき事情がある場合には、合理的な理由があると認められる</u>から、当該財産の価額を評価通達の定める方法により評価した価額を上回る価額によるものとすることが上記の平等原則に違反するものではないと解するのが相当である。」（下線筆者。以下「前提判示」という）と判示した上で、次のとおり判示した（下線及び［❶］～［❺］筆者）。

　イ　これを本件各不動産についてみると、<u>本件各通達評価額と本件各鑑定評価額との間には大きなかい離があるということができるものの、このことをもって上記事情があるということはできない［❶］</u>。
　　　もっとも、<u>本件購入・借入れが行われなければ本件相続に係る課税価格の合計額は6億円を超えるものであったにもかかわらず、これが行われたことにより、本件各不動産の価額を評価通達の定める方法により評価すると、課税価格の合計額は2826万1000円にとどまり、基礎控除の結果、相続税の総額が0円になるというのであるから、上告人らの相続税の負担は著しく軽減されることになるというべきである［❷］</u>。そして、<u>被相続人及び上告人らは、本件購入・借入れが近い将来発生することが予想される被相続人からの相続において上告人らの相続税の負担を減じ又は免れさせるものであることを知り、かつ、これを期待して、あえて本件購入・借入れを企画して実行したというのであるから、租税負担の軽減をも意図してこれを行ったものといえる［❸］</u>。そうすると、<u>本件各不動産の価額について評価通達の定める方法による画一的な評価を行うことは、本件購入・借入れのような行為をせず、又はすることのできない他の納税者と上告人らとの間に看過し難い不均衡を生じさせ、実質的な租税負担の公平に反するというべきであるから、上記事情があるものということができる［❹］</u>。
　ウ　したがって、<u>本件各不動産の価額を評価通達の定める方法により評価した価額を上回る価額によるものとすることが上記の平等原則に違反するということはできない［❺］</u>。

この判示を判断過程に即して整理すると、それは、前記の前提判示に従って（イの冒頭の「これを本件各不動産についてみると」）、下線部❶で原則的判断を示した上で、それに対する例外的判断として、⑴まず、本件購入・借入れ、本件各通達評価額及び本件被相続人に係る法定相続人の数という事実（以下「本件各認定事実」という）に対する税法的評価（狭義の税法的判断）の観点として、㋐**相続税負担の著しい軽減**（下線部❷）及び㋑**租税負担軽減の意図**（下線部❸）という観点を設定し、⑵次に下線部❹で、それらの観点に照らして本件各認定事実を評価しているが、そこでは、本件各通達評価額が「本件購入・借入れのような行為をせず、又はすることのできない他の納税者」との間で生じさせる「看過し難い不均衡」を「実質的な租税負担の公平に反する」と評価し、もって前記の前提判示にいう「評価通達の定める方法による画一的な評価を行うことが実質的な租税負担の公平に反するというべき事情」の存在を肯定し、⑶最後に下線部❺で、本件各更正処分に係る本件各鑑定評価額を、平等原則違反でないとして、相続税法22条に当てはめることにより、結論に至っている。

　以上のような判断は、平等原則（憲法14条１項）に関する**判例・通説の平等判断枠組み**、すなわち、相対的平等の観念に基づき差別（不合理な区別）の禁止あるいは合理的区別の許容の意味での平等原則に基づく判断枠組みを、前記の前提判示で出発点とし、少なくとも「表層的には」これに従った判断であると解されるが、しかし、その判断枠組みが前記判断過程の最後まで、しかも内容的にその判断の「深層まで」貫徹されているとはいえないように思われる（⒂Ⅲ２参照）。この点について、以下では、⒂の検討を事実認定による否認論において措定・適用される「裁判規範としての租税回避否認規定」の側から見直し再構成することにしたい。

　なお、以下の検討は、主として前記の例外的判断について行うが、その前に、前記の原則的判断について次の点を指摘しておくことにする。すなわち、下線部❶は、最高裁が財産評価について「租税法上の一般原則としての平等原則」の適用上**「評価額の幅」**を認めたものとして重要な意味をもつ判断であると考えられる（筆者とは異なる観点からではあるが「評価額の幅」を検討するものとして、酒井克彦「いわゆるタワマン評価事件に関する諸論点（中）―最高裁令和４年４月19日第三小法廷判決―」税理66巻３号（2023年）175頁、179頁以下参照）。

そもそも、財産評価も前述のとおり事実認定である以上、訴訟において裁判官は、税務行政と同様「その財産の価額に影響を及ぼすべきすべての事情」（財産評価基本通達1(3)）を経験則に基づき一定の合理的な方法により考慮し財産評価を行うが、**自由心証主義**に従い、その考慮は裁判官の自由な判断に委ねられることから、財産評価において「評価額の幅」は観念されて然るべきものである。この点においては、税務行政による財産評価も同様であり、裁判官による事実認定に関する自由心証主義に基づく判断に基本的に相当する裁量的判断が税務行政による財産評価にも認められるが（「**事実の前における国家機関の対等・平等**」については前掲拙著『税法基本講義』【56】参照）、このことは納税者による財産評価についてもいえることである。

2 「裁判規範としての租税回避否認規定」の措定

さて、前記の原則的判断に対する例外的判断についてであるが、まず、財産評価に関する判断に当たって、どのような理由・目的で本件各認定事実に対する税法的評価（狭義の税法的判断）の観点として、㋐相続税負担の著しい軽減（下線部❷）及び㋑租税負担軽減の意図（下線部❸）という観点を設定したのかを明らかにすることから、検討を始めることにする。

上記の2つの観点は、上述のとおり、本件各認定事実に対する税法的評価（狭義の税法的判断）の観点であるから、論理的には、本件各認定事実を当てはめるべき課税要件規定からその解釈によって導き出されるべきものである。このような意味で「**観点**」という語を用いたものと解される判例として、未処理欠損金額引継規定濫用［ヤフー］事件・最判平成28年2月29日民集70巻2号242頁の次の判示（下線筆者）を挙げることができる。

　組織再編成は、その形態や方法が複雑かつ多様であるため、これを利用する巧妙な租税回避行為が行われやすく、租税回避の手段として濫用されるおそれがあることから、法132条の2は、税負担の公平を維持するため、組織再編成において法人税の負担を不当に減少させる結果となると認められる行為又は計算が行われた場合に、それを正常な行為又は計算に引き直して法人税の更正又は決定を行う権限を税務署長に認めたものと解され、組織再編成に係る租税回避

を包括的に防止する規定として設けられたものである。このような同条の趣旨及び目的からすれば、同条にいう「法人税の負担を不当に減少させる結果となると認められるもの」とは、法人の行為又は計算が組織再編成に関する税制（以下「組織再編税制」という。）に係る各規定を租税回避の手段として濫用することにより法人税の負担を減少させるものであることをいうと解すべきであり、その濫用の有無の判断に当たっては、①当該法人の行為又は計算が、通常は想定されない組織再編成の手順や方法に基づいたり、実態とは乖離した形式を作出したりするなど、不自然なものであるかどうか、②税負担の減少以外にそのような行為又は計算を行うことの合理的な理由となる事業目的その他の事由が存在するかどうか等の事情を考慮した上で、当該行為又は計算が、組織再編成を利用して税負担を減少させることを意図したものであって、組織再編税制に係る各規定の本来の趣旨及び目的から逸脱する態様でその適用を受けるもの又は免れるものと認められるか否かという<u>観点</u>から判断するのが相当である。

　この判示にいう「観点」は、法人税法132条の2という租税回避否認規定からその解釈によって導き出された**要件事実**であると解される（拙著『税法創造論』（清文社・2022年）306頁［初出・2017年］、326頁［初出・2018年］、前掲拙著『税法の基礎理論』第2章第3節Ⅱ参照）。

　そうすると、令和4年最判が設定した㋐相続税負担の著しい軽減（下線部❷）及び㋑租税負担軽減の意図（下線部❸）という観点も、本件に適用されるべき租税回避否認規定から導き出される要件事実であるとみることができよう。ただ、前記のヤフー事件最判と異なり、令和4年最判は、法人税法132条の2のような明文の租税回避否認規定の適用が問題にならない本件では、不文の租税回避否認規定を措定してこれから上記の2つの観点を導き出したものと考えられる。しかも、令和4年最判が措定したものと考えられる租税回避否認規定は、法人税法132条の2のような代替的・補充的課税要件規定という意味での租税回避否認規定（前掲拙著『税法基本講義』【72】参照）ではなく、事実認定による否認論において適用される「裁判規範としての租税回避否認規定」（同【74】参照）であり、その意味で「不文の租税回避否認規定」であると考えるところである。

以上の検討に基づき、以下では、㋐相続税負担の著しい軽減（下線部❷）という要件事実を内容とする否認要件を⒜**顕著軽減要件**といい、㋑租税負担軽減の意図（下線部❸）という要件事実を内容とする否認要件を⒝**軽減意図要件**ということにする。

3 「裁判規範としての租税回避否認規定」の適用

次に、本件各認定事実に対する税法的評価（狭義の税法的判断）に当たって、下線部❹は、本件各認定事実のうち本件購入・借入れについて⒝軽減意図要件が充足されているとの判断を前提として、これを本件各通達評価額と結びつけて⒜顕著軽減要件が充足されていると判断した。なお、本件各認定事実のうち本件被相続人に係る法定相続人の数については⒝軽減意図要件の充足が問題にされていなかったので、判断の対象とされなかったものと考えられる。

そうすると、令和4年最判が下線部❷及び下線部❸で措定した「裁判規範としての租税回避否認規定」は、論理的には、本件購入・借入れ及び本件各通達評価額に適用され、両者による相続税負担軽減を否認することに帰結することになりそうである。しかし、令和4年最判は、本件購入・借入れによる相続税負担軽減は否認せず、本件各通達評価額による相続税負担軽減のみを否認した（以下では、大石篤史「財産評価の否認」金子宏＝中里実編『租税法と民法』（有斐閣・2018年）168頁の表現をお借りし、前者につき「法形式の否認」、後者につき「財産評価手法の否認」という見出しを用いることとさせていただく）。この結論に至る論理構成をどのように理解すべきであろうか。

（1） 法形式の否認

まず、本件購入・借入れによる相続税負担軽減は、債務控除（相税13条）の利用による一種の**タックス・シェルター**（tax shelter）であり、租税回避に該当すると考えられる（前掲拙著『税法基本講義』【69】参照）。そうすると、本件購入・借入れは、租税回避の定義（ここでは**経験的事実を前提とする租税回避の定義**。同【66】参照）によれば、「異常な」行為ということになるが、問題は本件購入・借入れについてどのような行為を「通常の」行為として想定するかである。この問題については、本件購入・借入れをしないことも私的自治の原則

の下では当然認められるので、本件購入・借入れをしないことを「通常の」行為として想定すべきことになろう。

しかし、令和4年最判は、そのような「通常の」行為への引き直しによって本件購入・借入れを否認することはしなかった。この点については、最高裁は租税法律主義を尊重し、その否認のためには明文の根拠規定が必要である（**否認規定必要説**）にもかかわらず、そのような規定が現行法上定められていないことを重視したものと解される（**14**Ⅲも参照）。その限りでは、令和4年最判も、事実認定による否認論に関する従来の否定的な立場（前記**Ⅰ**参照）を堅持したものといえよう（このことは**15**における検討では明らかにできなかったことであるが、ここで、その旨を記しておく）。

（2） 財産評価手法の否認

次に、本件各通達評価額による相続税負担軽減については、令和4年最判は、「租税法上の一般原則としての平等原則」の適用上、財産評価に「評価額の幅」を認め本件各鑑定評価額もこれに収まること（下線部❶。前記1参照）を前提にして、本件各通達評価額を本件各鑑定評価額に引き直したものと解される。

そのような引き直しについても、本件購入・借入れの場合と同じく現行法上明文の根拠規定は定められていないが、にもかかわらず、令和4年最判がそれを認めたのは、本件各鑑定評価額も「評価額の幅」に収まるものとして「租税法上の一般原則としての平等原則」によって正当化することができると判断したからであると考えられる。

ここに、令和4年最判が「租税法上の一般原則としての平等原則」を援用した真の意図を見出すことができるように思われる。すなわち、令和4年最判が「租税法上の一般原則としての平等原則」を援用したのは、事実認定による否認論において措定される「裁判規範としての租税回避否認規定」の適用を正当化するためであったと考えられるのである。

しかしながら、事実認定による否認論は、明文の規定がある場合にしか租税回避の否認を許容すべきでないとする租税法律主義の要請を訴訟の場面で潜脱することから、租税法律主義に違反する考え方である（前掲拙著『税法基本講

義』【75】、前掲拙著『税法創造論』344頁参照)。したがって、これを「租税法上
の一般原則としての平等原則」によって正当化することは許容されないと考え
られる。

　ここで、もし「租税法上の一般原則としての平等原則」が租税平等主義ない
し租税公平主義(憲法14条1項)を意味するとしても、そこで要請される租税
負担の平等・公平は租税法律を離れて観念されるものではなく租税法律の中に
含まれているものとして観念されるべき平等・公平であること(「**含み公平観**」
については前掲拙著『税法基本講義』【21】参照)からすると、そもそも租税法律
主義に反する事実認定による否認論において措定される「裁判規範としての租
税回避否認規定」の適用を「租税法上の一般原則としての平等原則」によって
正当化することはできないであろう。

　むしろ、「租税法上の一般原則としての平等原則」は、上記のような客観的
な憲法原則としての租税平等主義・租税公平主義を意味するものではなく、
「実質より見た現行租税法における基礎原則」としての「公平負担の原則」と
りわけ「租税法の解釈適用における公平負担の原則」(田中二郎『租税法〔第3
版〕』(有斐閣・1990年)87頁、88頁、89頁)を意味するものと解される (**15Ⅲ**4参
照)。これは実質主義ないし実質課税の原則とも呼ばれる考え方であり、税制
調査会が国税通則法の制定に当たって「租税制度を構成するについて公平の原
則が重要視されるべきことを述べたのであるが、このようにして構成された租
税制度のもとで現実に課税を行なう場合においても、租税負担の公平を図るこ
とが重要であることは勿論である。」(同「国税通則法の制定に関する答申の説明
(答申別冊)」(昭和36年7月)9頁)として、その実定法化を提案したものである。

　公平負担の原則ないし実質主義は、次の見解(田中・前掲書89頁。下線筆者)
で述べられていることからしても、租税法律主義と明らかに抵触する内容を含
む考え方である。

　　租税法は、全体として、人民の公平な負担を建前としつつ、一定の租税収入
　を確保することを企図しているのであるから、租税法の具体的執行に当たって
　も、公平負担の見地から、租税回避行為を禁止し、特定の者が不当に租税負担
　を免れることのないよう防止する必要がある。租税法上、いわゆる実質課税の

原則をうたい、同族会社の行為計算の否認その他租税回避行為の禁止に関する規定を設けて、この趣旨を明示しているものがあるが、これらの規定も、租税の公平負担を建前とする租税法の解釈上、<u>規定の有無にかかわらず</u>、当然に認められるべき原則を明らかにした一種の宣言的な規定とみるべきであろう。すなわち、租税の公平負担という見地からすれば、課税の対象となる課税物件の実現及び帰属に関し、その形式又は名義に囚われることなく、その経済的実質に着目し、現実に担税力を有するものと認められる者に対して課税するのが当然の原則でなければならない（……）

　令和4年最判では、「租税法上の一般原則としての平等原則」も、「実質的な租税負担の公平」を要請するものとされているが、同最判がその要請を実定税法上の明文の規定に基づくことなく事実認定による否認論の正当化のために援用したことは、そもそも、租税法律主義に反し許容されないと考えるところである。この点について、次の見解（中川一郎＝清永敬次編『コンメンタール国税通則法』（税法研究所・加除式［1989年追録第5号加除済］）A20頁［中川一郎執筆］。下線筆者）は正鵠を射たものである。

租税立法、すなわち税法を制定するに際しては、もとより租税負担の公平を図るように配慮されなければならない。租税負担の不公平を招来せしめるような税法は、とうてい国民の支持を受けることはできない。早晩それは改正されるであろう。しかし、一旦立法されたならば、その税法がたとえ租税負担の不公平を招来せしめるものであつても、その税法の解釈にあたり、租税負担の公平を図るように、これを補正して解釈することは絶対に許されないのである。<u>かかる補正解釈によつて、租税負担の不公平を規定している税法を、租税負担の公平を図るように解釈することは、実は税法の解釈ではなく、実質的に立法作業であり、それは租税法律主義に反することになるのである。</u>

　事実認定による否認論は、要件事実論の観点から課税要件法の解釈にアプローチしその目的（租税負担の公平）の考慮に基づき、上記の見解が述べているような「補正解釈」という手法を用いて、課税要件法を「裁判規範としての

租税回避否認規定」として再構成する考え方であるが（前掲拙著『税法基本講義』【74】、前掲拙著『税法創造論』342-345頁［初出・2016年］のほか、**14Ⅱ2**（要件事実的解釈）、司法研修所編『増補　民事訴訟における要件事実　第一巻』（法曹会・1986年）10-11頁も参照）、令和4年最判が「租税法上の一般原則としての平等原則」を課税要件法（本件では相税22条）のそのような「補正解釈」の根拠として援用しているかどうか（**平等原則の法規創造力の有無及び程度の問題**）はともかく、少なくともその「補正解釈」によって措定した「裁判規範としての租税回避否認規定」（ⓐ顕著軽減要件及びⓑ軽減意図要件）の適用を正当化したものと解されることから、「租税法上の一般原則としての平等原則」によるそのような正当化を許容しない私見は、基本的な考え方（**租税法律主義重視・貫徹思考**）の点で上記の見解と通ずるところがあるように思われる。

　なお、前記の見解にいう「補正解釈」という実質的立法について付言しておくと、次の見解（品川芳宣「判批」TKC税研情報31巻4号（2022年）15頁、25頁）は、いわゆる三年しばり特例（平成8年法律第17号による改正前の措置法69条の4）のような措置を想定して説かれたものと思われるが、傾聴に値する見解である。

節税目的等のために不動産の取得は、一般的に行われていることであるから、それらの取得について、当該不動産の取得価額と通達評価額との間に相当な乖離があるだけで評価通達6が適用されることになると、納税者側の予測可能性を著しく害することになるし、そもそも、評価基準制度を設けた趣旨を没却することになる。そうすると、当該不動産の取得等と税負担軽減の相当因果関係や当該不動産の取得と課税時期との間に一定の期間（例えば、3年等）を予め定めておくことも必要であるように考えられる。

Ⅳ　おわりに

　本稿では、事実認定による否認論をめぐる判例の動向に関連して、従来の否定的な立場とは異なりこれを認めたものと解される令和4年最判の判断を、事

実認定による否認論において措定・適用される「裁判規範としての租税回避否認規定」の側から検討した結果、「租税法上の一般原則としての平等原則」によって事実認定による否認論を正当化することは租税法律主義の下では許容されない旨の結論を述べた。

　ただ、この結論を確定するには、なお解明すべき問題が残されていると考えるところである。それは、前記Ⅲ3（2）の最後の方で述べた平等原則の法規創造力の有無及び程度の問題であり、憲法規範論の観点から平等原則それ自体について検討すべきものである。この問題に関する検討は、別の機会に、「税法における平等原則（租税平等主義）の意義と課題」（仮題）において行うことにするが、その検討をもって令和4年最判に対する「判例・通説の平等判断枠組みの『表層的確認』」（15Ⅲ2）及び「判例・通説の平等判断枠組みの『深層的濫用』」（同3）という評価を確定させたいと考えている。

【後記】

　本稿の公表後単行本化の準備作業の過程で、税法（課税要件法）の解釈適用に関する法的三段論法（税法的三段論法）について本書とりわけ本稿で述べたところ（前掲拙著『税法基本講義』【41】も参照）を整理し図示しておこうと考え、次頁のとおり図示しておくことにする。

　税法的三段論法は、他の法分野における法的三段論法と比べて、租税法律主義の下で、《大前提》における厳格解釈の要請、《小前提》における事実認定と税法的評価（狭義の税法的判断）との峻別・遮断、という特色（租税法律主義による法的三段論法の厳格化）をもつものである。次頁の図も参照しながら、筆者の考える税法的三段論法をご理解いただければ幸いである。

　次頁の図を「（令和4年最判が採用したと解される）事実認定による否認論」についてみておくと、本件各通達評価額（財産評価に関する専門的な経験則等に従って確認・確定された、財産価値の存在・金額という経済生活上の事実）は、「裁判規範としての租税回避否認規定」（租税法律主義によって要請される明文の租税回避否認規定ではなく、裁判官が創造した不文の租税回避否認規定）の顕著軽減要件及び軽減意図要件に照らして評価され（図中では〜〜で表した税法的評価）、その財産評価手法の否認により、本件各鑑定評価額に引き直された結果、これが相続税法22条の定める「時価」要件（その解釈により定立した「客観的交換価値」規範）に当てはめられたのである（図中では〜〜で表した税法的評価）。

【税法的三段論法─広義の税法的判断の構造─】

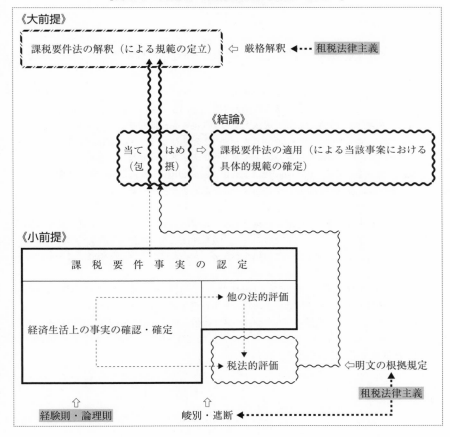

【著者紹介】

谷口　勢津夫（たにぐち・せつお）

大阪学院大学法学部教授

1956年高知県生まれ。京都大学法学部卒業、同大学大学院法学研究科博士後期課程単位修得退学。甲南大学法学部教授、大阪大学大学院高等司法研究科教授を経て2022年4月より現職。大阪大学名誉教授。ほかに大阪大学大学院高等司法研究科長・大阪大学法務室長、アレクサンダー・フォン・フンボルト財団奨励研究員（Forschungsstipendiat der Alexander von Humboldt-Stiftung）・ミュンヘン大学客員研究員、日本税法学会理事長、租税法学会理事、IFA（International Fiscal Association）日本支部理事、資産評価政策学会理事、司法試験考査委員、公認会計士試験試験委員、独立行政法人造幣局契約監視委員会委員・委員長、大阪府収用委員会委員・会長、大阪府行政不服審査会委員・会長、公益財団法人日本税務研究センター評議員・同「日税研究賞」選考委員、公益財団法人納税協会連合会「税に関する論文」選考委員、公益社団法人商事法務研究会「商事法務研究会賞」審査委員、近畿税理士会・近畿税務研究センター顧問など（一部現職。ほか歴任）。

主要著書は『租税条約論』（清文社・1999年）、『租税回避論』（清文社・2014年）、『租税回避研究の展開と課題〔清永敬次先生謝恩論文集〕』（共著・ミネルヴァ書房・2015年）、『税法の基礎理論』（「谷口教授と学ぶ」シリーズ1・清文社・2021年）、『税法基本講義〔第7版〕』（弘文堂・2021年）、『基礎から学べる租税法〔第3版〕』（共著・弘文堂・2022年）、『税法創造論』（清文社・2022年）など。

税法基本判例 I
ぜいほう き ほんはんれい

2023年10月2日 発行

著 者 谷口 勢津夫
たにぐち せつお

発行者 小泉 定裕

発行所 株式会社 清文社

東京都文京区小石川1丁目3−25（小石川大国ビル）
〒112−0002 電話 03（4332）1375 FAX 03（4332）1376
大阪市北区天神橋2丁目北2−6（大和南森町ビル）
〒530−0041 電話 06（6135）4050 FAX 06（6135）4059
URL https://www.skattsei.co.jp/

印刷：亜細亜印刷㈱

ISBN978-4-433-73713-9